JN077280

実務家が知っておくべき

国税通則法の要諦

税理士 黒坂昭一［編著］
税理士 佐藤謙一
三木信博［著］

納税者の
権利救済・
納税環境整備に
関する詳細解説

清文社

はじめに

近年の納税者を取り巻く納税環境の変化を見るに、社会経済の発展と変化とともにそのスピードが速まってきています。その一例として行政手続法における税務署長等の処分についての理由附記、税務調査手続に関する規定の整備、納税の猶予の見直し、行政不服審査法の改正、国税犯則取締法の国税通則法への規定編入及び各規定の改正など、納税環境の整備の観点から多くの重要な改正がなされてきています。

国税に関する基本的な法である国税通則法は、昭和37年の制定以来、半世紀以上を経て今日に至るまで、これまでも経済活動の変化、時宜に応じた変化に相応してこれまで見られないほど多くの規定の改正がなされています。

そのような状況において、我々実務家は、これらの変化があるにもかかわらず、いざ事に至ったときの対処は十分でしょうか。常に、様々なリスクに対応し、予見できる事柄にはリスクマネジメントが必要なように、現状の制度において、どのような点に留意すべきなのかを検討する必要があるでしょう。

そこで、本書では、税理士等の実務家の皆様が顧客である納税者の方々の税務における権利救済、権利保護及び納税環境整備の視点から見た各項目について、要点解説を行うこととしました。

本書でいう「権利救済・権利保護・納税環境整備」とは、例えば、「権利救済・権利保護」の視点から、事前救済としての更正の請求、事後救済としての不服申立てや、災害等における納税猶予制度をいい、災害の多いわが国において特に理解して頂きたい制度です。

また、「納税環境整備」の視点から、納税者及び実務家が知っておくべき各種制度における国税通則法の視点から、除斥期間、消滅時効、延滞税・利子税の要点説明を行っています。

さらに、税務調査手続に関する規定、加算税制度についても解説しています。

これらに関する事項が、税理士等の実務家の皆様に、納税者の税に関する権利救済規定等の理解のための参考になれば幸いです。

最後になりましたが、本書刊行にあたって終始ご協力とご支援を頂きました編集局の皆様に心から謝意を表します。

令和２年７月

編著者　黒坂 昭一
著者　佐藤 謙一
三木 信博

本書のガイドライン

納税者の権利救済に関してどのような規定があるのか！

また、納税者の権利保護に関する規定は！

さらに、納税者の納税環境に関する規定には、どのようなものがあるか！次の各章において見てみましょう。

各　章	各章の記載概要	各視点・テーマ
第１章 **更正の請求**	納税額の更正	納税者の権利救済 《事前救済》
第２章 **不服申立制度**	課税処分に不服・滞納処分に不服	納税者の権利救済 《事後救済》
第３章 **税務調査手続**	調査時の手続 調査の手続が適正になされているか	調査時の納税者の権利保護 《調査時対策》
第４章 **加算税・延滞税等**	加算税の賦課 遅延利息としての延滞税	納税環境の整備 《課税・徴収リスク対策》
第５章 **納税義務の承継と連帯納付義務**	本来の納税者以外への納税義務の拡張 納税義務の承継 第二次納税義務・譲渡担保権者の物的納税責任	納税環境の整備 《徴収リスク対策》
第６章 **除斥期間と消滅時効**	課税における除斥期間 徴収権の消滅時効	納税者の権利保護 《課税・徴収リスク対策》
第７章 **納税緩和制度**	災害時の猶予制度 納税の猶予・換価の猶予 滞納処分の停止	納税環境の整備 《災害時等救済》
第８章 **延納・物納制度**	相続税特有の納付制度	納税環境の整備
第９章 **還付と還付加算金**	還付と還付加算金の法的性質	納税環境の整備

各　章	各章の記載概要	各視点・テーマ
第10章 **その他通則法関連**	行政手続法の適用 通則法上の罰則	納税者の権利保護 〈課税徴収リスク対策〉
第11章 **国税徴収のための滞納処分**	滞納処分の手続	滞納処分時の権利保護 《滞納処分時対策》
補　遺 **新型コロナウイルス感染症対策**	新型コロナウイルス感染症等に関する特例猶予措置	納税環境の整備 《災害時の救済》

実務家が知っておくべき 国税通則法の要諦

CONTENTS

第3章 税務調査手続

第4章 加算税・延滞税等

第5章　納付義務の承継と連帯納付義務

第6章 除斥期間と消滅時効

第7章　納税緩和制度

第9章 還付と還付加算金

補 遺　新型コロナウイルス感染症の拡大に伴う納税の猶予の特例

※ 本書の内容は、令和2年7月1日現在の法令等によっています。

【凡　　例】

1　本文中に引用している法令等については、次の略称を使用しています。

通則法……………………………………国税通則法
徴収法……………………………………国税徴収法
措置法……………………………………租税特別措置法
災害減免法………………………………災害被害者に対する租税の減免、徴収猶予等に関する法律

2　（　）内の法令等については、次の略称を使用しています。

通…………………………………………国税通則法
通令………………………………………国税通則法施行令
通規………………………………………国税通則法施行規則
徴…………………………………………国税徴収法
徴令………………………………………国税徴収法施行令
徴規………………………………………国税徴収法施行規則
所…………………………………………所得税法
法…………………………………………法人税法
地…………………………………………地方税法
相…………………………………………相続税法
相令………………………………………相続税法施行令
相規………………………………………相続税法施行規則
消…………………………………………消費税法
酒…………………………………………酒税法
た…………………………………………たばこ税法
石…………………………………………石油石炭税法
印…………………………………………印紙税法
国外送金等………………………………内国税の適正な課税の確保を図るための国外送金等に係る調書の提出等に関する法律
災免………………………………………災害被害者に対する租税の減免、徴収猶予等に関する法律
災免令……………………………………災害被害者に対する租税の減免、徴収猶予等に関する法律の施行に関する政令
措…………………………………………租税特別措置法
行審………………………………………行政不服審査法
行訴………………………………………行政事件訴訟法
手続法……………………………………行政手続法
民…………………………………………民法
会…………………………………………会社法

＊文中（　）内表示例：通則法第75条第4項第1号　通75④一

3　通達等については、次の略称を使用しています。

通基通……………………………………国税通則法基本通達
徴基通……………………………………国税徴収法基本通達
相基通……………………………………相続税法基本通達
不基通（国）……………………………不服審査基本通達（国税庁関係）
不基通（審）……………………………不服審査基本通達（国税不服審判所関係）

序　章

近年、納税環境の整備を図る観点から多くの税制改正がなされています。

本稿では、権利救済・納税環境の視点から通則法及び徴収法等の手続規定を中心に取り上げています。

序章では、各章で取り上げる主な項目・構成を説明します。

1　最近の納税環境整備・権利保護に関する規定の整備

通則法は、昭和 37 年法律第 66 号をもって制定され、同年 4 月 1 日から施行されました。

この通則法は、納税者の税法に対する理解を容易にするという観点から、「各税法に分散する租税の共通事項を整備統合し、かつ、租税債権の発生、消滅、時効等の総則的規定を整備する。」ことを目的とし、税制調査会での審議、検討を踏まえ「国税通則法の制定に関する答申（昭和 36 年 7 月）」に基づいて制定されました。

この制定後、数々の改正がなされましたが、特に近年、納税環境の整備を図る観点から多くの改正がなされ、平成 18 年度以降の主な改正事項について掲げると、次のとおりです。

POINT 近年、納税環境の整備等を図る観点から多くの改正がなされました。

改正年度	主な改正内容
平成 18	・更正の請求の特例制度の創設 ・無申告加算税・不納付加算税制度の改正
19	・国税の納付委託制度（いわゆるコンビニ納付）の創設 ・新信託税制に関する所要の整備
22	・租税に関する罰則の見直し⇨税務職員の守秘義務違反について、通則法に統一的に罰則規定
23	・更正の請求 ・税務調査手続の見直し ・処分の理由附記の実施
24	・国外財産調書制度の創設に係る過少申告加算税等の特例 ・税務行政執行共助条約等の実施に伴う徴収共助等実施特例法等 ・相続税の連帯納付義務の見直しの整備
25	・延滞税等の見直し ・災害により期間延長等の場合等の更正の請求に対する更正等の期間制限の延長

改正年度	主な改正内容
平成26	・納税の猶予の見直し ・調査の事前通知の規定の整備 ・国税庁長官の法令解釈と異なる解釈等による裁決
	（平成26年6月） ・行政不服審査法等の改正⇨国税の不服申立手続等の見直し
27	・更正の請求期間及び期間制限の整備 ① 法人税の純損失等の金額に係る更正等の延長 ② 国外転出等特例の適用がある場合の更正決定等の期間制限 ・無申告加算税の不適用制度の適用対象となる期限後申告書の適用期限の延長 ・複数の税務代理人がある場合の調査の事前通知手続の整備 ・再調査手続の見直し ・消費税の課税方式の見直しに伴う規定の整理
28	・合併等を無効とする判決が確定した場合における徴収手続の見直し ・クレジットカードによる国税の納付制度創設 ① 延滞税の計算期間の見直し ② 延滞税の計算期間の見直しに伴う過少申告加算税の整備 ・加算税制度の見直し ① 調査通知を受けて修正申告等を行う場合の過少申告加算税等の整備 ② 短期間に繰り返して無申告または仮装・隠蔽が行われた場合の無申告加算税等の加重措置の創設
29	・国税犯則調査手続等の通則法への編入 ・災害等による期限延長制度における延長手続の拡充 ・口座振替納付に係る納付情報の提供等の電子化など
30	・利子税の額の計算の基礎となる期間 ・輸入物品に関する税関職員による消費税の調査に係る質問検査権の規定の整備
31	・特定事業者等に対して必要な情報を照会するための手続の整備 ・口座管理機関における加入者情報の管理制度の創設
令和2	・国外取引等の資料を提示・提出しなかった場合の更正・決定の除斥期間の延長 ・市中金利を踏まえた利子税・還付加算金等割合の引下げ ・新型コロナウイルスの影響で相当な収入の減少があった場合の猶予

2　権利救済・納税環境整備の視点から見た各制度

本稿でいう通則法から見た「権利救済・納税環境整備の視点から見た各制度」とは、次のような視点から構成されています。

・事前救済制度として、課税標準等及び税額等に対する「**更正の請求**」
・事後救済として、各種処分に対しての「**不服申立て**」
・納税の緩和制度・災害減免としての「**納税緩和制度等**」
・災害等の発生により、申告・納付の延長制度及び納税者の諸事情により納付困難となった場合の「**納税の猶予・換価の猶予**」
・相続税の納付困難者への救済としての「**延納・物納制度・納税猶予**」
・納税者の権利擁護としての「**税務調査手続**」
・納税者の権利保護の視点に立っての「**除斥期間・消滅時効**」
・円滑・適正な納税のための環境整備としての「**延滞税・利子税**」、各種「**加算税**」⇨ **附帯税**
・適正な行政手続のための処分理由附記…「**行政手続法**」⇨ 処分の理由附記

納税者の権利救済・権利保護等の手続一覧

納税義務の成立 …… 確定 …… 納期限 …… 督促 ……（滞納）…… ⇨

申告・納付関係

納税申告

納付

（納付遅延）………延滞税・利子税………⇨

（相続税等）………延納……………………⇨ 特例的な納付方法

物納

納税緩和制度

災害等 ………納税の猶予・災害減免……

……………………換価の猶予………

（徴収権の時効）…………………………………………消滅時効…………|

課税・調査関係

調査

（調査を受ける場合）…………税務調査手続…………

（調査の結果・附帯税） 加算税

（課税の減額）………………更正の請求…………………

（賦課権の時効）…………………………………………除斥期間…………|

行政救済

処分

（処分の権利救済） 再調査の請求 or 審査請求

その他

（処分の理由附記） 行政手続法の適用

（滞納財産への追求） 滞納処分

第1章

更正の請求

『更正の請求』は、実務上、権利救済制度としてしばしば話題になります。

しかしながら、どのような場合に更正の請求ができ、どのような場合に更正の請求が認められないかについては、意外と理解されていない場合が少なくないように思われます。

そこで、本章では、更正の請求制度について基本的な理解に努め、その後、過去の裁判例をもとにどのような場合に更正の請求が認められるかについて見ていきます。

第1節

更正の請求制度の概要

1　更正の請求の意義等

更正の請求とは、納税申告書を提出した者が、その申告に係る課税標準等または税額等が過大であることを知った場合に、税務署長に対して、その税額等につき自己に有利に変更（減額更正）すべきことを求めるものです。

その意味では、自らした申告を自己に不利益に変更し、それによって税額が自動的に変更される修正申告とは異なります。

(1)　申告納税方式と更正

納付すべき税額が納税者の申告により確定（通16①一）	⇨	その申告に係る課税標準等または税額等の計算が国税に関する法律の規定に従っていなかったとき、その他調査したところと異なるときは更正する（通24）

「更正の請求」は、先にした申告に係る課税標準等または税額等の計算が国税に関する法律の規定に従っていなかった等の理由をもとに、更正して欲しいということを税務署長に求めることにほかなりません。

POINT 修正申告……申告の内容を自己の不利益に変更するための手続
更正の請求…申告の内容を自己の利益に変更するための手続

(2) 更正の請求の原則的排他性

更正の請求が申告内容を自己の利益に変更しようとする場合のためにわざわざ設けられた手続であることを鑑みると、他の救済手段によることは許されないとされています。

▶最高裁昭和39年10月22日判決

要素の錯誤によって過大に申告した場合にも、原則として更正の請求の手続によってその是正を図るべきである。

▶東京地裁昭和54年3月15日判決

「申告に係る所得金額が過大である場合にその過誤を是正するためには、当該申告者は、まず税務署長に対して更正の請求をし」なければならない。「したがって、被告がした更正をすべき理由がない旨の処分の取消しの訴えとは別に、被告に対して更正することを求める訴えを提起することが許されないというべきである。」

(3) 「更正の請求」が認められなかった場合の権利救済

「更正の請求」は、納税者が自らの申告により確定させた税額が過大であった等と気づいたときに、納税者の側からその変更・是正のために必要な手段をとることを可能ならしめるとともに、請求に理由がないとする処分があったときには、その処分内容に不服があれば、再調査の請求等の不服申立て、訴訟も行うことができます。具体的な流れは次のとおりです。

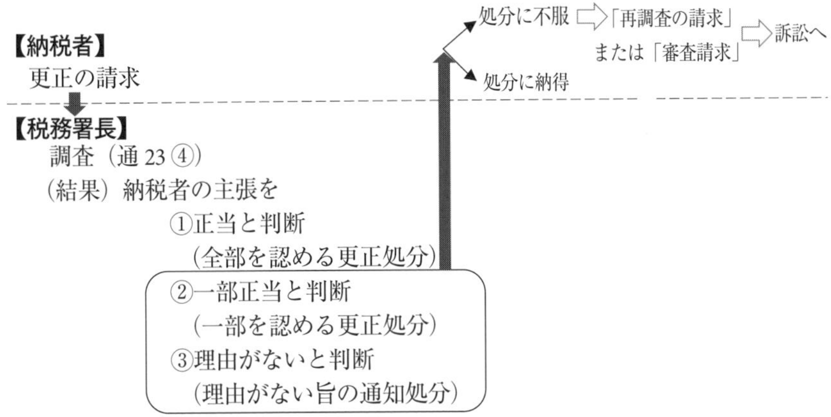

【納税者】
更正の請求
【税務署長】
調査（通 23④）
（結果）納税者の主張を
①正当と判断
（全部を認める更正処分）
②一部正当と判断
（一部を認める更正処分）
③理由がないと判断
（理由がない旨の通知処分）

処分に不服 ⇨「再調査の請求」または「審査請求」⇨ 訴訟へ
処分に納得

2　更正の請求に関する規定の変遷

現行の更正の請求制度は、主に次のような沿革のもとに規定されています。

▶昭和 45 年度改正…通則法第 23 条第 2 項新設

後発的事由によって申告に係る税額等が過大となった場合等に、納税者の側から減額更正を請求するみちを開く。

▶平成 23 年 12 月改正

・更正の請求期間の延長（1 年→ 5 年）
……「嘆願」の廃止
・更正の請求に係る証明書類の添付義務の明確化（通令 6 ②）
・故意に偽りの記載をした更正請求書を提出する行為について処罰規定（通 128 ①）
・更正の請求事由の範囲拡大
1)「当初申告要件」廃止
確定申告において選択した場合に限り適用が可能な措置について、次のいずれにも該当しない場合も「更正の請求」ができることとされました。
① インセンティブ措置（特定の政策誘導を図ることが目的。例：設備投資に係る特別償却）

② 利用するかしないかで有利にも不利にもなる操作可能な措置

（例：各種引当金）

2）「当初申告時の控除額制限」撤廃

控除等の金額が当初の申告の際に記載された金額に限定される「控除額の制限ある措置」について、適正に計算された正当額まで「更正の請求」ができます。

第2節

通則法第23条の「更正の請求」

通則法第23条に規定する更正の請求には、通常の更正の請求（通23①）と後発的事由の更正の請求（通23②）があります。

なお、個別法にも更正の請求の特則が定められていますが（**第3節**参照）、ここでは通則法に規定されている更正の請求について見ていきましょう。

更正の請求
- 通常の更正の請求……
  - ①一般的な事由による更正の請求（通23①）
  - ②後発的事由による更正の請求（通23②）
- 各個別法に定める更正の請求の特則（所152、法80の2、相32など）

1　通常の更正の請求とその要件（通23①）

①納税申告書を提出した者は、②その申告の法定申告期限から5年以内に、③課税標準等もしくは税額等の計算が国税に関する法律の規定に従っていなかったこと、または当該計算に誤りがあったことにより、納付すべき税額が過大である等の場合は更正の請求ができます。

(1)　更正の請求ができるための要件

①　納税申告書を提出した者

納税申告書を提出後、相続があった場合は相続人（通5）。

▶**平成30年6月22日裁決**

「贈与税の更正の請求は、納税申告書を提出した者が、その申告により確定した贈与税額の減額を税務署長に求める権利であるところ、通則法第23条第1項は『納税申告書を提出した者は、（中略）更正すべき旨の請求をすることができる。』と規定し、更正の請求ができる者を納税申告書を提出した者に限定しているのであり、更正の請求をするか否かは、納税申告書を提出した者の自由意思に委ねられていると解されるから、更正の請求をする権利は、納税申告書を提出した者に認められる行使上の一身専属権に当たるというべきである。」

② 法定申告期限から原則5年

例外 ⇨ 1）法人税に係る純損失等の金額が過少であるときまたは記載がなかった場合…法定申告期限から10年

2）移転価格税制が適用された場合…法定申告期限から7年

3）贈与税の場合…6年

③ 税額等の計算に誤り等がある

次の理由により、納付すべき税額が過大である、純損失等の金額が過少または金額の記載がない、還付金の額に相当する税額が過少または税額の記載がないとき

イ 課税標準等もしくは税額等の計算が国税に関する法律の規定に従っていなかったこと

ロ 課税標準等もしくは税額等の計算に誤りがあったこと

⑵ 更正の請求をする対象（納税申告書）

POINT **更正の請求は当初の「納税申告書」に前記③の要件である税額等の計算誤りがあること等が必要です。**

通則法第 23 条第 1 項は、（　）書きで更正後の課税標準等または税額等としていることから更正後であってもその内容について更正の請求ができるように思われがちですが、「(納税) 申告書の提出により納付すべき税額（当該税額に関し更正があつた場合には、当該更正後の税額）が過大であるとき」（通 23 ①一）と規定しています。

▶東京地裁平成元年 7 月 26 日判決

更正の請求は、「当該納税申告書の提出により納付すべき税額に関し更正があった場合には当該更正後の税額が過大である場合としているが、これは、単に更正後の納付すべき税額が過大であればよいとしたものではなく、(中略) 申告による納付すべき税額が申告の際の誤り等それ自体によって過大であった場合に更正がその過大な申告に係る税額を前提として他の更正要素による更正をした場合には、更正による税額の中に過大な申告に係る税額が含まれることになることから、なお更正の請求を許すこととしたまでであ」る。

POINT **「更正の請求」が認められるか否かが争点となった事案は、前記③の要件を充たすかが問題となったものが多いようです。具体的に争われた裁判例も確認しておきましょう！**

▶最高裁昭和 62 年 11 月 10 日判決

措置法第 26 条《社会保険診療報酬の所得計算の特例》第 1 項の適用を選択して確定申告した後、実額による計算の方が税額が少なくて済んだとして更正の請求を行ったが認められなかった事例

「措置法 26 条 1 項の規定により事業所得の金額を計算した旨を記載して確定申告をしている場合には、所得税法の規定にかかわらず、同項所定の率により算定された金額をもつて所得計算上控除されるべき必要経費とされるのであり、同規定が適用される限りは、もはや実際に要した

経費の額がどうであるかを問題とする余地はないのであつて、納税者が措置法の右規定に従つて計算に誤りなく申告している以上、仮に実際に要した経費の額が右概算による控除額を超えているとしても、そのことは、右にいう「国税に関する法律の規定に従つていなかつたこと」又は「当該計算に誤りがあつたこと」のいずれにも該当しないというべきだからである。」

▶最高裁平成2年6月5日判決

所得税の確定申告において措置法第26条第1項に基づくいわゆる概算経費により事業所得の金額を計算していたが、その後、修正申告においていわゆる実額経費に変更することが認められた事例

「修正申告をするに当たり、修正申告の要件を充たす限りにおいては(すなわち、確定申告に係る税額を増加させる限りにおいては)、確定申告における必要経費の計算の誤りを是正する一環として、錯誤に基づく概算経費選択の意思表示を撤回し、所得税法37条1項等に基づき実額経費を社会保険診療報酬の必要経費として計上することができると解するのが相当である。」

▶福岡高裁平成19年5月9日判決

法人の確定申告において、外国税額控除の金額を誤って過少に記載し、それにより法人税額が過大になったとして更正の請求が認められた事例

「法は、内国法人が外国税額控除制度の適用を受けることを選択する限り、政令によって計算される控除対象法人税の額を当該事業年度の所得に対する法人税の額から当然控除すべきものとしていることは明らかである。したがって、内国法人が、外国子会社から受け取った配当等の全額について控除対象法人税の額の計算の基礎とできる場合に、誤ってその一部のみを上記計算の基礎とし、その結果、控除税額が過少となり支払うべき法人税の額が過大となったときは、『税額等の計算が国税に関する法律の規定に従っていなかったこと又は当該計算に誤りがあったこと』に該当するものというべきである。」

▶東京地裁平成21年2月27日判決

遺産分割に基づき相続税の申告をした相続人らが、更正請求期間内に、

課税負担の錯誤を理由に当初合意した遺産分割を変更した後に行った更正の請求が一定の条件のもとに認められた事例

「申告納税制度の趣旨・構造及び税法上の信義則に照らすと、申告者は、法定申告期限後は、課税庁に対し、原則として、課税負担又はその前提事項の錯誤を理由として当該遺産分割が無効であることを主張することはできず、例外的にその主張が許されるのは、分割内容自体の錯誤との権衡等にも照らし、①申告者が、更正請求期間内に、かつ、課税庁の調査時の指摘、修正申告の勧奨、更正処分等を受ける前に、自ら誤信に気付いて、更正の請求をし、②更正請求期間内に、新たな遺産分割の合意による分割内容の変更をして、当初の遺産分割の経済的成果を完全に消失させており、かつ、③その分割内容の変更がやむを得ない事情により誤信の内容を是正する一回的なものであると認められる場合のように、更正請求期間内にされた更正の請求においてその主張を認めても上記の弊害が生ずるおそれがなく、申告納税制度の趣旨・構造及び租税法上の信義則に反するとはいえないと認めるべき特段の事情がある場合に限られるものと解するのが相当である」

2　後発的事由による更正の請求とその要件

①納税申告書を提出した者または決定を受けた者は、②申告等の課税標準等または税額等の計算の基礎となった事実について、判決等により、その事実が当該計算の基礎としたところと異なることが確定したこと等により、申告書に記載した税額が過大であることが判明した場合には、③その確定した日等の翌日から2か月以内に更正の請求をすることができます（通23②）。

(1)　後発的事由による更正の請求ができるための要件

①　納税申告書を提出した者または決定を受けた者

決定を受けた場合も対象になります。

② 判決等により申告の基礎となった事実が異なることが確定したなどの場合

③ ②の確定した日等から２か月以内

申告時の誤りを自己に有利に修正することを求めるのが更正の請求にほかなりませんが、その申告時の税額等の計算の基礎となっていた事実が、申告等後、判決等によって異なることが確定した場合など、次のイからハのいずれかに該当する場合には、その掲げる期間において、更正の請求をすることができます。

イ 計算の基礎となった事実に関する訴えについての判決（判決と同一の効力を有する和解その他の行為を含む）により、その事実が当該計算の基礎としたところと異なることが確定したとき ⇨ 確定した日の翌日から2か月以内

POINT 「判決等」には「馴れ合い」裁判や犯罪事実の存否範囲を確定するに過ぎない刑事事件の「判決」は含まれません。

▶**横浜地裁平成9年11月9日判決（控訴審は東京高裁平成10年7月15日判決）**

「申告後に、課税標準等又は税額等の計算の基礎となる事実について判決がされた場合であっても、右判決が当事者がもっぱら税金を免れる目的で馴れ合いによって得たものであるなど、客観的・合理的根拠を欠くものであるときは、同(23)条2項1号の『判決』に当たらないというべきである」

▶**大阪地裁昭和58年12月2日判決**

（通則法23条2項1号の）「判決」とは、「申告等に係る課税標準等又は税額等の計算の基礎となった事実についての私人間の紛争を解決することを目的とする民事事件の判決を意味し、犯罪事実の存否範囲を確定するに過ぎない刑事事件の判決はこれに含まれないものと解するのが相当である」

ロ　申告等をした者に帰属するとされていた所得等が他の者に帰属するものとして当該他の者に係る更正等があったとき ⇨ 当該更正等があった日の翌日から2か月以内

ハ　その他次のやむを得ない理由があるとき ⇨ それぞれ理由が生じた日の翌日から2か月以内

（イ）計算の基礎となった事実のうちに含まれていた行為の効力に係る官公署の許可その他の処分が取り消されたこと

（ロ）計算の基礎となった事実に係る契約が、解除権の行使によって解除され、もしくは当該契約の成立後生じたやむを得ない事情によって解除され、または取り消されたこと

（ハ）帳簿書類の押収その他やむを得ない事情により、課税標準等または税額等の計算をすることができなかった場合において、その後、当該事情が消滅したこと

（ニ）租税条約に規定する権限ある当事者間の協議により、申告等の内容と異なる内容の合意が行われたこと

（ホ）計算の基礎となった事実に係る通達に示されている法令の解釈等が、判決等によって変更され、変更後の解釈が示されたことにより、申告等の課税標準等または税額等が異なる取扱いを受けることとなったことを知ったこと

POINT　**「やむを得ない事情」について**

通則法施行令第6条第1項第2号（上記(ロ)）の「やむを得ない事情」の有無が争点となる場合が少なくありません。これについては次のように解されています。

▶高松高裁平成18年2月23日判決

「(通則法施行令第6条第1項第2号にいう)「やむを得ない事情」とは、例えば、契約の相手方が完全な履行をしないなどの客観的な事由に

限定されるべきであって、錯誤のような表意者の主観的な事情は含まれないと解するのが相当である」

⑵ 通則法第 23 条第 1 項「通常の更正の請求」と同第 2 項「後発的事由による更正の請求」との関係

通則法第 23 条第 2 項各号に定める事由が生じた場合、それを理由として同条第 1 項の通常の更正の請求をすることができるという関係にあります。

したがって、通則法第 23 条第 2 項に規定する更正の請求期間よりも第 1 項に定める更正の請求期間の方が後にくる場合には、同第 2 項の更正の請求はできない（第 1 項の更正の請求を行わなければならない）ことになります。

▶神戸地裁平成 19 年 11 月 20 日判決

「（通則法第 23 条第 2）項は、同条 1 項所定の期間内に更正の請求ができない事情がある場合に、同項所定の期間後であっても特に更正の請求を認める趣旨の規定であって、同項と別個の事由に基づく更正請求を認めたものではない。」

⇨通則法第 23 条第 2 項の更正の請求の場合もすでに行った申告に税額等の計算に誤りがあったこと等の要件が必要です。

〈「通常の更正の請求」と「後発的事由による更正の請求」要件等を整理すると…〉

	通常の更正の請求	後発的事由に基づく更正の請求
更正の請求ができる者	納税申告書を提出した者	・納税申告書を提出した者 ・決定処分を受けた者
更正の請求ができる場合	申告した課税標準等もしくは税額等の計算が国税に関する法律の規定に従っていないことまたは当該税額に誤り ↓ ・納付すべき税額が過大 ・純損失などのいわゆる赤字金額が過少 ・還付金の額に相当する税額が過少	①判決や和解により税額等の計算の基礎となった事実が変動 ②申告等の際その者に帰属するものとされていた所得等がその後他の者に帰属するとの更正決定があった ③その他特定の事由 ↓ ・納付すべき税額が過大 ・純損失などのいわゆる赤字金額が過少 ・還付金の額に相当する税額が過少
更正の請求ができる期間	法定申告期限から**5年**	上記①から③までの事由が生じた翌日から**2か月以内**

第3節

各個別法が規定する更正の請求

更正の請求には、通則法第23条に規定する更正の請求のほかに各個別法（所得税法、相続税法、法人税法等）が規定する更正の請求の特則があります。

各個別法が規定する主な更正の請求事由とその期間は次のとおりです。

各個別法	特例の要旨等	更正の請求ができる期間
所得税法	所得税法第63条《事業を廃止した場合の必要経費の特例》や同法第64条《資産の譲渡代金が回収不能となった場合等の所得計算の特例》に規定する事実その他これに準ずる政令で定める事実が生じたことに伴う更正の請求（所152）	事実が生じた日の翌日から2か月以内
	前年分の所得税額等の更正等に伴う更正の請求（所153）	更正等の通知を受けた日の翌日から2か月以内
	国外転出した者が帰国した場合等の更正の請求（所153の2～6）	該当することとなった日から4か月以内
法人税法	前事業年度の法人税等の更正等に伴う更正の請求（法80の2）	更正等の通知を受けた日の翌日から2か月以内
相続税法	未分割財産について、民法所定の法定相続分等に基づいて課税価格が計算されていたが、その後当該財産の分割が行われたことにより、課税価格が異なることとなったことなど所定の事由が生じたことによる更正の請求（相32）	事由が生じた日の翌日から4か月以内
消費税法	前課税期間の消費税額等の更正等に伴う更正の請求（消56）	更正等の通知を受けた日の翌日から2か月以内

POINT 個別法に規定されている更正の請求の特則

申告時には誤りはなかったが、申告後に、その申告内容と事実が結果的に相違してしまったことを理由として、その相違を修正することを求めるものといわれています。

したがって、申告時に潜在的に存在していた誤りを修正する通常の更正の請求とは異なります。

▶仙台地裁昭和 49 年 1 月 28 日判決

「所得税法 152 条の更正の請求に関する特例は、…(略)…、原則として、当該更正の請求にかかる確定申告書または修正申告書の提出後に生じた事実が法定の要件を具備するときに限り適用されるものであつて、本件更正の請求にかかる修正申告書提出より約 1 年 9 か月も以前に生じた事実をもつて更正の請求をなし得ないことは同法条の文言に徴し明白である。」

第4節

更正の請求に伴う手続等

1 「更正の請求書」の提出

更正の請求をする者は、その求める更正前と当該更正後の課税標準等または税額等をそれぞれ記載するとともに、その更正の請求をする理由、当該請求をするに至った事情の詳細その他参考となるべき事項を記載した「更正の請求書」を所轄税務署長に提出しなければなりません（通23③）。

なお、輸入品に係る申告消費税等についての更正の請求は、税関長に対して行うことになります（通23⑥）。

▶「更正の請求書」の書式は税目によって若干異なります。
また、提出枚数も対象法人が調査部所管法人の場合、提出枚数が2枚必要など注意が必要です。

☞「更正の請求書」26～28ページ参照。

(1) 更正の請求をする理由の記載と証明書類の添付義務

更正の請求をする理由が一定期間の取引に関するものまたはそれ以外の場合のいずれの場合であっても、その理由の基礎となる事実を証する書類を更正の請求書に添付しなければならないとされています（通令6②）。

〈更正の請求の理由の記載例とそれを証する書類〉（「更正の請求書」の書き方参照）

具体例	記 載 例	証する書類の例
所得税 「事業所得の金額	事業所得の必要経費（地代家賃：事務所の賃借料）について12月分	決算書、帳簿書類（地代家賃部分）、事務所の賃借料

について誤りがあった場合」	（200,000円）の経費計上漏れがあり、事業所得の金額が過大となっていたため。	（12月分）を支払った領収書
相続税 「家屋の評価誤りがあった場合」	相続税の課税価格のうち、○○市○○町○番地所在の家屋について○○、○○○円の評価誤りがあった。	家屋の固定資産評価証明書など

(2) 更正の請求の立証責任

更正をすべき理由の証明は、納税者がしなければなりません。

▶東京高裁平成14年9月18日判決

「更正の請求に対する更正をすべき理由がない旨の通知処分の取消訴訟にあっては、申告により確定した税額等を納税者に有利に変更することを求めるのであるから、納税者において、確定した申告書の記載が真実と異なることにつき立証責任を負うものと解するのが相当である。」

(3) 虚偽記載の更正の請求書の提出に対する処罰規定

更正の請求手続を利用した悪質な不正還付請求を未然に防止し、もって適正かつ円滑な税務行政を確保する観点から通則法第128条第1項に罰則が設けられています（平成23年12月改正）。

2 税務署における処理等

更正の請求書が提出されると、税務署長は、その更正の請求書に記載されたところに基づいて必要な調査を行い、その調査結果に基づいて、減額更正（一部認容を含む）をし、またはその更正をすべき理由がない旨の通知をすることになります（通23④）。

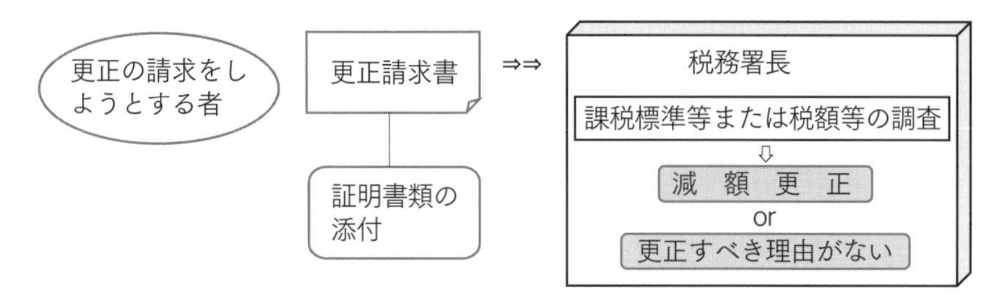

（更正の請求書） ①所得税

税務署受付印

令和＿＿年分所得税及び復興特別所得税の更正の請求書

＿＿＿＿税務署長

＿年＿月＿日提出

住所	（〒　－　）	個人番号	
フリガナ 氏名	㊞	職業	電話番号

令和＿＿年分所得税及び復興特別所得税について次のとおり更正の請求をします。

請求の目的となった申告又は処分の種類		申告書を提出した日、処分の通知を受けた日又は請求の目的となった事実が生じた日	年　月　日

更正の請求をする理由、請求をするに至った事情の詳細等	
添付した書類	

請求額の計算書（記載に当たっては、所得税及び復興特別所得税の確定申告の手引きなどを参照してください。）

		申告し又は処分の通知を受けた額	請求額
総合課税の所得金額		円	円
	合計 ①		
※	②		
※	③		
所得から差し引かれる金額	社会保険料 小規模企業共済等掛金 控除 ④		
	生命保険料 地震保険料 控除 ⑤		
	寡婦・寡夫、勤労学生、障害者 控除 ⑥		
	配偶者（特別）控除 ⑦		
	扶養控除 ⑧	人	人
	基礎控除 ⑨		
	④から⑨までの計 ⑩		
	雑損 医療費（特例） 控除 ⑪		
	寄附金控除 ⑫		
	合計 ⑬		
課税される所得金額	①に対する金額 ⑭		
	②に対する金額 ⑮		
	③に対する金額 ⑯		

		申告し又は処分の通知を受けた額	請求額
税額	⑭に対する金額	円	円
	⑮に対する金額		
	⑯に対する金額		
	計		
配当控除			
投資税額等の控除			
（特定増改築等）住宅借入金等特別控除			
政党等寄附金等特別控除			
住宅耐震改修特別控除 住宅特定改修・認定住宅新築等特別税額控除			
差引所得税額			
災害減免額			
再差引所得税額（基準所得税額）			
復興特別所得税額			
所得税及び復興特別所得税の額			
外国税額控除			
源泉徴収税額			
申告納税額			
予定納税額（第1期分・第2期分）			
第3期分の税額	納める税金		
	還付される税金		
加算税	申告加算税		
	重加算税		

赤字の場合は0と書いてください。

黒字の場合、百円未満の端数は切り捨ててください。

千円未満の端数は切り捨ててください。

※　②、③の各欄は、「分離短期譲渡所得」、「分離長期譲渡所得」、「一般株式等の譲渡所得等」、「上場株式等の譲渡所得等」、「上場株式等の分離配当所得等」、「先物取引の分離雑所得等」、「山林所得」、「退職所得」を記載してください。

税理士 署名押印（電話番号）　㊞

還付される税金の受取場所	（銀行等の預金口座に振込みを希望する場合） ＿＿銀行 金庫・組合 農協・漁協　＿＿本店・支店 出張所 本所・支所 ＿＿預金 口座番号＿＿	（ゆうちょ銀行の口座に振込みを希望する場合） 貯金口座の記号番号＿＿－＿＿ （郵便局等の窓口受取りを希望する場合） ＿＿

税務署整理欄	通信日付印の年月日	確認印	整理番号	番号確認	身元確認	確認書類	一連番号
	年　月　日		0		□ 済 □ 未済	個人番号カード ／ 通知カード・運転免許証 その他（　）	

01.12

（更正の請求書）　②相続税

税務署受付印

＿＿＿＿税の更正の請求書

＿＿＿＿税務署長

令和＿＿年＿＿月＿＿日提出

（前納税地＿＿＿＿＿＿＿＿）

〒
住所又は所在地＿＿＿＿＿＿＿＿

納税地＿＿＿＿＿＿＿＿

フリガナ
氏名又は名称＿＿＿＿＿＿＿＿　印

個人番号又は法人番号

（法人等の場合）
代表者等氏名　印

職業＿＿＿＿電話番号＿＿＿＿

1．更正の請求の対象となった申告又は通知の区分及び申告書提出年月日又は更正の請求のできる事由の生じたことを知った日

平成
令和＿＿年分＿＿＿＿　　平成
令和＿＿年＿＿月＿＿日

2．申告又は通知に係る課税標準、税額及び更正後の課税標準、税額等
次葉のとおり

3．添付した書類

4．更正の請求をする理由

5．更正の請求をするに至った事情の詳細、その他参考となるべき事項

6．還付を受けようとする銀行等	1　銀行等の預金口座に振込みを希望する場合 ＿＿＿＿銀行・金庫・組合・農協・漁協　＿＿＿＿本店・支店・出張所・本所・支所 ＿＿＿＿預金　口座番号＿＿＿＿	2　ゆうちょ銀行の貯金口座に振込みを希望する場合 貯金口座の記号番号＿＿＿＿－＿＿＿＿ 3　郵便局等の窓口で受取りを希望する場合

関与税理士	印	電話番号	

税務署整理欄	通信日付印年月日	確認者印	整理簿	整理番号	名簿番号	番号確認	身元確認	確認書類
	令和　年　月　日						□済 □未済	個人番号カード／通知カード・運転免許証 その他（　　）

（資15－1－1－A4統一）

第1章　更正の請求

（更正の請求書）　③法人税

更正の請求書
（単体申告用）

※整理番号

税務署受付印

令和　年　月　日

税務署長殿

納税地	〒 電話（　）　－
(フリガナ) 法人名等	
法人番号	
(フリガナ) 代表者氏名	㊞
代表者住所	〒
事業種目	業

〔国税通則法第23条／法人税法第80条の２／地方法人税法第24条／租税特別措置法第66条の４〕の規定に基づき、自 平成・令和　年　月　日 至 平成・令和　年　月　日〔事業年度／課税事業年度〕の確定申告に係る課税標準等について下記のとおり更正の請求をします。

記

区分					この請求前の金額	更正の請求金額
法人税額	所得	所得金額又は欠損金額		1	円	円
		同上の内訳	軽減税率適用所得金額	2		
			その他の金額（１－２）	3		
		法人税額		4		
	法人税額の特別控除額			5		
	差引法人税額（４－５）			6		
	連結納税の承認を取消された場合等における既に控除された法人税額の特別控除額の加算額			7		
	土地譲渡利益金	課税土地譲渡利益金額		8	000	000
		同上に対する税額		9		
	留保金	課税留保金額		10	000	000
		同上に対する税額		11		
	使途秘匿金	使途秘匿金額		12	000	000
		同上に対する税額		13		
	法人税額計（６＋７＋９＋11＋13）			14		
	分配時調整外国税相当額及び外国関係会社等に係る控除対象所得税額等相当額の控除額			15		
	仮装経理に基づく過大申告の更正に伴う控除法人税額			16		
	控除税額			17		
	差引所得に対する法人税額（14－15－16－17）			18	00	00
	中間申告分の法人税額			19	00	00
	差引	納付すべき法人税額		20	00	00
		還付金額		21		
	翌期へ繰り越す欠損金又は災害損失金			22		
地方法人税額	課税標準法人税額の計算	基準法人税額	所得の金額に対する法人税額	23		
			課税留保金額に対する法人税額	24		
		課税標準法人税額（23＋24）		25	000	000
	（23）に係る地方法人税額			26		
	（24）に係る地方法人税額			27		
	所得地方法人税額（26＋27）			28		
	分配時調整外国税相当額及び外国関係会社等に係る控除対象所得税額等相当額の控除額			29		
	外国税額の控除額			30		
	仮装経理に基づく過大申告の更正に伴う控除地方法人税額			31		
	差引地方法人税額（28－29－30－31）			32	00	00
	中間申告分の地方法人税額			33	00	00
	差引	納付すべき地方法人税額		34	00	00
		還付金額		35		

（更正の請求をする理由等）

修正申告書提出年月日	平成・令和　年　月　日	添付書類	
更正決定通知書受理年月日	平成・令和　年　月　日		

還付を受けようとする金融機関等	１　銀行等の預金口座に振込みを希望する場合 銀行／金庫・組合／漁協・農協　本店・支店／出張所／本所・支所 預金　口座番号	２　ゆうちょ銀行の貯金口座に振込みを希望する場合 貯金口座の記号番号　－ ３　郵便局等の窓口での受取を希望する場合 郵便局名等

税理士署名押印	㊞

※税務署処理欄	部門		決算期		業種番号		番号		整理簿		備考		通信日付印	年　月　日	確認印	

01.06

（平成31年４月１日以後終了事業年度分）

第2章

不服申立制度

税務署長等の行った更正・決定などの課税処分、差押えなどの滞納処分、その他税務上の各種申請に対して不許可処分がされたときに不服がある場合は、実務家の皆様はどのようにすればいいのでしょうか。

当局の見解に合わせて、納税者に説明し理解してもらうのがよろしいのでしょうか。

納税者の権利を代弁する皆様は、行政庁の違法または不当な処分により納税者の権利利益を侵害された場合、行政庁に対し不服申立てを行い、納税者の権利利益の救済を求めることが必要ではないでしょうか。

本章では、納税者の権利救済の方途として、税務署長等に対する「再調査の請求」及び国税不服審判所長に対する「審査請求」の各制度を取り上げています。

第1節

不服申立て — 総則

1　不服申立ての概要

行政庁の違法または不当な処分により自己の権利利益を侵害された者は、行政不服審査法により、行政庁に対し不服申立てを行い、自らの権利利益の救済を求めることができます。

国税に関する処分については、通則法第8章第1節（不服審査）に特別の定めが設けられています。

税務署長または国税局長（以下「税務署長等」という）が行った更正・決定などの課税処分、差押えなどの滞納処分、その他税務上の各種申請に対する不許可処分に、不服がある当該処分により権利利益の侵害を受けた者は、税務署長等に対する「再調査の請求」または国税不服審判所長に対する「審査請求」を選択して、その不服を申し立てることができます。

国税における不服申立て ⇨ 再調査の請求 or 審査請求

「再調査の請求」、「審査請求」から「訴訟」に至る一連の流れ

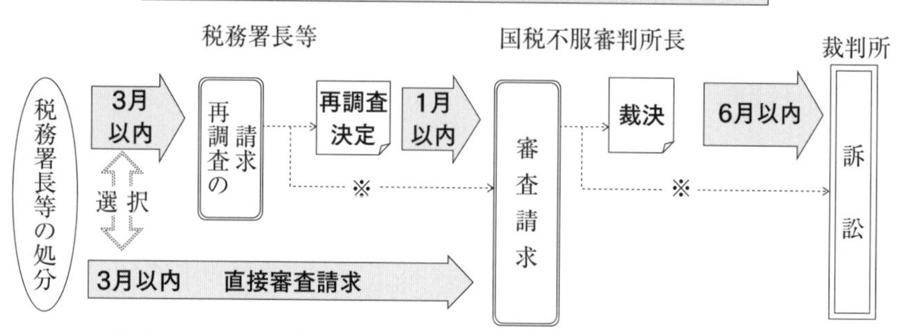

※請求して3か月以内に決定・裁決がないときは、それらを経ないで審査請求・訴訟ができます（通75④一、115①一）。

POINT **平成26年6月に不服申立てに係る通則法について、次のような改正がされています。**

◆再調査の請求と審査請求の選択

税務署長等が行った処分に不服がある場合には、選択により、税務署長等に対する「再調査の請求」か、またはそれをせずに、直接、国税不服審判所長に「審査請求」を行うことができるようになりました（通75①）。

〈再調査の請求と審査請求との比較〉

<table>
<tr><th colspan="2">再調査の請求</th><th colspan="2">審　査　請　求</th></tr>
<tr><td colspan="2">税務署長等</td><td colspan="2">国税不服審判所長</td></tr>
<tr><td colspan="2">処分を行った税務署長等の見直し</td><td colspan="2">第三者的機関（国税不服審判所）による審査</td></tr>
<tr><td rowspan="4">簡易・迅速な再調査</td><td rowspan="2">請求人の主張…再調査の請求書</td><td rowspan="4">訴訟に近い審理手続</td><td>請求人の主張…審査請求書・反論書</td></tr>
<tr><td>原処分庁の主張…答弁書
＊請求人と税務署長等の対審的争い</td></tr>
<tr><td>処分を行った税務署長等（再調査審理庁）の見直し</td><td>合議体による議決
＊担当審判官１名及び参加審判官２名以上（合議体）で事件の調査・審理</td></tr>
<tr><td>口頭意見陳述、証拠書類等の提出</td><td>口頭意見陳述、証拠書類等の提出、証拠書類等の閲覧等</td></tr>
</table>

◆不服申立期間の延長

不服申立てができる期間が、処分のあったことを知った日の翌日から「3か月以内」になりました（通77①）。

◆審査請求における証拠物件の閲覧・謄写

審理関係人（審査請求人・参加人及び税務署長等）は、税務署長等が任意に提出した物件のほか、担当審判官が職権で収集した物件についても、閲覧・謄写を請求することができます（通97の3）。

◆標準審理期間の設定及び審査請求における審理手続の計画的な遂行

標準審理期間を定めるよう努める旨の規定や（通77の2）、口頭意見陳述等の審理手続を計画的に遂行するための規定が新たに設けられました（通92の2）。

2　不服申立てをするための要件

税務署長等が行った処分に対し不服申立てをして、一定の判断（請求の認容または棄却）を受けるためには、次のような要件を満たしていることが必要です。

それら要件を満たしていない「不適法である不服申立て」は、判断されることなく「却下」されます（通83①、98①）。

(1) 不服申立ての対象となる処分

不服申立てをすることができる処分は、次のようなものが該当します。

税務署長等によるもの	税務署長等以外によるもの
・課税標準等または税額等に関する更正または決定 ・加算税の賦課決定 ・更正の請求に対するその一部を認める旨の更正または更正をすべき理由がない旨の通知 ・納税の告知 ・督促及び滞納処分の手続で処分とされるもの ・耐用年数の短縮申請を拒否する行為等税法上の各種の申請を拒否する行為	・登録免許税法の規定による登記機関が行う登録免許税額等の認定処分 ・自動車重量税法の規定により国土交通大臣等が行う自動車重量税額の認定処分

(参考) 「国税に関する法律に基づく処分」―不基通(国)第75条関係1

公権力の主体たる行政庁が行う行為のうち、その行為によって、直接国民の権利義務を形成しまたはその範囲を確定することが法律上認められているもの(最判昭39.10.29参照)。

処 分 と は	左の例示・内容等
行政庁の公権力の行使に当たる行為	行政庁が行う私法上の行為(不用物品の売払いなど)は該当しません。
その行為が外部に対してされること	行政庁内部の規律を定めた訓令、通達または指示は該当しませんし、納税者に通知される前の部内での検討や計画は該当しません。
直接国民の権利義務に影響を及ぼす法律上の効果を生ずるものであること	課税に関して納税者にされる通知は、ほとんどが不服申立ての対象になる処分に該当します。滞納処分に関する通知には、それ自体が権利義務に影響を及ぼさないもの(例えば、滞納者に対する公売通知や見積価額の公告など)があります。 ＊課税調査時の帳簿等の留め置き(通74の7)は、公権力の行使ですが、法的効果を生まない事実行為なので、不服申立ての対象にはなりません。

▶留め置いた帳簿等の物件について返還の求めがあったときに、これを拒否したときは不服申立ての対象になります。

また、国税局長が特定事業者等に対して求める報告（通74の7の2）も不服申立ての対象になります。

◆不服申立ての対象とならない処分

国税に関する処分であっても、その処分の性格によって不服申立てをさせることが適当でないものは除かれています。

不服申立ての対象とならない処分	① 通則法第76条に規定する処分 ② 国税に関する法律に基づかないもの

①　通則法第76条に規定する処分

通則法第76条において、**不服申立てができない処分**	・通則法第8章第1節（不服審査）の規定による処分 ・行政不服審査法の規定による処分 ・通則法第75条の規定による不服申立てについてした処分 ・通則法第11章（犯則調査）に基づく処分（行審7①七）

②　国税に関する法律に基づかないもの

通則法が定める「国税」には、国が課する税のうち関税、とん税及び特別とん税は含まれません（通2一）。したがって、税関長が行う関税等に係る処分は、通則法に基づく不服申立ての対象とはなりません。

(2)　不服申立ての利益

不服申立ては、それを行う者の権利利益の救済を目的としていますから、単に処分が存在し、これに不服があるというだけでは足りません。不服申立ての対象となった処分によって、自己の権利または法律上の利益が侵害され、その処分を取り消すことで侵害状態が除去される場合である必要があります（行訴9①参照）。

したがって、処分によって自己の権利または法律上の利益が侵害されていない場合、あるいは処分を取り消しても侵害状態が除去できない場合は、不服申立ての利益がないものとして、不服申立てはできません。

▶納税額を減額する更正（更正の請求に対するその一部を認める更正は除く）は、納税者の不利益となる処分ではないことから、不服申立てはできません。

▶債権の差押処分において、すでにその債権を滞納処分により取り立てている場合には、不服申立ての対象となる処分が存在しないので、不服申立てはできません（高松地判平 9. 3. 7）。

⑶ 不服申立てができる者

不服申立適格者 国税に関する法律に基づく処分によって、直接自己の権利または法律上の利益を侵害された者

不服申立てができる者は、国税に関する法律に基づく処分によって直接自己の権利または法律上の利益を侵害された者であることを要件としています（不基通(国)75-2、最判昭 53. 3. 14 参照）。したがって、処分の相手方であっても何らの不利益を認められない、例えば申請に対して許可を受けた場合などは、不服申立てをすることはできません。

その一方で、処分を受けた相手ではない第三者であっても、当該処分により法律上保護された利益が侵害される場合には、不服申立てをすることができます。

▶差押処分に対して、差押物件に抵当権を設定している第三者は、処分の相手方ではありませんが、差押えにより自らの債権の回収ができなくなるおそれがあるので、不服申立てをすることができます。

⑷ 不服申立期間

国税に関する処分は、納税者のみならず、納税義務の確定などそれに基づく法律関係に大きく影響するため、長期間争い得る状態に置くことは好ましくないと考えられています。そこで、期限を定めて、その期限を過ぎた後においては、不服申立てはできなくなります。

POINT **不服申立期間を過ぎた不服申立ては、内容を判断することなく「却下」されます。**

ただし、その処分の違法が重大かつ明白であり、「無効」と評価される場合には、不服申立てによらず、訴訟において処分の効力を喪失させることができます（行訴36）。

「不服申立期間」の趣旨 ⇨ ・早期の権利の救済
・行政処分の効果、行政上の法律関係の早期安定

不服申立ては、税務署長等に対する再調査の請求、それを経ないでする国税不服審判所長に対する審査請求のいずれも、処分があったことを知った日（処分に係る通知を受けた場合には、その受けた日）の翌日から起算して3か月を経過したときはすることができません。ただし、正当な理由があるときはこの限りではありません（通77①）。

また、再調査の請求が認められなかったときの審査請求は、再調査決定書の謄本の送達があった日の翌日から起算して1か月を経過したときはすることができません。ただし、正当な理由があるときはこの限りではありません（通77②）。

▶再調査の請求書及び審査請求書を郵便物または信書便で郵送する場合には、その発信日付をもって提出されたものとみなされます（通22、77④）。

不服申立期間の原則

期間
① 再調査の請求、第一審として審査請求…「3か月」
② 第二審としての審査請求…………………「1か月」
③ 再調査の請求後、3か月を経過しても決定がない場合の審査請求……「再調査の決定があるまでの期間」

期間の起算日
① 再調査の請求、第一審として審査請求
…処分に係る通知を受けた場合⇨その通知を受けた日
…処分の通知を受けない場合 ⇨処分があったことを知った日

② 第二審としての審査請求
…再調査決定書の謄本の送達があった日

不服申立期間の延長

「正当な理由」により、上記「3か月」「1か月」の期間内に不服申立てをすることができない場合には、通則法第77条第1項但書または第2項但書により、期間を延長できます。

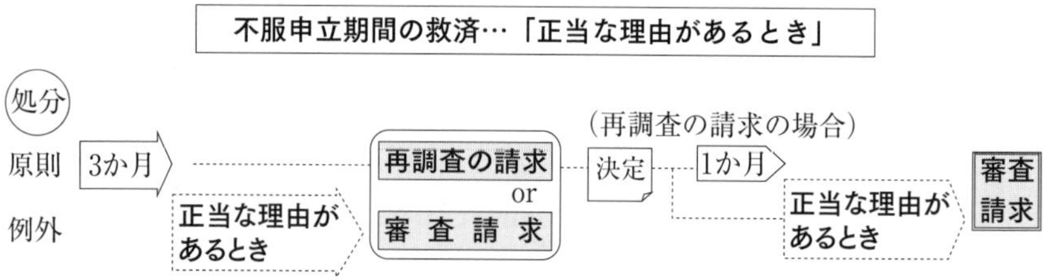

不服申立期間の救済…「正当な理由があるとき」

処分
原則 3か月 → 再調査の請求 or 審査請求
例外 正当な理由があるとき → 再調査の請求 or 審査請求
（再調査の請求の場合）決定 → 1か月 → 審査請求
正当な理由があるとき → 審査請求

「正当な理由があるとき」とは

「正当な理由があるとき」とは、①誤って法定の期間より長い期間を不服申立期間とする教示を受けた場合において、その教示された期間内に不服申立てをしたとき、②不服申立人の責めに帰すべからざる事由により、不服申立期間内に不服申立てをすることが不可能と認められるような客観的な事情がある場合（具体的には、地震、台風、洪水、噴火などの天災に起因する場合や、火災、交通の途絶等の人為的障害に起因する場合、等）をいいます（不基通（国）77-1、不基通(審)77-1))。

除斥期間

「正当な理由」があって不服申立期間が延長されるときであっても、処分があった日の翌日から起算して1年を経過したときは、不服申立てをすることはできなくなります。ただし、天災等の「正当な理由」があるときはこの限りではありません（通77③)。

不服申立期間の特例

滞納処分の手続については、財産の換価という特殊性から処分の安定性が求められます。そのため、一般の申立期間とは違い、下記の①から④までに掲げる処分に欠陥があることを理由とする不服申立ては、短期の不服申立期間が適用されます（徴171）。

〈滞納処分に関する審査請求期間の特例〉

欠陥があるとする処分	審査請求期限の特例
①　督促（徴171①一）	差押えに係る通知を受けた日（その通知がないときは、その差押えがあったことを知った日）から３か月を経過した日
②　不動産等についての差押え（徴171①二）	その公売期日等
③　不動産等についての公売公告から売却決定までの処分（徴171①三）	換価財産の買受代金の納付の期限（この期限までに代金が納付されたかどうかは問いません）
④　換価代金等の配当（徴171①四）	換価代金等の交付期日

▶③及び④の不服申立てを郵送でする場合には、発信主義は適用されません（徴171③）。当該期限までに税務署長等または国税不服審判所長に書面が到達する必要があります。

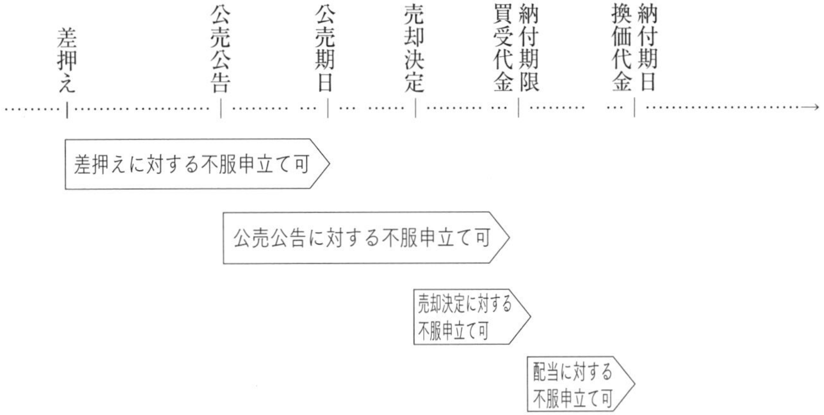

差押え
公売公告
公売期日
売却決定
買受代金納付期限
換価代金納付期日

差押えに対する不服申立て可
公売公告に対する不服申立て可
売却決定に対する不服申立て可
配当に対する不服申立て可

3　不服申立ての構造―不服申立ての種類、不服申立先

国税に関する処分への不服申立てには「再調査の請求」と「審査請求」があります。それらの判断の結果になお不服がある場合には、司法判断を求める「訴訟」へと進みます。

⑴ 再調査の請求と審査請求の選択

国税に関する処分に不服がある者は、次に定める不服申立てを行うことができます（通75①）。

処　　　分	不服申立て
A　税務署長、国税局長または税関長がした処分（通75①一）	不服のある者が次のいずれかを選択 ①その処分をした税務署長、国税局長、税関長に対する**再調査の請求** ②国税不服審判所長に対する**審査請求**
B　国税庁長官がした処分（通75①二）	国税庁長官に対する**審査請求**
C　国税庁、国税局、税務署及び税関以外の行政機関の長またはその職員がした処分（通75①三）	国税不服審判所長に対する**審査請求**

⑵ 再調査の請求の決定後にする審査請求

再調査の請求の「決定」があった場合において、なお不服があるときは、国税不服審判所長に対して審査請求をすることができます（通75③）。

処分の形態別の不服申立ての種類及びその不服提出先

	再調査の請求	審査請求	
	税務署長等	国税不服審判所長	国税庁長官
税務署長の処分	○ 税務署長 → ↕選択 -----→	◎ 国税不服審判所長 ○ 国税不服審判所長	
国税局長の処分	○ 国税局長 → ↕選択 -----→	◎ 国税不服審判所長 ○ 国税不服審判所長	
国税庁長官の処分			○ 国税庁長官

○は第一審、◎は第二審

⑶ 再調査の請求について決定を経ない審査請求

再調査の請求をしている者は、次のいずれかに該当する場合には、当該再調査の請求の決定を経ないで、国税不服審判所長に対して審査請求をすることができます（通75④）。

① 再調査の請求をした日の翌日から起算して3か月を経過しても「決定」がない場合
② その他再調査の請求の「決定」を経ないことにつき正当な理由がある場合

4 標準審理期間

不服申立てにおける審理期間の目安 ⇨ **標準審理期間**

⇩

再調査の請求…「3か月」
審査請求………「1年」

(1) 標準審理期間の設定

不服申立てがなされると税務署長等または国税不服審判所長はその事案について審理を開始しますが、不服申立てをした者の権利利益の迅速な救済を図る観点から、「決定」または「裁決」をするまでに通常要すべき標準的な期間（以下「**標準審理期間**」という）を設定しています（通77の2前段）。

この「標準審理期間」は、決定または裁決を行う税務署長等または国税不服審判所長の判断に委ねられていますが、具体的には、再調査の請求では「3か月」、審査請求では「1年」としています。

（注） 標準審理期間を経過した不服申立て
　標準審理期間内に処理することが困難な事情もあるので、標準審理期間を経過しても、不作為の違法または裁決の手続上の瑕疵にはなりません（不基通(審)77の2-2）。

(2) 標準審理期間の公表

標準審理期間 ⇒ 標準審理期間の設定 and 標準審理期間の公表

標準審理期間を定めたときは、税務署または国税不服審判所における備付けその他の適当な方法により公表がされます（通77の2後段）。

5 不服申立てにおける関係者

不服申立てにおいては、請求人本人及び処分を行った税務署長等のほかに、次のような者が関係者がいます。

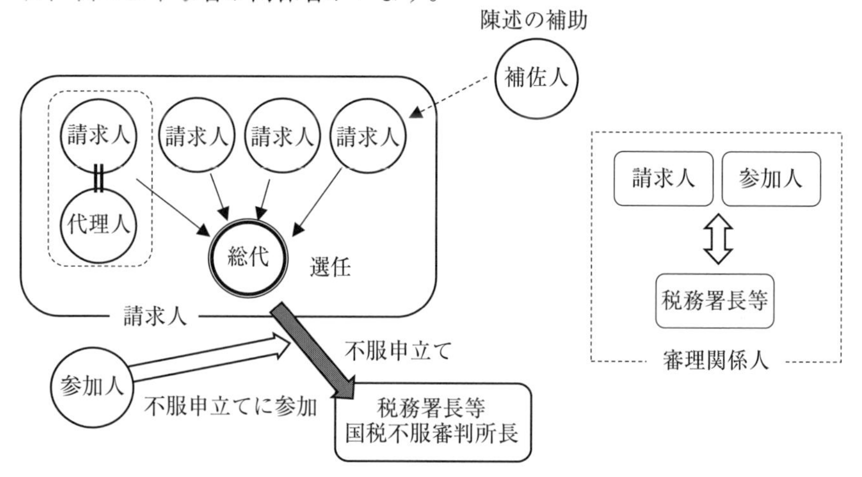

(1) 代理人

不服申立ては、請求人本人が代理人を選任してすることもできます（通107①）。

代理人は、請求人のために不服申立てに関する一切の行為をすることができます。しかしながら、審査請求書の取下げ及び復代理人（代理人の代理）の選任は、特別な委任がある場合でなければできません（通107②）。

(参考) 代理人となる資格等

不服申立ての代理人となる資格は、訴訟の場合とは異なり、通則法では特に制限されていません。しかし、業として行う不服申立てに関する書類の作成や陳述は、税理士以外の者は禁止されていますので（税理士法2①一、52）、実際には、税理士（税理士法人及び通知弁護士を含む）に限られます。なお、税理士が提出する税務代理権限証書は、再調査の請求と審査請求は、それぞれ別に作成して提出します。

⑵ 総 代

一つの処分について複数の者に不服があり、画一的に処理することを求める場合には、共同して不服申立てをすることができます。その際には、3人を超えない範囲で、互選により請求人の中から総代を選ぶことができます（通108①）。

総代が選任された場合には、取下げを除き、不服申立てに関する一切の行為は、総代を通じてのみ行うことになります（通108③）。

⑶ 参加人

不服申立てにおいては、対象となる処分について法令上の利害関係を有する請求人以外の第三者（利害関係人）は、再調査の請求を審理する行政機関（再調査審理庁）または国税不服審判所長の許可を得て、当該不服申立てに参加することができます（通109①）。参加人は、自らの利益を守るため、ほぼ請求人と同等の行為を不服申立てにおいてすることができます。

参加人は、法令上の利害関係がある者に限られるので、経済的や感情的な理由による参加は認められません。

▶請求人本人と同様に、参加人も代理人を選任することができます（通109③）。

⑷ 補佐人

申立人が口頭意見陳述を行う際に、付き添ってその陳述を補佐する者が補佐人です（通84③、95の2③）。申立人から補佐人の申請があったときは、再調査審理庁または担当審判官は速やかにその許否を決定します（不基通(国)84-7、不基通(審)95の2-6）。

なお、補佐人は、申立人が十分に意見陳述を行うことができるよう専門的知識をもって補佐させる制度ですから、この趣旨に従って許否が決定され、許可を与えた場合であっても、必要に応じてその許可を取り消すことができます（不基通(国)84-9、不基通(審)95の2-7)。

第2節

再調査の請求

1 再調査の請求

税務署長等が行った処分に不服があるときに、当該処分を行った税務署長等に対して、その処分の取消しや変更を求める請求です。

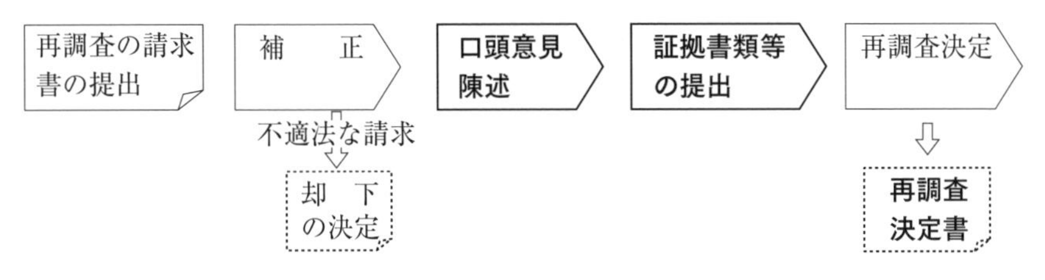

2 再調査の請求書

(1) 再調査の請求書の提出

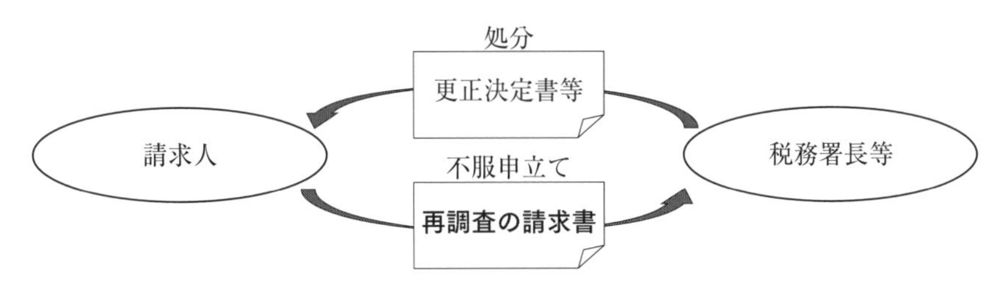

再調査の請求は、「**再調査の請求書**」を提出して行います（通81①）。

この不服申立ては、口頭によることを認められておらず、必ず書面を提出しなければなりません。

なお、再調査の請求書は1通提出すればよく、副本の必要はありません。

☞「再調査の請求書」、53ページ以下参照。

再調査の請求書の提出先

① 税務署長が行った課税処分であっても、国税局の職員によって調査がされた旨の記載がある書面で通知がされている場合には、その課税処分は当該国税局長が行った処分とみなされます（通75②）。当該処分に対する再調査の請求書は、当該国税局長に出します。

② 税務署長等の処分がされてから後に納税地の異動をしていた場合には、課税処分は異動後の納税地を所轄する税務署長に提出します。滞納処分は、その処分を行った税務署長等に提出します（通85①）。

③ 滞納処分は「徴収職員（徴2十一）」の名前で行う場合もありますが、当該職員が所属する税務署長等を相手に不服申立てを行います（通75⑤）。

(2) 再調査の請求書の記載事項

「**再調査の請求書**」には、次に掲げる事項を記載します（通81①）。

再調査の請求書の記載事項

① 再調査の請求に係る処分の内容

② 再調査の請求に係る処分があったことを知った年月日（当該処分に係る通知を受けた場合には、その受けた年月日）

③ 再調査の請求の趣旨及び理由

④ 再調査の請求の年月日

① 処分の内容

不服申立ての対象となる処分を特定するため、再調査の請求に係る処分を記載します。具体的には、処分を行った税務署長等、処分の日付、処分の名称のほか、請求人が処分の相手方以外の者である場合には、処分の相手方の氏名または名称を記載します。

② 処分があったことを知った日等

不服申立てが適法な期間になされたどうかを判断するため、再調査の請求をする処分に係る通知を受けた年月日を記載します（通81①二）。通知を受けていないときは、その処分があったことを知った年月日を記載します。

③ 請求の趣旨及び理由

不服申立てをして何を求めるかを明らかにするため、趣旨及び理由を記載します（通81①三）。

請求の趣旨 …再調査の請求を求める簡潔な結論を記載します。受けた処分の取消しまたは変更を求める場合はその範囲を明らかにします。
（例示）「更正処分の全部取消しを求める。」
「更正処分のうち100万円を超える部分の取消しを求める。」

請求の理由 …「請求の趣旨」に記載した結論を求める理由（処分が違法または不当であること及びその理由）を記載します。

「不当」を理由とする取消請求

処分の取消しを求める理由には、前提となる事実関係の誤りや法令解釈の誤りにより法の適用が誤っていること（違法理由）のほかに、法令の適用が違法とはいえないが「不当」な場合も該当します（行審1①）。

④ 不服申立期間の経過後にする請求

不服申立期間の経過後に再調査の請求をする場合には、その超えたことの「正当な理由」を記載します（通81②）。

3 再調査の請求書の補正

再調査の請求を受けた税務署長等（以下「再調査審理庁」という）は、提出された再調査の請求書が法律の求める形式要件を満たしているか否かをチェックします。要件は満たしていないが、その補正が可能な場合には、相当の期間を定め、その期間内に不備の内容を具体的に示した書面により、請求人に対して補正を求めます（通81③、不基通(国)81-8)。

なお、その不備が軽微なときは、再調査審理庁は職権で補正することができます。

再調査審理庁
（税務署長等）

「請求書の記載事項」及び期間を経過したときの「正当な理由」

請求書に記載した提出者の氏名等の記載誤り

▶取消しを求める手続が不服申立ての対象になる処分でないこと、処分の取消しを求める利益がないことは補正の対象ではありません。

▶補正をする「**相当の期間**」とは、その不備を補正するのに通常要する期間をいい、その期間は、不備の程度などの事情に応じて定められます（不基通(国)81-5)。

補正の方法

補正の要求を受けた請求人は、次の方法により補正を行います（通81④)。

① **通常の方式による補正**	通常は、法令の規定に合致するように補正した書面を追加提出するか、すでに提出した「再調査の請求書」の記載事項を補筆して押印
② **職権による補正**	再調査の請求人の意思を容易に推測することができ、かつ、審理の障害にならないような軽微な不備であるときは、再調査審理庁は、その不備の補正を求めないで、職権で補正
③ **口頭による補正**	再調査の請求書を提出した税務署等に請求人が出頭し、補正すべき事項について陳述（陳述内容を録取した書面が作成され、その記載事項が陳述内容と異ならないことを確認して押印

4 補正ができない場合の請求の却下

再調査審理庁は、上記 3 の補正を求めた場合において、次に掲げるようなときは審理手続を経ないで、「決定」により再調査の請求を「**却下**」

することができます（通81⑤）。

① 再調査の請求人がその期間内に不備を補正しないとき
② 再調査の請求が不適法であって、補正することができないことが明らかなとき

▶「不適法であって、補正することができないことが明らかなとき」とは、不服申立期間を徒過し、そのことについての正当な理由が認められないことが明らかな場合や請求書に記載した提出者に不服申立人適格がないことが明らかな場合等をいいます（不基通(国)81-10）。

5 口頭意見陳述

「再調査の請求書」受理後の審理手続 ⇨ **口頭意見陳述** **証拠書類等の提出等**

(1) 口頭意見陳述

再調査の請求人または参加人（以下この項において「申立人」という）から、口頭で意見を陳述したい旨の申立てがあった場合には、再調査審理庁はその申立てをした者に、その機会を与えなければなりません（通84①）。

▶申立人が再調査審理庁の指定した期日及び場所に出頭して口頭で意見を述べることが困難である特段の事情がある場合には、この限りではありません（通84①、不基通(国)84-4参照）。

(2) 申立人の招集等

口頭意見陳述は、再調査審理庁が期日及び場所を指定し、申立人を招集して行います（通84②）。

(3) 補佐人の帯同

口頭意見陳述で申立人は、再調査審理庁の許可を得て、補佐人とともに出頭することができます（通84③）。また、再調査審理庁は、必要がある

と認める場合には、その行政機関の職員に口頭意見陳述を聴かせることができます（通84④）。

なお、補佐人の帯同は、申立人が十分に意見陳述を行うことができるよう専門的知識をもってその意見陳述を補佐させる趣旨の制度ですから、再調査審理庁はこの趣旨に従って許否を決定します。

（注）1　許可を与えた場合にも、必要に応じてその許可を取り消すことができます（不基通(国)84-8)。

2　補佐人が税理士法に規定する税理士業務の制限規定に該当する行為をするおそれがある場合その他税理士法違反のおそれがある場合には、許可を与えずまたはすでに与えた許可を取り消すこととしています(不基通(国)84-9)。

(4)　陳述の際の制限

口頭意見陳述において、再調査審理庁または(3)の職員は、申立人のする陳述が事件に関係のない事項にわたる場合その他相当でない場合には、これを制限することができます（通84⑤）。

（注）1　「その他相当でない場合」とは、例えば、申立人の行う意見陳述がすでにされた陳述の繰り返しにすぎない場合その他その発言が口頭意見陳述の趣旨、目的に沿わないと認められる場合がこれに当たります（不基通(国)84-10)。

2　代理人によってされた意見陳述の効果は、申立人本人に帰属するものです。申立人本人から改めて口頭意見陳述の申立てがあったときは、すでにされた代理人の意見陳述と重複しない限度ですることができます(不基通(国)84-10(注))。

6　請求人等からの証拠書類等の提出

再調査の請求において、請求人及び参加人は自己の主張を理由づける証拠書類または証拠物を提出することができます。この場合において、再調査審理庁が、証拠書類または証拠物を提出すべき相当の期間を定めたときは、その期間内にこれを提出しなければなりません（通84⑥）。

（注）「相当の期間」とは、証拠書類または証拠物を提出するのに通常要する期間をいい、その期間は、証拠書類または証拠物の量や、入手の難易などの事情に応じて定められます（不基通(国)84−11）。

7 再調査の請求についての決定等

再調査審理庁は、再調査の請求に対する審理を行った上で、再調査決定書により「却下」「棄却」「取消し」及び「変更」を決定します（通83各号）。

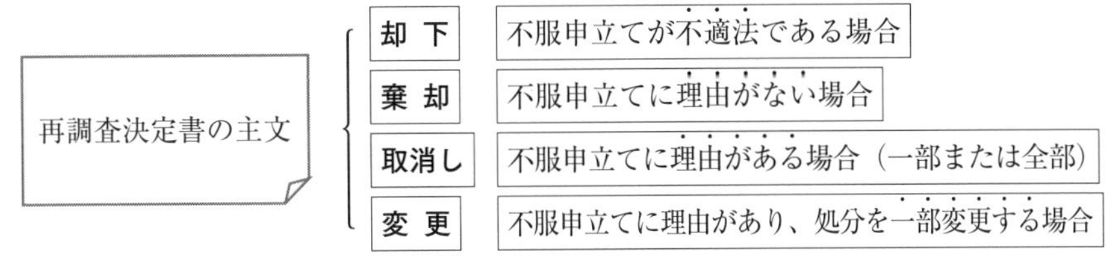

(1) 再調査決定書

再調査の請求についての決定（以下「再調査決定」という）は、主文及び理由を記載し、再調査審理庁が記名押印した「**再調査決定書**」により行います（通84⑦）。

この決定において処分の全部または一部を維持する場合には、その維持される処分を正当とする理由を明らかにします（通84⑧）。

(2) 審査請求ができる旨の教示

再調査審理庁は、再調査決定書で処分の全部取消しをした場合を除き、国税不服審判所長に対して審査請求をすることができる旨及び審査請求ができる期限を当該再調査決定書に記載して、これらを教示します（通84⑨）。

▶決定が「却下」の場合には不服申立てを不適法とした判断が違法な場合に限り、審査請求ができます。

▶参加人が決定につき不服であっても、請求人に不服がなければ審査請求はできません。

▶教示の期間が誤っていた場合には、その期限までに不服申立てをする「正当な理由」になります。

(3) 再調査決定書謄本の送達等

再調査決定は、再調査の請求人に再調査決定書の謄本が送達された時に効力が生じます（通84⑩）。

（注）1 再調査の請求が処分の相手方以外の者からされた場合において、処分の全部もしくは一部を取消しまたは変更する決定は、再調査の請求人及び処分の相手方に送達されます。

2 参加人がいる場合には、参加人にも送達されます（通84⑪）。

3 再調査決定をしたときは、再調査審理庁は速やかに、上記6により提出された証拠書類または証拠物を提出人に返還しなければなりません（通84⑫）。

（再調査の請求書）

再調査の請求書

（初葉）

①令和＿＿年＿＿月＿＿日

② ＿＿＿＿＿＿＿＿ 税務署長　殿

＿＿＿＿＿＿＿＿ 国税局長　殿

再調査の請求人				
	③ 住所又は所在地（納税地）			郵便番号 －
	④ （フリガナ） 氏名又は名称	（　　　　）	印	電話番号 （　）
	⑤ 個人番号又は法人番号			※ 個人番号の記入に当たっては、左端を空欄にしてください。
	⑥総代又は代表者	住所又は居所		郵便番号 －
		（フリガナ） 氏名	（　　　　）　印	電話番号 （　）
⑦代理人	住所又は居所			郵便番号 －
	（フリガナ） 氏名	（　　　　）	印	電話番号 （　）

下記の処分について不服があるので、再調査の請求をします。

再調査の請求に係る処分の内容〈原処分〉				
⑧ 原処分庁	（　　　）税務署長・（　　　）国税局長・その他（　　　　）			
⑨ 原処分日等	原処分（下記⑩）の通知書に記載された年月日			平成・令和　年　月　日付
	原処分（下記⑩）の通知書を受けた年月日			平成・令和　年　月　日
⑩ 原処分名等 （「税目」欄及び「原処分名」欄の該当番号をそれぞれ○で囲み、「対象年分等」欄は、「原処分名」ごとに記載した上で「税目」欄において○で囲んだ再調査の請求に係る処分の税目の番号を括弧書で記載してください。）	税目	原処分名		対象年分等
	1 申告所得税 2 復興特別所得税 3 法人税 4 復興特別法人税 5 地方法人税 6 消費税及び地方消費税 7 相続税 8 贈与税 9（　　　）	1 更正		
		2 決定		
		3 加算税	a 過少申告加算税の賦課決定	
			b 無申告　加算税の賦課決定	
			c 重　　加算税の賦課決定	
		4 更正の請求に対する更正すべき理由がない旨の通知		
		5 青色申告の承認の取消し		以後
		6 その他（　　　　）		
	10 源泉所得税 11 復興特別所得税	7 納税の告知		
		8 加算税	a 不納付加算税の賦課決定	
			b 重　加算税の賦課決定	

※整理欄	通信日付印年月日 令和　年　月　日	確認印	整理簿	連絡せん	番号確認	身元確認	確認書類
	・　・					□ 済 □ 未済	個人番号カード ／ 通知カード・運転免許証 その他（　　　）

※整理欄は、記載しないでください。

（不服１）

第2章　不服申立制度

（次葉）

再調査の請求人の氏名又は名称	

⑪ 再調査の請求の趣旨	★　原処分の取消し又は変更を求める範囲等について、該当する番号を○で囲んでください。 1：全部取消し　………　初葉記載の原処分の全部の取消しを求める。 2：一部取消し　………　初葉記載の原処分のうち、次の部分の取消しを求める。 3：変　更　……………　初葉記載の原処分について、次のとおりの変更を求める。 ★　上記番号2の「一部取消し」又は3の「変更」を求める場合には、その範囲等を記載してください。
⑫ 再調査の請求の理由	★　取消し等を求める理由をできるだけ具体的に記載してください。 なお、この用紙に書ききれない場合には、適宜の用紙に記載して添付してください。

⑬　添付書類等（★該当番号を○で囲んでください。）	⑭　原処分があったとき以後に納税地の異動があった場合
1：委任状（代理人の権限を証する書類） 2：総代選任書 3：再調査の請求の趣旨及び理由を計数的に説明する資料 4：その他（　　　　　　　　）	1：原処分をした税務署長又は国税局長 ⇒（　　　　）税務署長・（　　　　）国税局長 2：原処分の際の納税地 ⇒

⑮　不服申立期間経過後に、再調査の請求をすることとなった理由

※補正欄	補正した日	補正箇所	補正内容

（不服1）

〈「再調査の請求書」の記載要領〉

記載欄等	記　載　内　容　等
①　年月日	再調査の請求書の提出年月日を記載します。
②　税務署長殿、国税局長殿	再調査の請求書を提出する行政機関の長を記載します。
③　住所又は所在地(納税地)	再調査の請求をしようとする者の住所または法人の所在地を記載します。 住所または所在地と納税地が異なる場合には、上段に住所または所在地を、下段に納税地を（　）書で記載します。
④　(フリガナ)氏名又は名称 ⑤　個人番号又は法人番号 ⑥　総代又は代表者	(1)　個人の場合には、④欄に氏名を記載し、押印した上で、⑤欄に個人番号を記載します。なお、総代を互選している場合には、⑥欄に総代の住所または居所及び氏名を記載し、総代の印を押すとともに、総代選任書を添付します。 (2)　法人の場合には、④欄に名称を、⑤欄に法人番号を、⑥欄に代表者の住所または居所及び氏名を記載し、代表者の印を押します（④欄に会社印を押す必要はありません）。 なお、連結親法人が受けた連結納税に係る更正処分等に対する再調査の請求の場合には、名称の前に「連結親法人」と記載します。 (3)　氏名または名称には、フリガナを付けます。 (4)　再調査の請求書（次葉）の右上の「再調査の請求人の氏名又は名称」欄にも記載します。
⑦　代理人	代理人が選任されている場合には、その者の住所または居所もしくは所在地及び氏名または名称を記載し、代理人の印を押すとともに、委任状を添付します。 また、氏名または名称には、フリガナを付けます。
⑧　原処分庁	再調査の請求の対象とする更正処分等（原処分）の通知書に表示されている行政機関の長が税務署長または国税局長の場合には、「(　)税務署長」または「(　)国税局長」の欄に記載します。それ以外の場合には「その他（　)」に記載します。 なお、次の点に注意してください。 (1)　原処分の通知書に「国税局の職員の調査に基づいて行った」旨の記載がある場合には、その国税局長が原処分庁となりますから「○○国税局長」と記載します。 (2)　登録免許税の納税告知処分の場合には、「○○税務署長」と記載します。
⑨　原処分日等	(1)　上段には、「⑩原処分名等」欄に記載する処分の通知書に記載されている年月日を記載します。 (2)　下段には、「⑩原処分名等」欄に記載する処分の通知書の送達を受けた年月日を記載します。 なお、処分の通知書の送達を受けていない場合は、処分があったことを知った年月日を記載します。
⑩　原処分名等	(1)　「税目」欄は、再調査の請求に係る処分の税目の番号（税目が複数あれば該当するすべての番号）を○で囲みます。 なお、番号「1」から「8」までならびに「10」及び「11」以外の

	税目等の場合には、番号「9」を○で囲み（　）内に税目等を記載します。 〔税目が「9」の場合の記載例〕 ・徴収関係　・酒税　・印紙税　・登録免許税 (2)　「原処分名」欄は、税目ごとに再調査の請求に係る原処分名の番号を○で囲みます。 イ　税目が「1」から「9」の場合で該当する原処分名が掲げられていない場合は、「6その他（　）」の番号を○で囲み（　）内に原処分名を記載します。 〔（　）内の記載例〕 ・不動産の差押え　・債権の差押え　・納税者○○○に係る第二次納税義務の告知 ロ　「加算税」については、各加算税の種類の記号を○で囲みます。 (3)　「対象年分等」欄は、「原処分名」欄において○で囲んだ原処分名ごとに対象年分、対象月分、対象事業年度、対象課税期間等を記載した上、「税目」欄において○で囲んだ再調査の請求に係る処分の税目の番号を（　）書で記載します。 なお、対象年分等が複数の場合は、それぞれ記載します。 〔記載例〕 ・申告所得税の場合…■■○年分(1) ・申告所得税及び復興特別所得税の場合…■■○年分(1、2) ・■■○年分の申告所得税並びに■■×年分の申告所得税及び復興特別所得税の場合…■■○年分(1)、■■×年分(1、2) ・源泉所得税の場合…■■○年○月～■■○年○月分(10) ・源泉所得税及び復興特別所得税の場合…■■○年○月～■■○年○月分(10、11) ・■■○年○月から■■○年○月までの源泉所得税並びに■■×年×月から■■×年×月までの源泉所得税及び復興特別所得税の場合…■■○年○月～■■○年○月分(10)、■■×年×月分～■■×年×月分(10、11) ・法人税の場合…■■○年○月○日～■■○年○月○日事業年度分(3) ・法人税及び復興特別法人税の場合…■■○年○月○日～■■○年○月○日事業年度分(3、4) ・■■○年分の法人税並びに■■×年分の法人税及び復興特別法人税の場合…■■○年○月○日～■■○年○月○日事業年度分(3)、■■×年×月×日～■■×年×月×日事業年度分(3、4) ・相続税の場合…■■○年○月○日相続開始(7) ・消費税及び地方消費税の場合…■■○年○月○日～■■○年○月○日課税期間分(6)
⑪　再調査の請求の趣旨	再調査の請求の対象とする処分の取消し等を求める範囲について、番号「1」から「3」までのうち該当する番号を○で囲み、「2：一部取消し」または「3：変更」の場合には、その求める範囲を具体的に記載します。 〔記載例〕 ・「2：一部取消し」の場合

	『初葉記載の所得税の■■○年分の更正処分のうち所得金額△△円を超える部分に対応する税額に係る更正処分の取消し及びこれに伴う○○加算税賦課決定処分の取消しを求める。』 ・「3：変更」の場合 『初葉記載の贈与税の延納条件を2年とする処分を3年へ変更することを求める。』
⑫　再調査の請求の理由	原処分の全部または一部の取消し等を求める理由をできるだけ具体的に、かつ、明確に記載します。なお、この用紙に書ききれないときは、適宜の用紙に記載して添付します。 〔申告所得税の場合の記載例〕 『私は、土地家屋を■■○年○月○日に譲渡したので、租税特別措置法第35条第1項の特別控除の規定を適用して所得税の確定申告書を提出したが、A税務署長は、当該規定の適用は認められないとして更正処分等を行った。これは、次のとおり事実を誤認したものである。』 （以下、主張する事実関係を詳しく記載します。） 〔源泉所得税の場合の記載例〕 『B税務署長は、外注先甲に対する支払いが所得税法第183条第1項の給与等に該当するとして源泉所得税の納税告知処分をしたが、この処分は次の理由により法律の適用誤りである。』 （以下、適用誤りとされる理由を詳しく記載します。） 〔相続税の場合の記載例〕 『私は、相続により取得したゴルフ会員権の価格を○○○円と評価して相続税の申告をしたが、C税務署長はこれを△△△円と評価して更正処分等を行った。しかしながら、これは次のとおり評価を誤ったものである。』 （以下、誤った評価とされる理由を詳しく記載します。） 〔消費税及び地方消費税の場合の記載例〕 『D税務署長は取引先乙に支払った手数料の金額が、消費税法第30条第1項に規定する仕入税額控除の対象と認められないとして更正処分を行った。しかしながら、この手数料については、次の理由により、仕入税額控除の対象とされるべきである。』 （以下、対象とされるとした理由を詳しく記載します。）
⑬　添付書類等	代理人が選任されている場合の委任状、総代を互選している場合の総代選任書、再調査の請求の趣旨及び理由を計数的に説明する必要から添付する資料がある場合には、それぞれ該当する番号を○で囲みます。 また、その他の資料を添付する場合には、番号「4」を○で囲んだ上、（　）内に添付する書類名を具体的に記載します。
⑭　原処分があったとき以後に納税地の異動があった場合	原処分があったとき以後に納税地の異動があった場合は、再調査の請求の対象とする更正処分等（原処分）の通知書に表示されている行政機関名を記載するとともに、原処分を受けた時の納税地について記載します。

⑮　不服申立期間経過後に、再調査の請求をすることとなった理由	処分の通知書の送達を受けた日（処分の通知書の送達を受けていない場合は、処分があったことを知った日）の翌日から起算して3か月を経過した後、または処分があった日の翌日から起算して1年を経過した後に再調査の請求をすることに正当な理由がある場合には、その理由を記載します。 なお、正当な理由がないと認められる場合には、再調査の請求は不適法なものとして却下されることとなります。

第3節

審査請求

1　審査請求

税務署長等が行った処分に不服があるときに、国税不服審判所長に対してその処分を受けた者（請求人）が、その処分の取消しや変更を求める請求です。審査請求は、次の場合にすることができます。

①　再調査の請求をせず、審査請求を選択した場合（通75①一ロ）
②　再調査の請求に対する決定に、なお不服がある場合（通75③）
③　再調査の請求をしたが、3か月経過しても決定がない場合（通75④一）
④　再調査の請求をしたが、その決定を経ないことにつき正当な理由がある場合（通75④二）
⑤　同一の事実関係を争点にして、再調査の請求と審査請求が同時に争われる場合の「合意による『みなし審査請求』」（通89①）と「他の審査請求に伴うみなす審査請求」（通90①）

審査請求の概要（フロー）

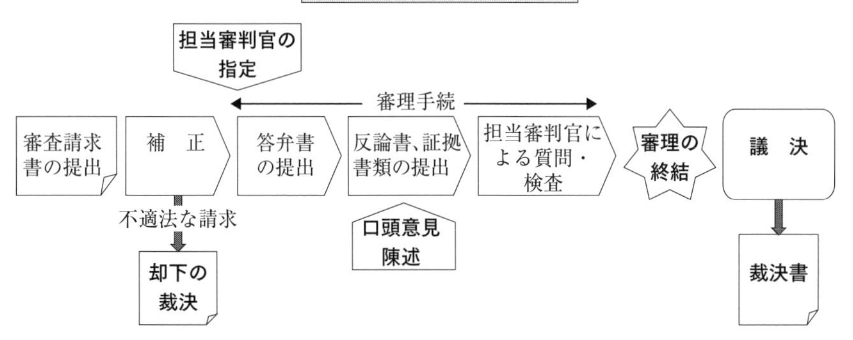

☞国税不服審判所HP「国税不服審判所における審査請求手続（一般的な審理の流

れ)」を参照。

2　審査請求書

⑴　審査請求書の提出

審査請求は、政令で定められた事項を記載した「**審査請求書**」を国税不服審判所長に提出してしなければなりません（通 87 ①）。再調査の請求と同様に、口頭による申立ては認められません。

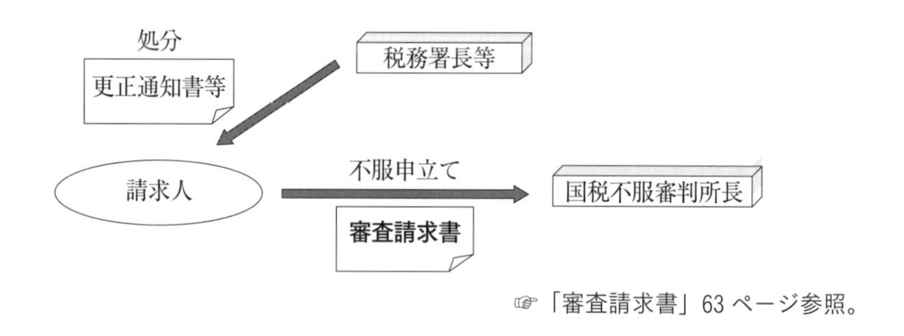

☞「審査請求書」63 ページ参照。

審査請求書の提出先

審査請求書は、課税処分は、現在の納税地を所轄する税務署長等のある区域の国税不服審判所の支部に提出します。滞納処分は、その処分を行った税務署長等を所轄する支部に提出します（通 85 ①）。

審査請求書は、審査請求に係る処分または再調査決定を行った税務署長等を経由して提出することもできます（通 88 ①）。

⑵　審査請求書の記載事項

「審査請求書」には、次に掲げる事項を記載します（通 87 ①）。

審査請求書の記載事項

①　審査請求に係る処分の内容
②　審査請求に係る処分があったことを知った年月日（当該処分に係る通知

を受けた場合にはその通知を受けた年月日とし、再調査決定を経た後の処分について審査請求をする場合には、再調査決定書の謄本送達を受けた年月日）

③　審査請求の趣旨及び理由

④　審査請求の年月日

上記のほか、次の場合には各事項を記載します（通87②）。

再調査決定を経ないで審査請求をする場合	再調査決定が3か月を過ぎてもない場合（通75④一）	再調査の請求をした年月日
	再調査決定を経ないことに正当な理由がある場合（通75④二）	正当な理由
不服申立期間（通77①②）、除斥期間（通77③）の経過後に審査請求をする場合		正当な理由

①　処分の内容

再調査の請求書に記載する場合と同様です。

なお、再調査決定で、不服申立てする処分の一部取消しまたは変更がされたときは、その旨を記載します。

再調査決定に不服がある場合であっても、審査請求ができるのは、「再調査決定を受けた後の原処分」です。再調査決定そのものを処分として審査請求することはできません（通76①一）。

②　処分があったことを知った日等

次の場合に応じた年月日を記載します（通87①二）。

再調査決定を経た後に審査請求をする場合	再調査決定書謄本の送達を受けた年月日
再調査の請求を経ずに、または再調査決定を経ずに直ちに審査請求をする場合	審査請求をしようとする処分に係る通知を受けているときは、その受けた年月日、通知を受けていないときは、その処分があったことを知った年月日

③　審査請求の趣旨及び理由

再調査の請求書に記載する場合と同様ですが、審査請求書では次に留意して記載します（通87①三）。

審査請求の趣旨…処分の一部を取消しまたは変更を求める場合には、その範囲（例えば、「更正処分のうち100万円を超える部分」）を明らかにします（通87③）。

審査請求の理由…処分の通知書または再調査決定書には処分または決定の理由が記載されるので（通74の14①、通84⑧）、記載する請求人の主張は、それに応じたものでなければなりません（通87③）。この理由は、再調査の請求で主張した内容と異なるものでもかまいません。

④　その他の留意事項

1）　計数資料等の添付

審査請求が課税標準などの計数的な争いである場合には、その趣旨及び理由を計数的に説明する資料を添付するように努めなければなりません（通令32①）。

2）　審査請求書は正副2通

審査請求書は、正副2通を提出しなければなりません（通令32②）。e-Taxを利用して審査請求がされた場合は、正副2通提出されたものとみなされます（通令32④）。

3）　代理人（総代）の権限を証する書面

代理人によって審査請求をする場合や総代を互選した場合は、それぞれの権限を証する書面を添付します（通令32③）。

（審査請求書）

正本

審査請求書（初葉）

（注）必ず次葉とともに、正副２通を所轄の国税不服審判所に提出してください。

国税不服審判所長		① 審査請求年月日	令和　年　月　日
審査請求人	② 住所・所在地（納税地）	〒　－	電話番号（　）
	③（ふりがな）氏名・名称	（　）㊞	④ 個人番号又は法人番号
	⑤ 総代又は法人の代表者　住所・所在地	〒　－	電話番号（　）
	（ふりがな）氏名・名称	（　）㊞	総代が互選されている場合は、総代の選任届出書を必ず添付してください。
⑥ 代理人	住所・所在地	〒　－	電話番号（　）
	（ふりがな）氏名・名称	（　）㊞	委任状（代理人の選任届出書）を必ず添付してください。

審査請求に係る処分（原処分）			
⑦ 原処分庁	（　）税務署長・（　）国税局長・その他（　）		
⑧ 処分日等	原処分（下記⑨）の通知書に記載された年月日	平成・令和　年　月　日付	更正・決定・加算税の賦課決定などの処分に係る日付であり、再調査の決定に係る日付とは異なりますから御注意ください。
	原処分（下記⑨）の通知を受けた年月日	平成・令和　年　月　日	

⑨ 処分名等（該当する番号を○で囲み、対象年分等は該当処分名ごとに記入してください。）

税目等	処分名	対象年分等
1 申告所得税（復興特別所得税がある場合には、これを含む。） 2 法人税（復興特別法人税又は地方法人税がある場合には、これを含む。） 3 消費税・地方消費税 4 相続税 5 贈与税	1 更正（更正の請求に対する更正を含む。）	
	2 決定	
	3 青色申告の承認の取消し	
	4 更正の請求に対する更正すべき理由がない旨の通知	
	5 加算税の賦課決定（a 過少申告加算税　b 無申告加算税　c 重加算税）	
	6 その他（　）	
6 源泉所得税（復興特別所得税がある場合には、これを含む。）	1 納税の告知	
	2 加算税の賦課決定（a 不納付加算税、b 重加算税）	
7 滞納処分等	1 督促〔督促に係る国税の税目：　〕	
	2 差押え〔差押えの対象となった財産：　〕	
	3 公売等〔a 公売公告、b 最高価申込者の決定、c 売却決定、d 配当、e その他（　）〕	
	4 相続税の延納又は物納〔a 延納の許可の取消し、b 物納の申請の却下、c その他（　）〕	
	5 還付金等の充当	
	6 その他〔　〕	
8 その他〔　〕		

⑩ 再調査の請求をした場合	再調査の請求年月日：平成・令和　年　月　日付 ◎ 該当する番号を○で囲んでください。 1 再調査の決定あり ………… 再調査決定書の謄本の送達を受けた年月日：平成・令和　年　月　日 2 再調査の決定なし

※審判所整理欄	受付態様	確認印	整理簿記入	本人確認	番号確認	身元確認	本人確認書類
	通信日付 郵送等（　.　.　） 持参					本人／代理人	個人番号カード／通知カード 運転免許証 その他（　）

※「審判所整理欄」には記入しないでください。

1号様式（初葉）

正本

審査請求書（次葉）

審査請求人（氏名・名称）	

⑪ 審査請求の趣旨	◎ 原処分（再調査の決定を経ている場合にあっては、当該決定後の処分）の取消し又は変更を求める範囲等について、該当する番号を○で囲んでください。 なお、次の番号2の「一部取消し」又は3の「その他」を求める場合には、その範囲等を記載してください。 1 全部取消し ……… 初葉記載の原処分の全部の取消しを求める。 2 一部取消し ……… 初葉記載の原処分のうち、次の部分の取消しを求める。 3 その他 …………… [ ] 〔一部取消しを求める範囲〕
⑫ 審査請求の理由	◎ 取消し等を求める理由をできるだけ具体的に、かつ、明確に記載してください。
⑬ 正当な理由がある場合	◎ 下記の場合には、原則として審査請求をすることができませんが、「正当な理由」がある場合には審査請求をすることができます。下記に該当する審査請求をされる場合には、「正当な理由」について具体的に記載してください。 ・ 再調査の請求をした日の翌日から起算して3月を経過していない。 ・ 原処分があったことを知った日（原処分に係る通知書の送達を受けた場合には、その受けた日）の翌日から起算して3月を経過している。 ・ 再調査決定書の謄本の送達があった日の翌日から起算して1月を経過している。 ・ 原処分に係る通知書の送達を受けた場合を除き、原処分があった日の翌日から起算して1年を経過している。 〔正当な理由〕
⑭ 添付書類	◎ 添付する書類の番号を○で囲んでください。 1 委任状（代理人の選任届出書）又は税務代理権限証書 2 総代の選任届出書 3 審査請求の趣旨及び理由を計数的に説明する資料 4 原処分の通知書の写し 5 再調査決定書の謄本の写し（再調査の決定がある場合） 6 個人番号確認書類 7 身元確認書類 8 書類の送達先を代理人とする申出書 9 その他

○ 審査請求書の記載に当たっては、別紙「審査請求書の書き方」を参照してください。
○ この用紙に記載しきれないときは、適宜の用紙に記載して添付してください。
○ 証拠として提出された書類を審査請求書（副本）の添付書類として原処分庁に送付することは行いません。

1号様式（次葉）

〈「審査請求書」の記載事項等〉

記載欄等	記　載　内　容　等
①　審査請求年月日	審査請求書の提出年月日を記載します。
②　住所・所在地	審査請求をしようとする者の住所（法人の場合は、所在地）または居所を記載します。 住所（所在地）または居所と納税地が異なる場合は、上段に住所（所在地）または居所を、下段に納税地を（　）書きで記載します。
③　氏名・名称 ④　個人番号又は法人番号 ⑤　総代又は法人の代表者	・個人の場合には、③欄に氏名を記載し、押印します。 ・法人の場合には、③欄に名称を、⑤欄に代表者の住所または居所及び氏名を記載し、代表者の印を押します（③欄に会社印を押す必要はありません）。 ・総代が互選されている場合には、⑤欄に総代の住所または居所及び氏名（総代が法人の場合は所在地及び名称）を記載し、押印します。なお、総代の選任届出書を必ず添付してください。 ・個人番号の記入にあたっては、左端を空欄にして記載します。
⑥　代理人	・代理人が選任されている場合には、代理人の住所または居所及び氏名（税理士法人の場合は、所在地及び名称）を記載し、押印します。 ・委任状（代理人の選任届出書（税理士の場合には、税務代理権限証書））を必ず添付します。 ・書類の送達先について、代理人を希望する場合には「書類の送達先を代理人とする」旨の届出を提出します。
⑦　原処分庁	・審査請求の対象とする更正処分等（原処分）の通知書に表示されている行政機関の長（例えば、「○○税務署長」、「○○国税局長」等）を記載します。 ・原処分の通知書に、「国税局の職員の調査に基づいて行った」旨の付記がある場合には、その国税局長が原処分庁となりますから「○○国税局長」と記載します。 ・登録免許税に係る還付通知の請求に対してなされた還付通知をすべき理由がない旨の通知処分の場合には、「その他」欄に「○○法務局○○出張所登記官○○○○」と記載します。
⑧　処分日等	・上段には、「⑨処分名等」の各欄に記載する処分の通知書に記載されている年月日を記載します。 ・下段には、「⑨処分名等」の各欄に記載する処分の通知書の送達を受けた年月日を記載します。 なお、通知を受けていない場合は、処分があったことを知った年月日を記載します。
⑨　処分名等	・「税目等」の各欄は、審査請求に係る処分の税目等の番号（税目が複数あれば該当するすべての番号）を○で囲みます。なお、番号「1」～「7」以外の場合（例：印紙税、登録免許税）には、番号「8」を○で囲み〔　〕内に税目等を記載します。 ・「処分名」の各欄は、税目ごとに審査請求に係る処分名の番号を○で囲みます。なお、該当する処分名が掲げられていない場合は、各欄の「その他」に処分名を記載します。

	・加算税については、加算税の各欄の番号を○で囲みます。 ・「滞納処分等」の各欄は、差押え等の滞納処分のほかに、第二次納税義務の告知や延納等国税の徴収に係る処分を記載します。また、「3　公売等」及び「4　相続税の延納又は物納」については、審査請求の対象となる処分を○で囲むか、または同欄の「その他」に処分名を記載します。 ・「対象年分等」の各欄は、処分名欄で○で囲んだ処分名ごとに対象年分、対象事業年度、対象課税期間、対象月分等を記載します。なお、対象年分等が複数の場合は、それぞれ記載します。 ・法人税や申告所得税のように複数の年分の処分が存在する場合には、それぞれ税目を記載の後に年分を記載します。 ・「対象年分等」の各欄に書ききれない場合には、適宜の用紙に記載して添付します。 【記載例】 ・申告所得税の場合……◆◆○年分 ・法人税の場合……◆◆○年○月○日～◆◆○年○月○日事業年度分 （連結事業年度に係るものの場合……◆◆○年○月○日～◆◆○年○月○日連結事業年度分） ・消費税・地方消費税の場合……◆◆○年○月○日～◆◆○年○月○日課税期間分 ・相続税の場合……◆◆○年○月○日相続開始分 ・源泉所得税（及び復興特別所得税）の場合……◆◆○年○月～◆◆○年○月分
⑩　再調査の請求をした場合	・再調査の請求を経て審査請求する場合に記載します。国税不服審判所に直接審査請求をする場合は、記載する必要はありません。 ・処分を行った税務署長等から再調査決定書の謄本が送られてきた場合は、その年月日を記載します。 ・再調査の請求をして3か月を経過しても決定がない場合は、「再調査の決定なし」を○で囲みます。
⑪　審査請求の趣旨	審査請求の対象とする処分の取消し等を求める範囲について、番号「1」～「3」のうち該当する番号を○で囲み、「2　一部取消し」または「3　その他」の場合には、その求める範囲等を具体的に記載します。 【「2　一部取消し」の場合の記載例】 『初葉記載の申告所得税（及び復興特別所得税）の◆◆○年分の更正処分のうち所得金額△△円を超える部分に対応する税額に係る更正処分の取消し及びこれに伴う過少申告加算税の賦課決定処分の取消しを求める。』 【「3　その他」の場合の記載例】 『初葉記載の贈与税の延納条件を2年とする処分を3年へ変更することを求める。』
⑫　審査請求の理由	原処分の全部または一部の取消し等を求める理由をできるだけ具体的に、かつ、明確に記載します。 この用紙に書ききれないときは、適宜の用紙に記載して添付します。

	【申告所得税の場合の記載例】 『私は、土地家屋を◆◆○年○月○日に譲渡したので、租税特別措置法第35条第1項の特別控除の規定を適用して所得税の確定申告書を提出したが、A税務署長は、当該規定の適用は認められないとして更正処分等を行った。これは、次のとおり事実を誤認したものである。』 (以下、主張する事実関係を詳しく記載します。) 【源泉所得税の場合の記載例】 『B税務署長は、外注先甲に対する支払いが所得税法第183条第1項の給与等に該当するとして源泉所得税の納税告知処分をしたが、この処分は次の理由により法律の適用誤りである。』 (以下、適用誤りとされる理由を詳しく記載します。) 【相続税の場合の記載例】 『私は、相続により取得したゴルフ会員権の価額を○○円と評価して相続税の申告をしたが、C税務署長はこれを△△円と評価して更正処分等を行った。しかしながら、これは次のとおり評価を誤ったものである。』 (以下、誤った評価とされる理由を詳しく記載します。) 【消費税・地方消費税の場合の記載例】 『D税務署長は、取引先乙に支払った手数料の金額が、消費税法第30条第1項に規定する仕入税額控除の対象と認められないとして更正処分等を行った。しかしながら、この手数料については、次の理由により、仕入税額控除の対象とされるべきである。』 (以下、対象とされるとした理由を詳しく記載します。) 【滞納処分等の場合の記載例】 『E税務署長は、私の所有するA町所在の土地を差し押さえた上に、更にB町所在の土地についても差押えを行ったが、次の理由により、B町所在の土地に対する差押処分は違法である。』 (以下、違法であるとした理由を詳しく記載します。)
⑬　正当な理由がある場合	不服申立期間(直接審査請求をする場合には処分があったことを知った日(処分に係る通知の送達を受けた場合には、その受けた日)の翌日から起算して3か月。再調査の請求を行った場合には再調査決定書の謄本の送達があった日の翌日から起算して1か月。)を経過した場合には、原則として審査請求をすることができませんが、「正当な理由」がある場合にはその限りではありません。 不服申立期間を経過した後に審査請求をする場合においては、その理由をできるだけ具体的に、かつ、明確に記載してください。この用紙に書ききれないときは、適宜の用紙に記載して添付します。 【記載例】 『私は、○○税務署長から◆◆□年□月□日に、◆◆○年4月1日～◆◆△年3月31日事業年度の法人税の更正の通知書を受領したが、その処分通知には行政不服審査法第82条に基づく不服申立てに係る教示がされておらず、他の方法でも審査請求期間を知ることができなかったことから、審査請求期間内に審査請求を行うことができませんでした。』
⑭　添付書類	添付書類については、審査請求書とともに添付する書類の番号を○で囲みます。

	1　委任状（代理人の選任届出書）または税務代理権限証書 代理人が選任されている場合には、委任状（代理人の選任届出書（税理士の場合には、税務代理権限証書））の添付が必要です。 なお、納税管理人を代理人として審査請求をする場合にも、委任状が必要です。 2　総代の選任届出書 総代が互選されている場合には、総代の選任届出書の添付が必要です。 3　審査請求の趣旨及び理由を計数的に説明する資料 審査請求の趣旨及び理由を計数的に説明する必要がある場合には、その資料を添付します。 4　「原処分の通知書」及び「再調査決定書の謄本」（再調査の決定がある場合）の写しをなるべく添付します。 5　個人番号確認書類及び身元確認書類 郵送にて提出する場合には、必ず個人番号確認書類（例、個人番号カード、通知カード）及び身元確認書類（例、個人番号カード、運転免許証）の写しを添付します。 6　書類の送達先を代理人とする申出書 代理人が選任されている場合でも、原則として、国税不服審判所からの書類は審査請求人（本人）に送付していますが、当該書類の送達先も代理人を希望される場合には、「代理人の選任届出書」にその旨を記載するか、「書類の送達先を代理人とする申出書」の提出が必要となります。

3　審査請求書の補正

国税不服審判所長は、提出された審査請求書について、例えば、税目、対象年分、処分名、審査請求の趣旨、理由等が適切に記載されているか、また、不服申立期間内に提出されているかなど、その審査請求が法律の規定に従っているかどうかを再調査の請求の場合と同様に審査します。

審査請求が定められた法律要件を具備していないときは、再調査の請求の場合と同様に、その不備が補正可能であれば補正要求がなされ（通91①）、補正がされないとき、補正が不可能であることが明らかなときは、その審査請求は「却下」の裁決がされます（通92①）。

☞補正の内容は「再調査の請求書の補正」47ページを参照。

4　担当審判官等の指定等

審査請求は、請求人とその処分を行った税務署長等（以下「原処分庁」という）を対審的な関係に置いて、国税不服審判所長が第三者的な立場から判断を行います。そこで、審査請求の審理を客観的かつ公正なものとするために、審査請求を担当する審判官について、次の措置がとられます。

参考　国税審判官の民間登用

国税不服審判所では、高度な専門的知識や経験、識見を有する、弁護士、税理士、公認会計士や大学教員で国税に関する学識経験を有する者の民間専門家を国税審判官に登用しています（通令31）。平成30年度は99名の国税審判官のうち、50名が民間からの登用です。

(1)　担当審判官等の指定

審査請求について調査及び審理を行う場合には、担当審判官1名及び参加審判官2名以上が指定されます（通94①）。

担当審判官が指定されたときは、遅滞なく、請求人にその氏名及び所属が通知されます（通令33）。

⑵ 担当審判官等の除斥

担当審判官及び参加審判官（以下「担当審判官等」という）について、次の除斥事由がある場合には、他の者に変更しなければなりません（通94②）。

① 審査請求に係る処分または当該処分に係る再調査決定に関与した者
② 審査請求人
③ 審査請求人の配偶者、4親等内の親族または同居の親族
④ 審査請求人の代理人
⑤ 上記③、④に掲げる者であった者
⑥ 審査請求人の後見人、後見監督人、保佐人、保佐監督人、補助人または補助監督人
⑦ 参加人になり得る利害関係人

⑶ 担当審判官等の役割

担当審判官等は、争点に主眼を置いて、審査請求の対象となった処分（以下「原処分」という）が適法かどうかを、当事者の主張や証拠書類等に基づいて十分に議論して審理し、裁決の基礎となる「議決」を行います（通98④）。

▶「争点」とは、原処分の基礎となった事実関係や適用する法令の解釈につき、審理関係人の間で争われる主張のことです。こうした法律上の要件の判断に影響を与えない、税務行政に関する不満などは「失当」な主張として審理されません。

▶訴訟では、裁判官は法廷に提出された当事者の主張及び証拠からのみ判決がされます（弁論主義）。審査請求では、審理関係人の間で争われる争点に主眼を置いた審理がされますが、担当審判官は自ら必要な調査を行い、当事者の主張に必ずしも拘束されずに、原処分の全体を審理します。

5 書面による審理

審査請求においては、担当審判官等は、申立人及び原処分庁から提出さ

れた書面により、それぞれの主張及び事実関係を審理します。

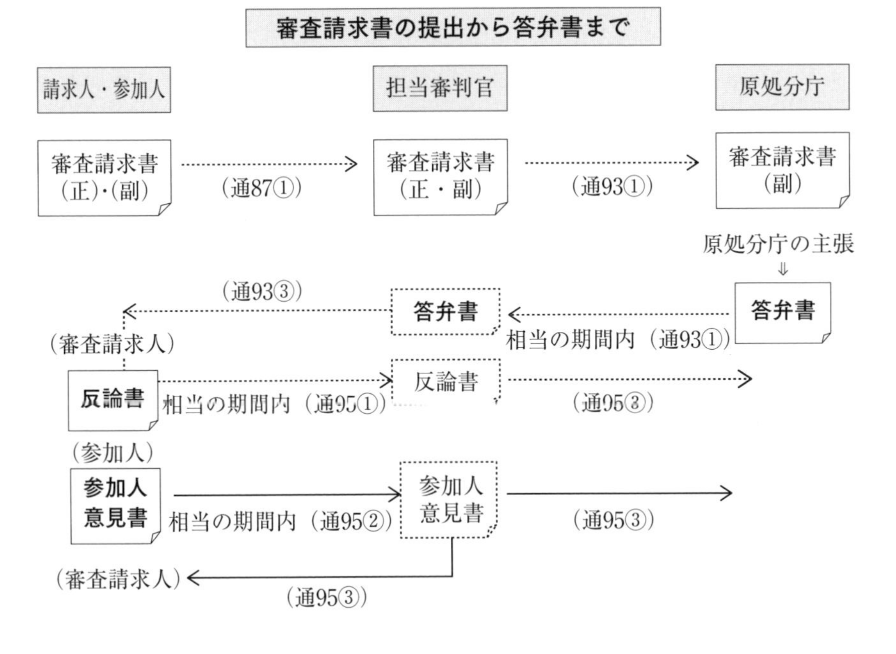

(1)　原処分庁の主張―答弁書の提出

審査請求書が提出されると、原処分庁に審査請求書の「副本」が送付されます（通 93 ①)。これに対し原処分庁は、原処分の適法性についての主張を記載した書類（この書類を「**答弁書**」という）を提出します（通 93 ①)。この答弁書の副本が、国税不服審判所から請求人に送付されます。

（答弁書）「答弁書」とは、審査請求書に記載された趣旨及び理由に対する原処分庁側の主張を記載した書面です。具体的には、「取消し」や「変更」といった請求の趣旨に応じて、「棄却を求める」などの求める裁決を明らかにし、その上で請求の理由に示された事実や法令解釈に対する反論や、事実に対する「認容」「否認」「不知（主張する事実は知らない)」といった原処分庁の回答を示し、併せて自ら行った処分の適法性の主張が記載されます。

⑵ 請求人側の反論―反論書の提出

原処分庁から送付された答弁書に対して請求人が反論したいときは、自らの主張を記載した「**反論書**」を提出することができます（通95①）。

また、参加人は、審査請求に係る意見を記載した書面（以下「**参加人意見書**」という）を提出することができます（通95②）。

請求人から反論書の提出があったときはこれを参加人及び原処分庁に、参加人から参加人意見書の提出があったときはこれを請求人及び原処分庁に、それぞれ送付されます（通95③）。

⑶ 答弁書以外の原処分庁の主張―意見書の提出

請求人から提出された反論書に対して、さらに原処分庁の意見がある場合には、「**意見書**」を提出できるとされています。この意見書が提出された場合には、その写しが請求人及び参加人に送付されます。

⑷ 主張の時間的制限

原処分庁は必ず答弁書を提出しなければなりませんが、請求人の反論書や参加人の意見書の提出は任意です。迅速な審理運営のため、それらの書面は「相当の期間内」に提出することが求められますが、その期間を過ぎても提出がされないときは、再度の提出を求めた後に、担当審判官はそれらの主張がなかったものとして、審理を終結することができます（通97の4②）。

6 書面以外による審理

審査請求において審理を行う担当審判官等は、請求人、参加人及び原処分庁（以下「審理関係人」という）から提出された審査請求書や答弁書といった書面により争点を整理しますが、それ以外にも「口頭意見陳述」、「証拠書類等の提出」や担当審判官が自ら行う「審理のための質問検査等」を経て争点になった事実関係を判断し、その上で法令解釈の適用をして結論を導きます。

そのような審理手続の遂行を「簡易迅速かつ公正」に実現するためには、遅延や混乱のない計画的な進行をしなければなりません（通92の2）。

⑴　審理手続の計画的遂行

審査請求の事件について、審理すべき事項が多数である、または錯綜しているなど事件が複雑であるとして、審理手続の計画的遂行が必要であると認められる場合には、担当審判官は次の措置を行います。

◆計画的遂行が必要であると認められる場合

次のような、審理手続に要する期間が長期間に及ぶことが見込まれる場合をいいます（不基通(審)97の2-1）。なお、審査請求の標準審理期間は、「1年」とされています。

⑴　争点が多数ある事件
⑵　事実関係が錯綜している事件
⑶　審理関係人から提出された証拠書類等が膨大にある事件
⑷　証拠または資料の収集やその検討に時間を要する事件

①　審理関係者の招集等

担当審判官は、「口頭意見陳述」、「証拠書類の提出」及び「審理のための質問検査等」の審理手続について、期日及び場所を指定して審理関係人を招集し、あらかじめ、これら手続に関する意見を聴取することができます（通97の2①）。

なお、審理関係人が遠隔の地に居住している場合などは、電話等（音声の送受信が必要であり、メール等は使えない）により、意見の聴取を行うことができます（通97の2②、通令35）。

②　審理手続の終結予定時期等の通知

担当審判官は、上記①の意見聴取を行ったときは、遅滞なく審理手続の期日及び場所を審理関係人に通知するとともに、審理手続の終結の予定時期を決定し、併せて通知します（通97の2③）。この終結予定時期は、あくまでも「予定」ですから、それまでに審理手続を終結しなければならないものではありません。

③　進行状況予定表等の交付

担当審判官は、審理の状況に応じて適時に、答弁書や反論書などの書類の提出状況、その時点での争点、調査・審理の状況、今後の予定等を記載した「審理の状況・予定表」を作成して、請求人に交付します。

また、争点を明らかにするため、担当審判官は整理した「争点の確認表」を作成し、審査関係人に送付します。

(2)　口頭意見陳述

国税不服審判所では、審査請求書に記載された請求人の主張内容を的確に把握するため、実務として、担当審判官による早期の面談がされています。その上でさらに、請求人または参加人（以下、この項において「申立人」という）が担当審判官及び原処分庁に対して主張する機会を与えるため、口頭で意見を陳述することができます（通95の2①）。

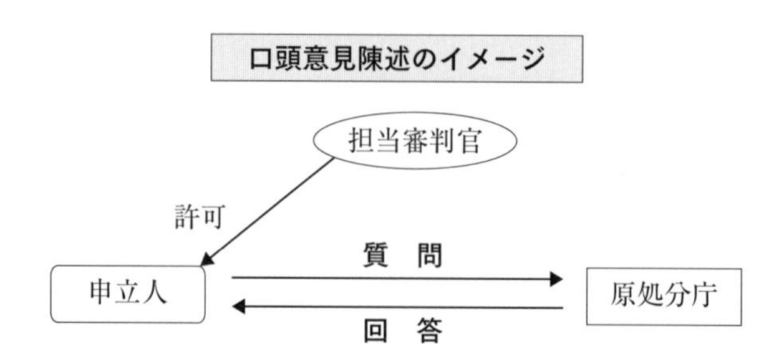

①　陳述の申立て

申立人から口頭意見陳述の申立てがされた場合には、その機会を与えることが困難と認められる場合を除き、担当審判官は意見を述べる機会を与えなければなりません。

▶この口頭意見陳述は、申立人による申立てを要件とするものであり、担当審判官が職権で行うことはできません。

② 審理関係人の招集

口頭意見陳述は、担当審判官が期日及び場所を指定し、すべての審理関係人を招集して行います（通95の2③）。

③ 補佐人の帯同

口頭意見陳述で申立人は、担当審判官の許可を得て、補佐人とともに出頭することができます（通95の2③）。

☞再調査の請求の「口頭意見陳述」49ページ参照。

④ 申立人による質問（発問権）

口頭意見陳述に際し、その申立てをした者は、担当審判官の許可を得て、原処分庁に対し質問を発することができます（**発問権**）（通95の2②）。

この発問権は、原処分の違法または不当であるか否かの判断のために必要な事項に限られ、それ以外の審理に不必要な質問は認められないと解されています。

申立人の質問に対しては、原処分庁は、回答に確認を要するなどの事情がある場合を除き、その場において適切に回答することが求められます。

（注） この発問権は、対審的構造を採らない再調査の請求における口頭意見陳述にはありません。

POINT 申立人は処分の根拠を原処分庁に質問して争うことができます。

---

⑤ 陳述の際の制限

口頭意見陳述においては、再調査の請求と同様に、申立人のする陳述が事件に関係のない事項にわたる場合その他相当でない場合には、これを制限することができます（通95の2③）。

担当審判官は、口頭意見陳述の円滑な遂行を阻害するおそれがない限り、原則として、申立人の質問を許可します（不基通（審）95の2-4）。

（注） 「その他相当でない場合」とは、例えば、申立人の行う意見陳述がす

でにされた陳述の繰り返しに過ぎない場合その他その発言が口頭意見陳述の趣旨、目的に沿わないと認められる場合がこれに当たります（不基通(審)95の2-3)。

(3) 審査関係人からの証拠書類等の提出

争点となった事実の存否は、審査関係者が提出する証拠によって証明します。担当審判官等は、提出されたものから採用した証拠により事実を確定します。

証拠 「証拠」とは、自らの主張を根拠づける事実の存否を担当審判官等に確信を得させる資料をいいます。証拠には、担当審判官等からの質問に対する関係者からの供述（これを「答述」ということがある）を証拠とする人的証拠のほかに、契約書、帳簿等といった文書などの物的証拠があります。一般的に、物的証拠の証明力の方が高く評価されます。

① 証拠書類等の提出

請求人または参加人は、証拠書類または証拠物を担当審判官に提出することができます（通96①)。また、原処分庁も同様に、請求の対象になった処分の理由となる事実を証する書類その他の物件を提出することができます（通96②)。

POINT 審理関係人は処分の根拠となった証拠を確認して争うことができます。

---

② 提出の期限

証拠書類等は、審理手続が終結するまでは提出できます。しかし、担当審判官が「相当の期間」を定めたときは（通96③)、その期限までの提出がなければ、再度の提出を求めた後に、証拠の提出がなかったものとして審理手続は終結します（通97の4②)。

③ 証拠書類等の返還

審査手続が終了して裁決がされたときは、国税不服審判所長は、速やかに提出された証拠書類等を提出人に返還しなければなりません（通103）。

⑷ 担当審判官による質問検査等

担当審判官は、提出された証拠書類等のほか、審理を行うために必要があるときは、証拠を収集するための質問、留置き、検査、鑑定を行うことができます。

① 質問検査等

担当審判官は、審理を行うために必要があると判断したときは、審理関係人の申立てにより、または職権で調査を行います。具体的には、次に掲げる質問検査等を調査として行います（通97①）。その実施は、国税審判官、国税副審判官その他の国税不服審判所の職員が、担当審判官の嘱託またはその命を受けて、下記の①または③の行為を行います（通97②）。

① 審査請求人もしくは原処分庁または関係人その他の参考人に質問すること。
② 上記①に規定する者の帳簿書類その他の物件につき、その所有者、所持者もしくは保管者に対し、相当の期間を定めて、当該物件の提出を求め、またはこれらの者が提出した物件を留め置くこと。
③ 上記①に規定する者の帳簿書類その他の物件を検査すること。
④ 鑑定人に鑑定させること。

(注)1 上記②にいう「相当の期間」とは、帳簿書類等を提出するのに通常要する期間をいい、その期間は、帳簿書類等の量や、帳簿書類等の所有者、所持者または保管者の事情などに応じて定められます（不基通(審)97-3）。
2 上記③にいう「その他の物件を検査すること」には、土地、建物その他の物件の存在する場所に赴いてその状況を確認することが含まれます（不基通(審)97-5）。

参考 課税調査のための質問検査との違い

各税法に定める課税処分または滞納処分のための質問検査とは別に、担当審判官の質問検査は通則法に規定されています。これは、各税法の質問検査権は処分を行うに必要なものであり、調査を受けた側に一定の受忍義務(質問検査に応じなかった場合の罰則適用)を課していますが、それに対して担当審判官による質問検査は、それに応じなければ請求人の主張を証明できないだけであり、調査の目的及び強制性に違いがあるためです。そのため、国税の調査に関する通則法第74条の2の規定は適用されません。

② 審理関係人による申立て

担当審判官による質問検査については、請求人または参加人のほか原処分庁も申し立てることができます（通97①)。これは、事件の審理は担当審判官の専決事項ですが、裁決に影響する証拠が偏らないようにするため、審理関係人のすべてに申立ての機会を与えて公平性を確保しようとするものです。

ただし、この申立ては、質問検査をするか否かの端緒に留まるので、担当審判官が審理に必要がないと認めるときは採用しないことができます(不基通(審)97-2)。

▶審査請求の代理人として税理士を選任している場合に、日時を定めて請求の対象になった納税者の帳簿等を検査するときは、その税理士にもその旨が通知されます（税理士法34①)。

③ 調査に応じない場合の対応

担当審判官が行う質問検査等について、正当な理由なく応じないため、その主張の基礎を明らかにすることが著しく困難となった場合には、その部分に係る主張を採用しないことができます（通97④)。

この場合の「正当な理由」とは、社会通念の一般からして、質問検査に協力しないことが当然とされるような事情をいいます。

7 審理関係人による物件の閲覧等

審理関係人は、相手方の主張を知り、それに必要な反論、意見または証拠の提出ができるよう、担当審判官に対し、担当審判官が所持する証拠書類等（職権で収集した資料を含む）の閲覧または写し等の交付を求めることができます。

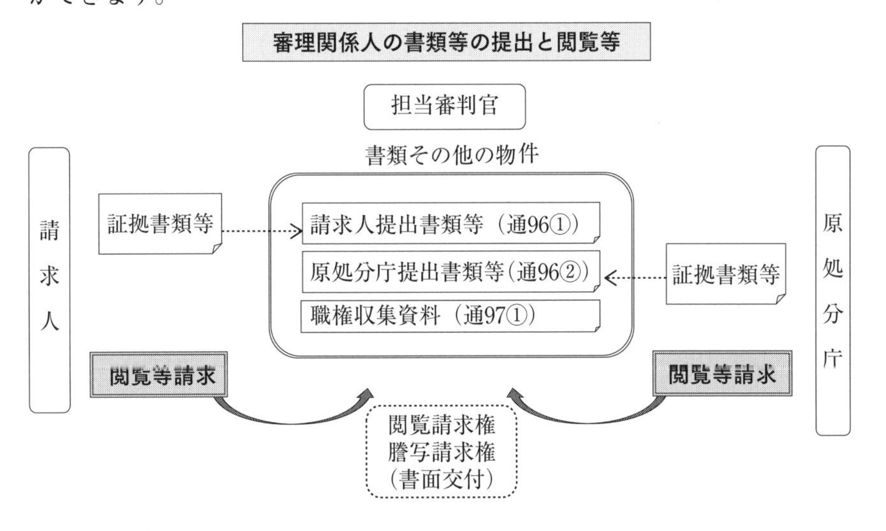

(1) 証拠書類等の閲覧等

審理関係人は、審理手続が終結するまでの間、担当審判官に対し、「提出された証拠書類等」及び担当審判官が「質問検査により収集した書類その他の物件」について、閲覧（電磁的記録にあっては、記録された事項を財務省令で定めるところにより表示したものの閲覧）または当該書類の写しもしくは当該電磁的記録に記録された事項を記載した書面の交付を求めることができます（通 97 の 3 ①）。

① 原処分庁の閲覧請求権

審理手続の透明性を向上させるとともに、当事者間の審理の公平を確保する観点から、原処分庁においても、申立人側から提出された書類その他の物件について、閲覧または当該書類の写し等の交付を請求することができます（通 97 の 3 ①）。

② 担当審判官が所持する証拠書類等

審理関係人は、担当審判官が職権などで収集した証拠書類等（通 97 ①

二）の閲覧または写し等の交付を求めることができます。

⑵　閲覧・写しの交付請求手続

①　閲覧・写しの交付申請

証拠書類等の閲覧請求は、担当審判官に対して行い、写しの交付は、対象となる書類等を特定して申請します。担当審判官は、閲覧について日時及び場所を指定することができます（通97の3③）。

なお、審理関係人の陳述その他の審理手続の経過等について担当審判官が作成した資料は、閲覧等の対象にはなりません。

②　写しの交付に伴う手数料

申立人が証拠書類等の写しの交付を受ける場合には、実費の範囲内において一定の手数料を納めなければなりません。

（注）　手数料の額

用紙1枚につき10円（カラーの場合20円）の手数料を収入印紙により納めます（通97の3④、通令35の2③④）。手数料に加えて郵送費用を納付すれば、郵送による送付を求めることができます（通令35の2⑧）。

なお、経済的困難その他特別の理由があると認めるときは、2,000円を限度として、この手数料を減額しまたは免除されます（通97の3⑤、通令35の2⑤）。

⑶　書類等の提出人の意見の聴取

担当審判官は、その必要がないと認める場合を除き、証拠書類等の提出人の意見を聴いた上でなければ、証拠書類等の閲覧・交付をすることができません（通97の3②）。

ここにいう「必要がないと認めるとき」とは、提出人の意見を聴くまでもなく、担当審判官が閲覧または交付の求めに対する判断が可能な、次に掲げるようなときをいいます（不基通(審)97の3-3）。

①　公になっている情報と判断できるとき。
②　明らかに不基通(審)97の3-2に該当すると判断できるとき。

⑷ 閲覧等の許可

担当審判官は、閲覧等の申請がされた場合には、第三者の利益を害するおそれがあると認めるとき、その他正当な理由がない限り、原則として、その閲覧等を許可しなければなりません（通97の3①）。

閲覧等の対象となった証拠書類等の提出人から、「閲覧等に支障がある」旨の意見が提出された場合であっても、許否の判断は担当審判官が行います。

▶「第三者の利益を害するおそれがあると認めるとき」とは、例えば、同項の規定による閲覧または交付を求める者以外の者の権利、競争上の地位その他正当な利益を害するおそれがあるときをいいます。「その他正当な理由があるとき」とは、例えば、国の機関、地方公共団体等が行う事務または事業に関する情報であって、閲覧または交付の対象とすることにより、当該事務または事業の性質上、それらの適正な遂行に支障を来すおそれがあるときをいいます（不基通(審)97の3-2)。

8 審理手続の終了

担当審判官は、審査請求に係る事件について必要な審理を終えたと認めるときは、審理手続を終結します。

また、請求人が審査請求を取り下げた場合も、審理手続は終了します。

審理手続の終結 …… 審理手続の終結をする場合
　　　　　　　　…… 審理手続の終結をすることができる場合

⑴ 審理手続の終結

担当審判官は、参加審判官と必要な調査及び審理を行い、審査請求について議決するのに熟したと判断したときは、審理手続を終結します（通97の4①）。

なお、審理関係人から審理手続を終結することを求められたとしても、担当審判官はこれに応じる義務はありません（不基通(審)97の4-1)。

⑵ 終結の通知

担当審判官が審理手続を終結したときは、速やかに、審理関係人に対しその旨を書面で通知します（通97の4③、不基通(審)97の4-3)。

⑶ 時期に遅れた主張及び証拠書類等の提出

担当審判官は、審理関係人から一定の期間をもって主張及び証拠書類等の提出等を求めた場合に、それがされないときは、審理手続を終結することができます（通97の4②)。

イ　相当の期間を示して提出を求めた①〜⑤の履行がなく、さらに一定の期間を示しても当該物件の提出等がされなかったとき。

① 通則法第93条第1項前段（答弁書の提出等）…答弁書
② 同法第95条第1項後段（反論書等の提出）…反論書
③ 同法第95条第2項後段…参加人意見書
④ 同法第96条第3項(証拠書類等の提出)…証拠書類もしくは証拠物または書類その他の物件
⑤ 同法第97条第1項第2号（審理のための質問、検査等）…帳簿書類その他の物件

ロ　通則法第95条の2第1項（口頭意見陳述）に規定する申立てをした審査請求人または参加人が、正当な理由がなく、口頭意見陳述に出頭しないとき。

（注） ここにいう「正当な理由」には、例えば、次の場合がこれに当たります（不基通(審)97の4-6)。

① 担当審判官が口頭意見陳述の日時または場所を誤って教示したことにより出頭できない場合
② 口頭意見陳述の申立てをした請求人または参加人の責めに帰すべからざる事由により、出頭することが不可能と認められるような客観的な事情がある場合（具体的には、地震、台風、洪水、噴火）

⑷ 請求の取下げ

請求人は、審査請求の裁決があるまでは、いつでも、審査請求を取り下

げることにより終了させることができます（通110①）。この取下げは書面により行い、特別の委任を受けた代理人を除き、請求人本人でなければすることはできません。

なお、裁決が出された後は取り下げできませんし、不服申立期間後に取り下げた場合には処分は確定します。

9 国税不服審判所の法令解釈

国税不服審判所長は、国税庁長官が発した通達に拘束されないで独自の法令解釈による裁決をすることができます。しかしながら、同じ法令についての解釈が国税不服審判所長と国税庁長官で異なる場合には、次ページのようにして意見の調整を図ることとしています。

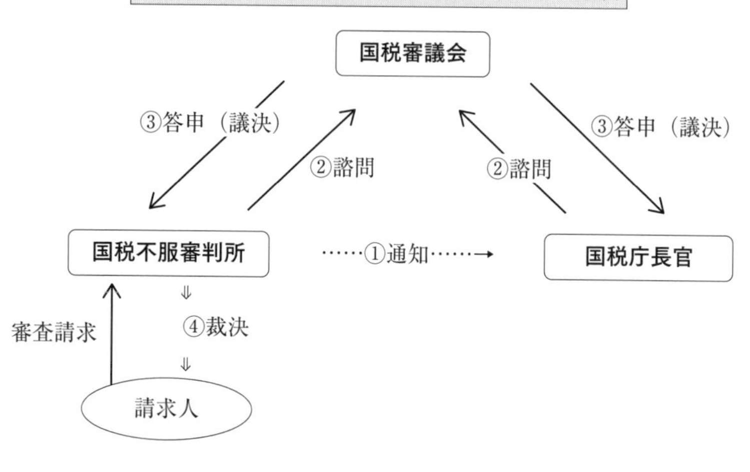

(1) 国税庁長官への通知（上図①）

国税不服審判所長は、①国税庁長官が発した通達に示されている法令の解釈と異なる解釈により裁決をするとき、または②他の国税に係る処分を行う際における法令の解釈の重要な先例となると認められる裁決をするときは、あらかじめその意見を国税庁長官に通知しなければなりません（通99①）。

ここにいう「重要な先例となる解釈」とは、法令の解釈に関する国税庁長官通達が存在しない場合であって、裁決で採用しようとする法令の解釈が他の処分を行う際における重要な先例となると認められるときをいいます。

(2) 国税庁長官と国税不服審判所長による諮問（上図②）

国税庁長官は、上記(1)の通知があった場合において、国税不服審判所長の意見が請求人の主張を容認するものであり、かつ、国税庁長官が当該意見を相当と認める場合を除き、国税不服審判所長と共同して当該意見について国税審議会に諮問しなければなりません（通99②）。

(参考) 国税審議会

国税審議会は、国税庁長官が国税不服審判所長の意見を相当と認めないときなどに、国税庁長官及び国税不服審判所長から意見を求められた事項について調査・審議して議決する機関です。財務省設置法第21条に基づき、国税庁に国税審議会が置かれています。

(3) 国税審議会の議決に基づく裁決（上図③、④）

国税不服審判所長は、上記(2)により国税庁長官と共同して国税審議会に諮問した場合には、当該国税審議会の議決に基づいて裁決しなければなりません（通99③）。

10 裁決

審理手続が終結したときは、担当審判官は参加審判官との合議を行い、請求に対する結論としての議決を行います（通98④）。国税不服審判所長は、その議決に基づき裁決を行います。

裁決書

① 主文
② 事案の概要
③ 審理関係人の主張の要旨
④ 理由

(1) 裁決書

裁決は、国税不服審判所長が記名押印した「**裁決書**」という書面で行われます（通101①）。

裁決は、行政部内における最終判断です。裁決に不服がある請求人は裁判所で争うことができますが、原処分庁は裁決に不服があっても訴訟を提起することはできません（**裁決の拘束力**）。

なお、裁決において原処分の全部または一部を維持する場合には、処分を正当とする理由を明示しなければなりません（通101②）。

参考 裁決書の記載事項

主　　文	次に掲げるような、審査請求についての結論を示すもの。 ・「審査請求を棄却する（却下する）」 ・「○○処分を取り消す」等
事案の概要	審査請求に係る事件の事実関係等を明らかにするため、審査請求に係る処分の内容など当該事案のおおまかな内容や要点をまとめたもの。
審理関係人の主張の要旨	審査請求人、参加人及び処分庁のそれぞれの主張の主な内容であり、審査請求に係る事件の争点を明らかにするもの。
理　　由	国税不服審判所長の判断の理由を明らかにするもの。 請求人に理解できる程度に具体的に判断の根拠を記載しています。

(2) 裁決の種類と内容

国税不服審判所長がする裁決には、審査請求に基づく原処分の全部もしくは一部の「取消し」または「変更」、審査請求を退ける「棄却」、そして審査請求が不適法のため判断をしない「却下」があります（通 98 ①～③）。

なお、裁決は、原処分よりも請求人の不利益となるような判断はできません。

裁決の種類と内容

種　　類	内　　容
全部取消し	請求人が原処分の全部の取消しを求める場合において、その請求の全部を認めたもの
一部取消し	請求人が原処分の全部の取消しを求める場合において、その請求の一部を認めたもの、または請求人が原処分の一部の取消しを求める場合において、その請求の全部または一部を認めたもの
棄　却	請求人が原処分の取消しまたは変更を求める場合において、その請求を認めなかったもの
却　下	審査請求が正当な理由なく不服申立期間経過後にされたときのほか、通則法が定める要件に適合しない、不適法な審査請求である場合に、審理の対象として取り上げなかったもの

（注） 裁決の種類としては、これらのほかに「変更（請求人が原処分の変更を求める

場合において、その請求の全部または一部を認めたもの)」があります。例えば、耐用年数の短縮に関する処分に対し、耐用年数を変更する裁決をする場合があります。

(3) 裁決書の送達

裁決は、請求人に裁決書の謄本が送達された時に、その効力を生じます(通101③)。

▶処分の相手方以外の者がした審査請求にあっては、原処分の全部または一部取消し(変更を含む)の効果は、請求人及び処分の相手方に裁決書の謄本が送達された時に生じます(通101③)。

▶審査請求が代理人によってされている場合に、送付先を代理人宛にする旨の書面が提出されているときは、その代理人に裁決書の謄本が送達されます(不基通(審)101-4)。

(4) 裁決の拘束力

裁決は、関係行政庁を拘束します(通102①)。

原処分の取消しまたは変更の裁決がされたときは、審査請求の対象になった原処分は、当然に取消しまたは変更されます。この「関係行政庁を拘束する」とは、原処分庁が再び、同一の課税標準に基づき同じ相手方に対して、原処分と同様の処分をすることができないことを意味します。

11 取消訴訟の提起

審査請求の裁決に、なお不服がある請求人は、原処分庁を管轄する地方裁判所に提訴することができます。この行政処分の取消訴訟は、審査請求の裁決を経た後でなければすることはできません(通115①)。

▶参加人は、審査請求がされた処分に利害関係を有する者ですが、その処分により直接に自らの権利または法律上の利益を侵害された者ではないので、裁決に不服があっても取消訴訟を提起できません。

⑴　提起できる訴訟類型

裁判所に提起できる訴えには、次のものがあります。

<table>
<tr><td rowspan="2">取消訴訟</td><td>処分の取消訴訟</td><td>審査請求の裁決を経てもなお不服がある場合に、原処分の取消しまたは変更を求める訴え</td></tr>
<tr><td>裁決の取消訴訟</td><td>審査請求の裁決に不服があり、その取消しまたは変更を求める訴え（裁決の手続固有の瑕疵を違法理由とするものに限られます）</td></tr>
<tr><td colspan="2">無効等の確認請求訴訟</td><td>原処分につき重大かつ明白な瑕疵があり、無効な処分と認められる場合の訴え（出訴期間の制限や不服申立ての前置は必要ありません）</td></tr>
<tr><td colspan="2">民事訴訟による訴訟</td><td>滞納処分による不動産差押えの場合には、取消訴訟としての差押処分の取消訴訟のほかに、差押登記の抹消を求める民事訴訟の提起ができます。その他に、処分により損害を受けたことを理由とする国家賠償法第1条の請求もあります。</td></tr>
</table>

⑵　出訴期間

提訴できる訴訟類型のうち「取消訴訟」は、審査請求の裁決があったことを知った日から6か月以内に、訴状を管轄する地方裁判所に提出しなければなりません（行訴14①）。この「知った日」とは、裁決の存在を現実に知った日をいい、6か月を経過している場合には、その事実は提訴する者（原告）が立証しなければなりません。

なお、裁決のあったことを知ったか否かにかかわらず、裁決の日から1年を経過した場合には、正当な理由がない限り提訴することはできなくなります（行訴14②）。

12　不服申立てと国税の徴収

不服申立ては、その目的となった処分の効力、処分の執行または手続の続行を妨げません（通105①）。そのため、課税処分に不服があって争っていても、その課税処分による納税義務が履行されていないときは、滞納処分が執行されます。

(1) 換価の制限

不服申立てがされた場合には、請求人または処分の相手方から別段の申出がない限り、不服申立ての決定または裁決があるまでは、滞納処分による換価をすることができません（通105①但書）。

（注） 差し押さえた債権の取立ては、滞納処分による換価ではないので（徴89①（　）書き）、不服申立てによる換価の制限はされません。

(2) 徴収の猶予等

不服申立てがされても、目的となった処分は続行されるのが原則ですが、次のような猶予を求める方法があります。

<table>
<tr><td rowspan="2">再調査の請求</td><td>徴収の猶予</td><td>再調査審理庁は、必要があると認める場合には、請求人の申立てまたは職権により不服申立ての目的となった処分に係る国税の全部もしくは一部の徴収を猶予し、もしくは滞納処分の続行を停止することができます（通105②）。</td></tr>
<tr><td>差押えの猶予等</td><td>請求人が担保を提供して、不服申立ての目的となった処分に係る国税につき、差押えをしないこと、すでにされた差押えの解除を求めた場合には、相当と認めるときは、再調査審理庁は、差押えをせずまたは差押えの解除をすることができます（通105③）。</td></tr>
<tr><td rowspan="3">審査請求</td><td>徴収の猶予</td><td>請求人の申立てまたは職権により、国税不服審判所長は、必要があると認める場合には、審査請求の目的となった処分に係る国税につき、徴収の所轄庁の意見を聞いた上で、当該国税の全部もしくは一部の徴収を猶予し、もしくは滞納処分の続行を停止することを徴収の所轄庁に求めることができます（通105④）。</td></tr>
<tr><td>差押えの猶予等</td><td>請求人が担保を提供して、審査請求の目的となった処分に係る国税につき、差押えをしないこと、すでにされた差押えの解除を求めた場合には、相当と認めるときは、国税不服審判所長は、差押えをせずまたは差押えの解除を徴収の所轄庁に求めることができます（通105⑤）。</td></tr>
<tr><td colspan="2">国税不服審判所長から徴収の猶予あるいは差押えの猶予等を求められた場合には、徴収の所轄庁はそれぞれの措置をしなければなりません（通105⑥）。</td></tr>
</table>

（注）1　徴収の猶予がされた場合には、その猶予期間中の延滞税は、2分の1に相当する金額を限度として免除がされます（通63④）。

2　徴収の猶予につき、再調査審理庁が「必要があると認める場合」には、処分が取り消される見込みの場合、請求人の納付誠意や資力等が十分な場合、滞納処分の続行により事業や生活の維持を困難にするおそれがある場合をいいます（不基通(国)105-2）。

3　差押えの猶予等につき、猶予することが「相当と認められるとき」とは、不服申立ての対象となった処分に係る国税の徴収が確実と見込まれる担保の提供がある場合をいいます（不基通(国)105-3）。

第4節

地方税における不服申立て

1　地方税の処分に対する不服申立て

(1)　審査請求

地方団体の長が行った徴収金（地方税）に関する次の各処分に対する不服申立ては、特別な定めがある場合を除き、行政不服審査法により行います（地19）。

①　更正もしくは決定または賦課決定

②　督促または滞納処分

③　複数県に事業所を有する法人または個人の都道府県民税及び事業税の按分に関する基準の決定等

④　固定資産課税台帳に登録される価格

①　審査請求を行う機関

行政に対する不服申立ては、その処分を行った行政機関の上級庁に対して行いますが、地方税は上級庁がないので、処分権者である各地方団体の長に対して不服申立てを行います（行審4一）。

不服申立てを受けた地方団体の長は、行政機関内に審査庁を置いて審理します（行審9①）。

なお、固定資産課税台帳に登録されている価格（新たに価格を決定したもの）について不服がある場合については、地方税法で定める固定資産評価審査委員会という中立的な機関に対して申し立てます（地423①）。

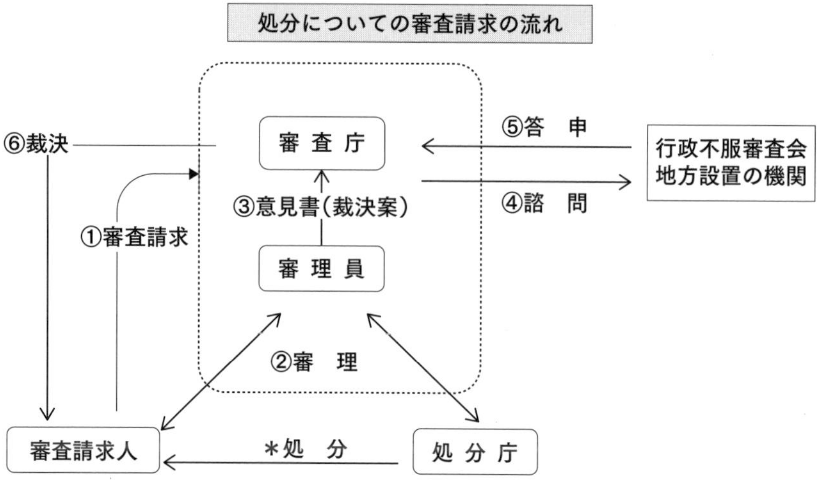

処分についての審査請求の流れ

⑥裁決
審 査 庁
⑤答　申
行政不服審査会
地方設置の機関
④諮　問
①審査請求
③意見書(裁決案)
審 理 員
②審　理
審査請求人
＊処　分
処 分 庁

【審査請求の事務の流れ等】

例えば、処分庁が行った差押処分（上図＊）に対し不服があった場合は、①処分を行った処分庁の長（例えば市長）に対し「**審査請求**」を行います（上図①)。

審査請求を受理した審査庁（市における審査担当する部署）は、審理員を指定し、審理員において審査請求内容を審理します（上図②)。

審理員はその審理の結果を「**審理員意見書**」として審査庁に提出し（上図③)、審査庁はこれを踏まえ行政不服審査会等へ諮問します（上図④)。

行政不服審査会等は、当該事案を審査しその審査結果を審査庁に答申します（上図⑤)。

審査庁は、その答申に基づき、審査請求人に「**裁決書**」を送付します（上図⑥)。

審査請求に係る関係者

処分庁等	審査請求に係る処分（審査請求に係る不作為）をした行政庁
審理員	審査庁から審理手続を行う者として指名を受けた審査庁に所属する職員で、審査請求の審理にあたって中心的な役割を担います。
審査庁	法律等に特別の定めがある場合を除き、原則として、処分庁等の最上級行政庁が該当。審査請求を受け、それに対する応答として裁決を行います。
行政不服審査会	審査庁の諮問を受けて、審理員が行った審理手続の適正性を含め、審査請求についての審査庁の判断の妥当性をチェックします。

▶国税に対する不服申立てには、処分を行った税務署長等に対する再調査の請求と国税不服審判所長に対する審査請求がありますが、地方税では審査請求のみが行われます（行審5①）。

② 地方税についての不服申立期間

審査請求は、処分があったことを知った日の翌日から起算して3か月を経過したときは、正当な理由がない限り、することはできなくなります（行審18①）。また、処分がされてから1年を経過したときは、正当な理由がない限り、審査請求はできなくなります（行審18②）。

▶地方税を滞納した場合の処分（督促から換価・配当）に対する不服申立てには、国税の場合と同様に不服申立期間の特例があります（地19の4）。

(2) 審理手続

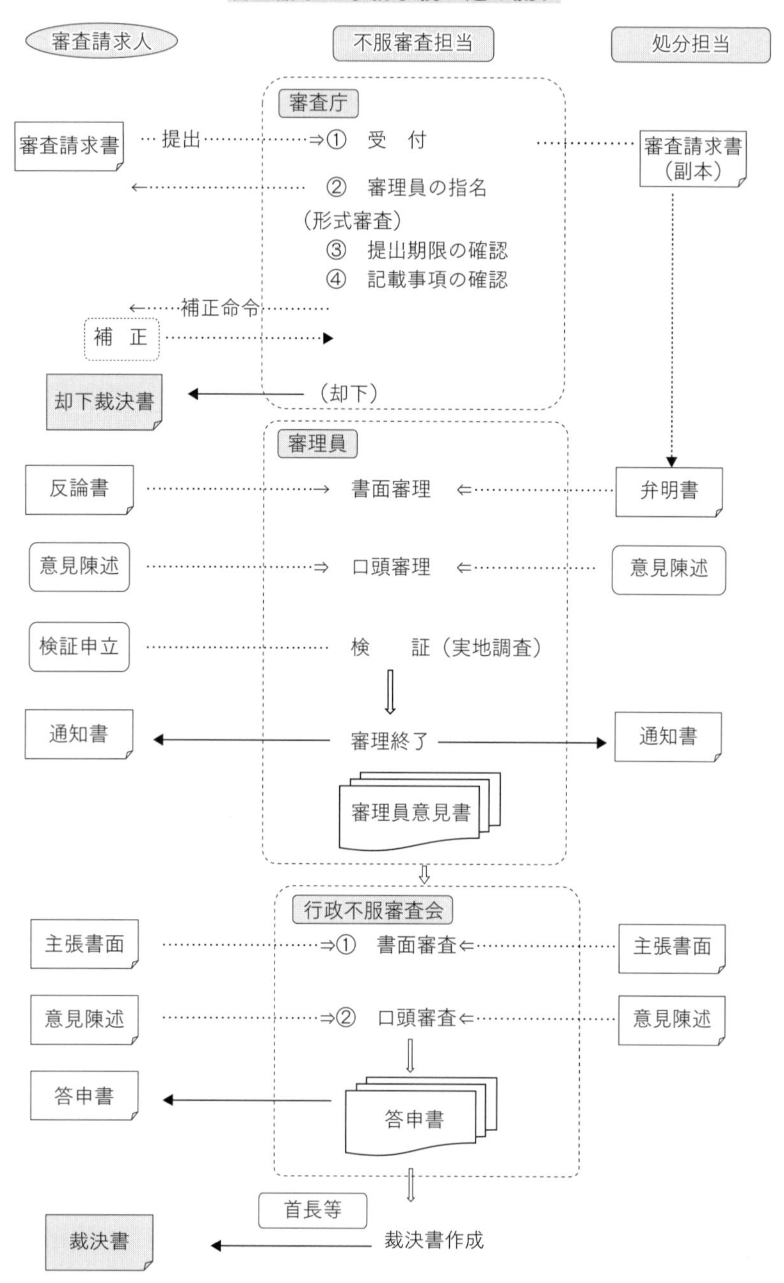

審査請求の事務手続一連の流れ
審査請求人
不服審査担当
処分担当
審査庁
審査請求書
提出
① 受 付
審査請求書（副本）
② 審理員の指名
（形式審査）
③ 提出期限の確認
④ 記載事項の確認
補正命令
補 正
却下裁決書
（却下）
審理員
反論書
書面審理
弁明書
意見陳述
口頭審理
意見陳述
検証申立
検 証（実地調査）
通知書
審理終了
通知書
審理員意見書
行政不服審査会
主張書面
① 書面審査
主張書面
意見陳述
② 口頭審査
意見陳述
答申書
答申書
首長等
裁決書
裁決書作成

2　審査請求の申出（固定資産税）

POINT 固定資産税だけにある不服申立制度です。
⇨固定資産課税台帳に登録された価格に対する不服申立てです。

(1)　不服審査申出制度の概要

固定資産税については、固定資産課税台帳に登録された価格に不服がある場合には、課税権者である市町村長から独立した中立機関「固定資産評価審査委員会（以下、この項では「委員会」という）」に対して、台帳登録の公示の日から納税通知書の交付を受けた日後3か月を経過する日までに、文書により審査の申出をすることができます（地423①）。

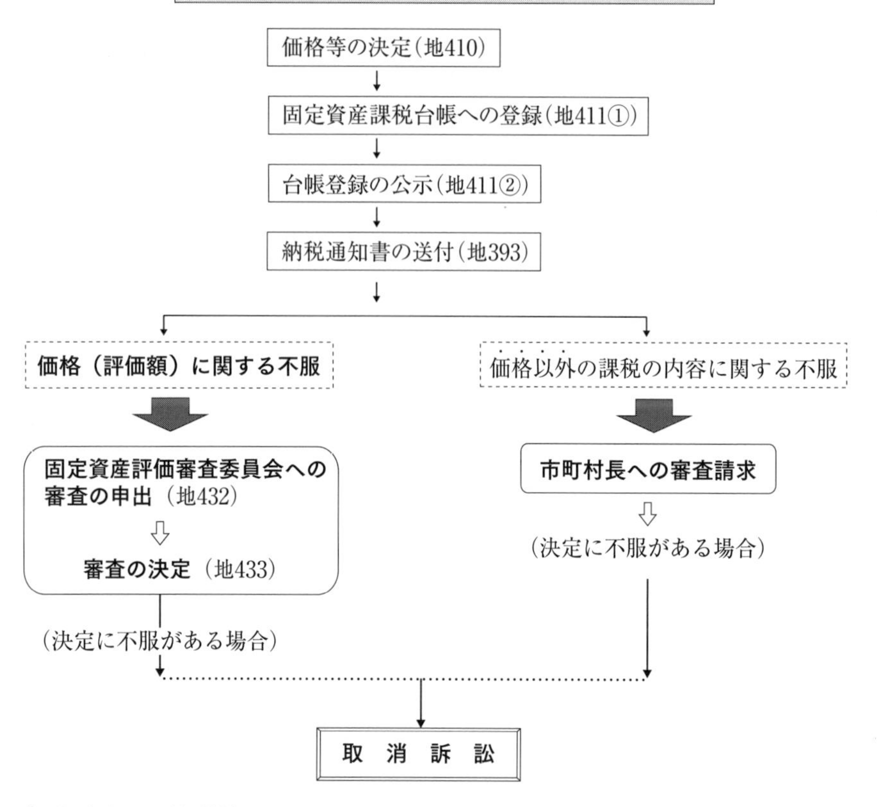

〈不服申立ての種別等〉

不服申立ての種別	不　服　の　内　容	不服申立先
審査の申出	固定資産課税台帳に登録された**価格（評価額）**	固定資産評価審査委員会
審査請求	価格以外（非課税、減免、住宅用地の認定に関すること等）	知事、市町村長等

⑵ 審査の申出の審理

① 審査申出書の受付と形式審査

審査申出書の提出がなされると、委員会は不服の内容を審査する前に、審査申出書の提出日や審査申出人の資格の有無、審査申出事項の適否など、適法な形式を備えているか審査（形式審査）をします。この提出された審査申出書に不備があった場合、委員会は補正を求めます。

また、審査申出書の提出期限を過ぎて提出された場合や、委員会の補正の求めにかかわらず補正されない場合等は、不適法な申出として**却下**されます。

イ　審査申出人

固定資産税の納税者（賦課期日（1月1日）現在の固定資産の所有者）または代理人。借地人及び借家人は含まれません。

ロ　審査の申出ができる事項

固定資産課税台帳に登録された価格（評価額）に限られます。

ハ　審査の申出ができる期間

固定資産課税台帳に登録した旨の公示（縦覧）の日から3か月を経過するまで

② 実質審査

上記①の形式審査を経た適法な申出については、次に実質審査を行います。委員会におけるこの審査は、原則として審査申出書、弁明書やその他の書面に基づき行います（地433②）。

また、審査申出人が希望する場合、委員に対して口頭で意見を述べることができます（口頭意見陳述）。

なお、委員会が必要と判断した場合には、当事者を集めて公開で行う口頭審理や実地調査を行います。

◆閲覧・写しの交付請求について

審理手続が終結するまでの間、審査申出人は、委員会に対し、審査申出人、知事等双方の提出書類等の閲覧及び写しの交付請求をすることができます（地433⑩）。

(3) 審査の決定

委員会は、審査申出書の提出を受けてから30日以内に決定を行います（地330①）。また、決定から10日以内に、審査申出人及び知事等に決定書を通知します。

① 決定の種類

審査の決定には次の3種類があります。

却下：審査の申出ができる期間を過ぎて審査申出書が提出された場合や、価格以外に関する不服の申出等がされた場合

棄却：審査の申出について価格を修正する理由がない場合

認容：審査の申出の全部または一部について理由があるとして、価格を修正すべきであると決定した場合

② 決定に不服がある場合

委員会の決定に不服がある場合には、決定があったことを知った日から6か月以内に訴訟を提起することができます（地434①）。ただし、決定があったことを知った日にかかわらず、委員会の決定があった日の翌日から起算して1年を経過した場合には訴訟を提起できなくなります。

また、委員会が審査の申出を受けてから30日以内に決定を行わない場合には、その申出を却下する決定があったものとみなして、訴訟を提起することができます。

第3章

税務調査手続

税務調査における調査手続については、平成23年12月改正により、それまで各税法に規定されていた質問検査の規定が通則法に集約して横断的に整備されるとともに調査手続に係る課税庁の運用上の取扱いについても同法に明確化されました。

また、これにあわせて通則法第7章の2（国税の調査）関係の法令解釈通達（以下「調査手続通達」という）及び調査手続の実施にあたっての基本的な考え方等について（以下「事務運営指針」という）も明らかにされたところです。

しかしながら、実務上ならではの問題が生じています。

ここでは、このような税務調査における調査手続及びその内容を法令、調査手続通達及び事務運営指針などを含めて確認してみましょう。

第1節

国税の調査の概要

「**調査**」とは、国税に関する法律の規定に基づき、特定の納税義務者の課税標準等または税額等を認定する目的その他国税に関する法律に基づく処分を行う目的で税務職員が行う一連の行為（資料収集等）をいいます（調査手続通達1-1参照）。

現行の申告納税制度の下では、自ら申告し納税することとなっているので、税務職員は質問検査権を行使して、申告が行われているか否かまたは先に行われた申告が正しいか否か等を確認し、必要に応じて、是正措置が求められることになります。

このような処分を目的とする調査の場合の一連の流れは概ね次のとおりです。

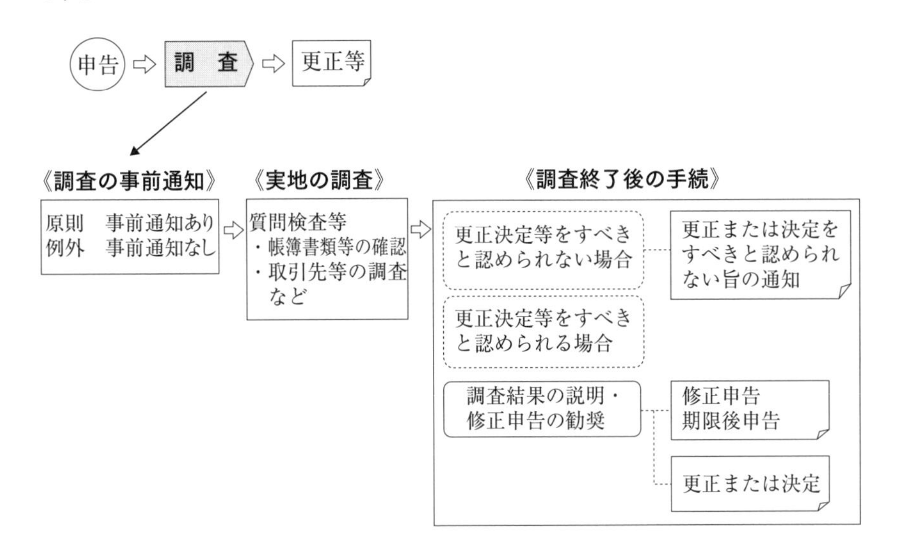

POINT 調査手続を理解するためには、国税庁ホームページに搭載されている「調査手続通達」と「事務運営指針」を確認しておきましょう。

1 税務調査手続等に関する規定

通則法「第7章の2　国税の調査」では、国税の税務調査に関して次に掲げるような規定を設けています。

調査手続等	調査手続等の主な内容
質問検査権（通74の2～6）	各税法の調査に関する質問検査権について規定 ・所得税等に関する調査（通74の2） ・相続税及び贈与税に関する調査（通74の3） ・酒税に関する調査（通74の4） ・たばこ税等に関する調査（通74の5、6）
提出物件の留置（通74の7）	調査における提出物件の留め置き
特定事業者等への報告の求め（通74の7の2）	国税局長が特定事業者等へ求め得る情報照会手続について規定
権限の解釈（通74の8）	質問検査権の規定による当該職員の権限
調査の事前通知（通74の9）	質問検査等を行う場合の納税義務者等への通知
事前に通知を要しない場合（通74の10）	一定の事由による事前通知を要しない場合
調査終了の際の手続（通74の11）	実地調査を行った結果の通知等
事業者等に対する要請等（通74の12）	事業者または官公署への協力要請
身分証明書の携帯等（通74の13）	質問、検査等の際の身分証明書の携帯等
預貯金者等情報の管理（通74の13の2）	金融機関等における預貯金者等情報の管理義務
口座管理機関の加入者情報の管理（通74の13の3）	口座管理機関が有する加入者情報の管理義務
振替機関の加入者情報の管理等（通74の13の4）	振替機関が有する加入者情報の管理と調書を提出すべき者への番号等の提供義務

2　質問検査権

質問検査権とは、適正公平な課税の実現を図るという観点から、税務職員が各納税義務者等に対して質問し、帳簿書類その他の物件を検査し、または当該物件の提示もしくは提出を求めることができる権限をいいます（通 74 の 2〜74 の 6）。

納税義務者等には、納税者本人のほか家族、従業員も含まれます。なお、正当な理由なく質問等に応じない場合には罰則があります（通 128 二、三）。

質問検査権　職権調査の一形態として、権限ある職員において、相手方に質問し、帳簿書類その他の物件について検査し、提示・提出を求める権限。

◆質問検査権の法的性格

▶最高裁昭和 48 年 7 月 10 日判決—質問検査権は「任意調査」

質問検査権に応じるか否かは自由意思に委ねられており、拒否してもよいということではありません。最高裁は、質問検査権が「任意調査」といわれることの意味について、「その履行を間接的に心理的に強制されているものであって、ただ、相手方においてあえて質問検査を受任しない場合にはそれ以上直接物理的に右義務の履行を強制しないという関係を称して一般に「任意調査」と表現されているだけのことであり、質問検査に対しては、相手方はこれを受任すべき義務を一般的に負う」旨判示しています。

◆質問検査権と課税処分との関係

▶京都地裁平成 12 年 2 月 25 日判決

任意調査を逸脱するなど調査手続に重大な違法があるとした上で、取消しの要件の有無が調査によって十分に尽くされていないとして、青色申告承認の取消処分を取り消した事例

「質問検査権は、…、任意調査の一種であるから、その行使に際して

は相手方の承諾を要し、その意思に反して行われる調査は、任意調査として許される限度を超え、違法となると解するのが相当である。」

3 税務当局による情報照会手続等

経済取引の多様化等を踏まえ、所轄国税局長は、特定事業者等(*)に対して、一定の場合に限り、担保措置を伴った実効的な形によって報告（氏名ならびに住所及び番号）を求めることができるとされています（通74の7の2)。

このため上記報告の求めは「国税に関する法律に基づく処分」に該当し、不服申立ての対象にもなります（同②、75①)。

＊特定事業者等とは、この報告の求めによらなければ特定することが困難である一定の取引（特定取引）の相手方またはそのような取引の場を提供する事業者または官公署をいいます（同①、③参照)。

第2節

税務調査の事前手続

1　税務調査の事前通知

税務調査は、調査手続の透明性、納税者の予見可能性を高める観点から、税務調査に先立ち、原則として事前通知を行うこととしています（通74の9）。その一方で、悪質な納税者の課税逃れを助長するなど調査の適正な遂行に支障を及ぼすことのないよう、課税の公平確保の観点を踏まえ、一定の場合には事前通知を行わないことができます（通74の10）。

原則：「事前通知あり」……　**・調査手続の透明性**
・納税者の予見可能性

例外：「事前通知なし」……　**・課税の公平確保**

事前通知

税務署長等は、当該職員に納税義務者に対し「実地の調査」において質問検査等を行わせる場合には、あらかじめ当該納税義務者に対しその旨及び次に掲げる事項を通知しなければなりません（通74の9、通令30の4）。

① 調査を開始する日時　② 調査を行う場所　③ 調査の目的　④ 調査の対象となる税目　⑤ 調査の対象となる期間　⑥ 調査の対象となる帳簿書類その他の物件
⑦ 調査の相手方である納税義務者の氏名及び住所または居所
⑧ 調査を行う当該職員の氏名及び所属官署等

事前通知の対象者

⇨事前通知の対象者は、納税義務者（通74の9①）

納税義務者に税理士等の税務代理人がある場合には、その税務代理人も対象になります。この場合において、当該納税義務者の同意がある一定の場合に該当するときは、事前通知は、当該税務代理人に対してすることができます（通74の9⑤）。

◆複数の税務代理人がいる場合

税務代理人のうちから代表する税務代理人を定めた場合として一定の場合に該当するときは、代表する税務代理人に対して事前通知すれば足ります（通74の9⑥）。

対象となる調査の範囲

⇨事前通知の対象となる調査は、「実地の調査」（通74の9）

▶国税の調査のうち、納税義務者の事業所や事務所等に当該職員が臨場して行う調査がこれに当たります（参考：質問検査の範囲等の具体的な手続についての裁判例（最判昭和48.7.10））。

2 調査の「開始日時」または「開始場所」の変更の協議

税務署長等は、事前通知を受けた納税義務者から、合理的な理由を付して、調査を開始する日時または調査を行う場所について変更を求められた場合には、これらの事項について納税者と協議するよう努めるものとされています（通74の9②）。

3 通知事項以外の事項について非違が疑われる場合の質問検査権等

当該職員が、その調査によりその調査に係る「1　税務調査の事前通知」で示した③から⑥までの通知事項以外の事項について非違が疑われることとなった場合において、その事項に関し質問検査等を行うことを妨げるものではありません（通74の9④前段）。

したがって、「通知事項以外の事項」に関して質問検査等を行う際には、改めて事前通知を行う義務はありません（通74の9④後段）。

4 事前通知を要しない場合

税務署長等が、調査の相手方である納税義務者の申告もしくは過去の調査結果の内容またはその営む事業内容に関する情報その他国税庁等が保有する情報に鑑み、①違法または不当な行為を容易にし、正確な課税標準等または税額等の把握を困難にするおそれがあると認められる場合、②その他国税に関する調査の適正な遂行に支障を及ぼすおそれがあると認められる場合があると認める場合には、事前通知は要しません（通74の10）。

事前通知を要しない場合の具体例

①の場合（調査手続通達5-9参照）

事前通知をすることにより、次のような行為等が合理的に推認される場合

・当該職員の質問に答弁しないなど通則法第128条第2、3号に掲げる行為を助長 ・調査の実施を困難にすることを意図して逃亡
・調査に必要な帳簿書類その他の物件の破棄　など

②の場合（調査手続通達5-10参照）

・税務代理人以外の第三者が調査立会いを求め、調査の適正な遂行に支障を及ぼす
・電話等による連絡を行おうとしたものの、応答を拒否され、または応答がなかった場合　など

第3節

税務調査終了の際の手続

1　税務調査の終了通知

(1)　更正決定等をすべきと認められない場合

税務署長等は、実地の調査を行った結果、更正決定等（源泉徴収等による国税に係る納税の告知を含む）をすべきと認められない場合には、納税義務者で当該調査において質問検査等の相手方となった者に対し、その時点において、更正決定等をすべきと認められない旨を書面により通知します（通74の11①）。

(2)　更正決定等をすべきと認められる場合―調査結果の内容の説明等

調査を行った結果、更正決定等をすべきであると認める場合には、当該職員は、当該納税義務者に対し、その調査結果の内容（更正決定等をすべきと認めた額及びその理由を含む）を説明します（通74の11②）。

そして、調査結果の説明をする際、当該職員は、当該納税義務者に対し修正申告または期限後申告を勧奨することができますが、この場合において、当該調査の結果に関し当該納税義務者が納税申告書を提出した場合には不服申立てをすることはできないが、更正の請求をすることはできる旨を説明するとともに、その旨を記載した書面を交付しなければなりません（通74の11③）。

①　調査結果の内容の説明等

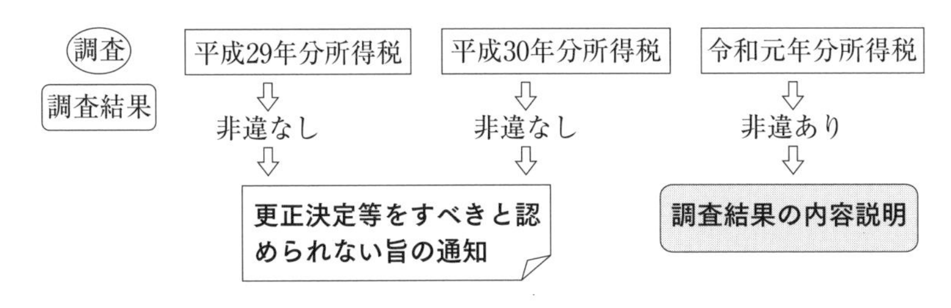

②　修正申告または期限後申告の勧奨

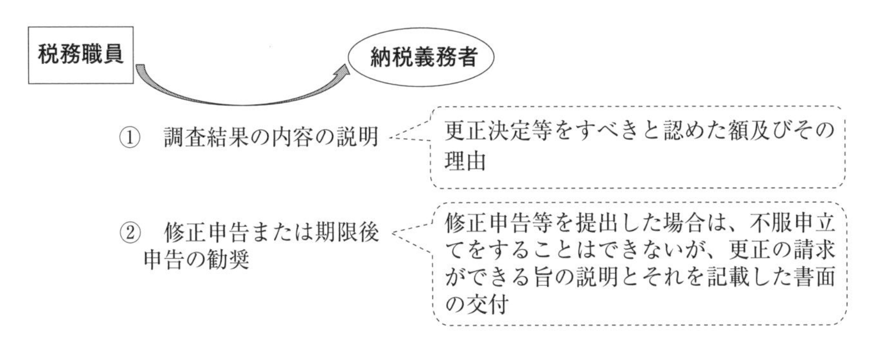

(3)　納税義務者の同意がある場合の税務代理人または連結親法人への通知等

上記(1)の「更正決定等をすべきと認められない旨の通知」及び上記(2)の「更正決定等をすべきと認める場合における調査結果の内容の説明等」については、次の「①納税義務者が連結子法人である場合」または「②納税義務者に税務代理人がある場合」に該当する場合には、当該納税義務者への通知等に代えて、それぞれ次の者に通知を行うことができます（通74の11④⑤）。

①　納税義務者が連結子法人である場合　（注） （当該連結子法人及び連結親法人の同意がある場合）	その連結親法人
②　納税義務者に税務代理人がある場合 （納税義務者の同意がある場合）	その税務代理人

（注）　令和2年度改正により、連結親法人への通知は令和4年3月末までとなります。

2　再調査

通則法第 74 条の 11 第 1 項（更正決定等すべきと認められない場合のその旨）の通知をした後または同条第 2 項の調査（「実地の調査」に限る）の結果につき納税義務者から修正申告書もしくは期限後申告書の提出があった後もしくは更正決定等をした後においても、当該職員は、新たに得られた情報に照らし非違があると認められるときは、質問検査権等の規定に基づき、当該通知を受け、または納税申告書の提出等をし、もしくは更正決定等を受けた納税義務者に対し、再び質問検査等（**再調査**）を行うことができます（通 74 の 11 ⑥）。

▶「新たに得られた情報」

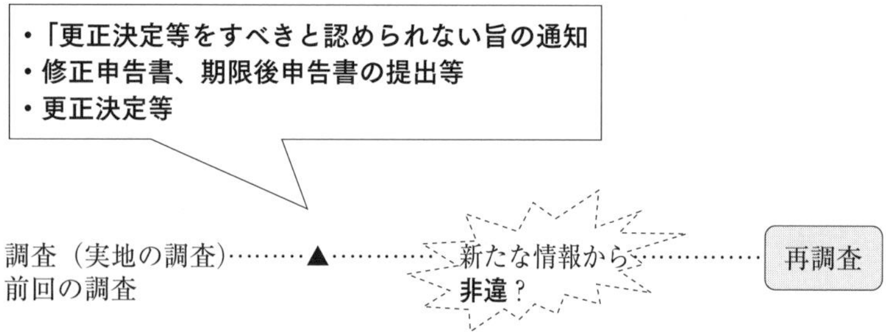

・「更正決定等をすべきと認められない旨の通知
・修正申告書、期限後申告書の提出等
・更正決定等

調査（実地の調査）……▲……新たな情報から**非違**？……再調査
前回の調査

新たな情報とは

更正決定等をすべきと認められない通知または調査結果の説明を行った時点において有していない情報をいい、当該情報から非違があると直接的に認められる場合だけではなく、新たに得られた情報とそれ以外の情報とを総合勘案した結果として非違があると合理的に推認される場合も含みます（調査手続通達 6-7、8）。

参考 再調査と調査の単位（課税期間、税目）との関係

▶「再調査」に該当する場合

（前回の調査）	（今回の調査）
平成27年分 所得税	
平成28年分 所得税	
平成29年分 所得税	**平成29年分 所得税**
	平成30年分 所得税
	令和元年分 所得税

税目・課税期間が重複
⇩
平成29年分所得税は、「再調査」に該当

▶「再調査」に該当しない場合

（前回の調査）	（今回の調査）
26.4～27.3 印紙税	
27.4～28.3 印紙税	
28.4～29.3 印紙税	**29年3期分 法人税**
	30年3期分 法人税
	元年3期分 法人税

税目が重複なし
⇩
「再調査」に該当しない

＊同じ納税義務者であっても、調査対象となる税目が異なる場合には、期間が重複していても、今回の調査は「再調査」に当たらない。

（前回の調査）	（今回の調査）
27年3期分 法人税	
28年3期分 法人税	
	29年3期分 法人税
	30年3期分 法人税
	元年3期分 法人税

課税期間の重複なし
⇩
「再調査」に該当しない

◆金融機関等における預貯金者等情報及び口座管理機関の加入者情報等の管理

金融機関等は、預貯金者等の氏名（法人については名称）及び住所または居所のほか、顧客番号、口座番号、口座開設日、種目、元本の額、利率などの預貯金等の内容に関する事項を当該預貯金者等の番号（個人番号（マイナンバー）または法人番号）により検索できる状態で管理しなければなりません（通 74 の 13 の 2）。

また、証券会社などの口座管理機関や振替機関（株式会社証券保管振替機構）も加入者情報をその機関が保有する加入者の番号により検索できる状態で管理しなければなりません（通 74 の 13 の 3 及び 4）。

第4節

国税犯則取締法の調査（参考解説）

1 国税の犯則調査

国税に関する調査権限については、課税調査の権限（質問検査権）と犯則調査の権限があります。犯則調査は、国税の公平確実な賦課徴収という行政目的を実現するため、国税について犯則（脱税等）が疑われる場合に、国税職員が実施する調査です。

担当する国税職員は、通常の税務調査とは異なる権限に基づき証拠を発見・収集し、刑事責任を追及すべき案件と判断した場合には検察官へ告発を行います。

この代表例としては、国税局査察部が所得税や法人税の脱税等に対して行う査察調査がこれに当たります。

（注） 課税調査と犯則調査との関係

課税調査を犯則調査の証拠集めの手段として位置づけようとするものではないとされています。その根拠として、通則法において、国税犯則調査手続の規定を一つの独立した章に規定したと説明されています。

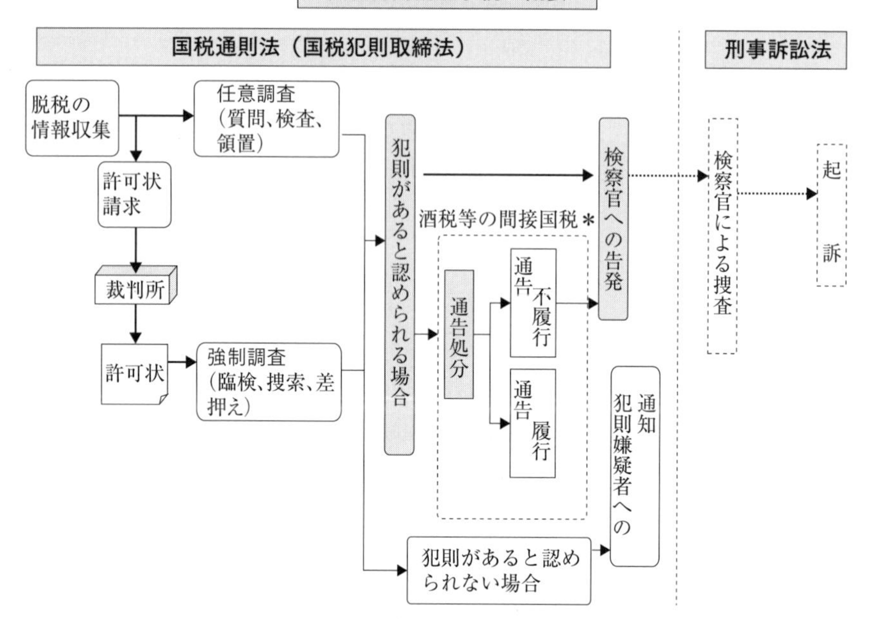

＊間接国税　輸入品に課される消費税（賦課課税方式）
酒税、たばこ税、揮発油税、地方揮発油税
石油ガス税、石油石炭税

（資料出所：税制調査会提出資料、抜すい一部修正）

◆犯則調査手続を定める他の法律

関税法（関税の脱税等）、金融商品取締法（インサイダー取引等）、独占禁止法（カルテル等）

2　任意調査と強制調査

犯則事件の調査の手段としては、「**任意調査**」と「**強制調査**」があります。

ここにいう「任意調査」とは、相手方の承諾を得て行われる「質問」、「検査」または「領置」の方法によるほか、照会の方法によって行われるものです。

一方、「強制調査」とは、相手方の承諾の有無に関係なく、強制的に「臨検」、「捜索」、「差押え」または「記録命令付き差押え」の方法によって行われるものです。なお、強制調査の場合には、原則として裁判官の発する許可状を必要とするほか、時刻の制限などの調査上の制約を受けます。

犯則調査《具体例》

任意調査	質　問	・犯則嫌疑者に対し、犯意、動機、不正手段などについて質問 ・取引先（参考人）に対し、犯則嫌疑者との取引状況について質問　等
	検　査	・犯則嫌疑者の承諾を得て所持する帳簿等を閲覧し、その内容を認識　等
	領　置	・犯則嫌疑者が所持する帳簿等の任意提出を求めて占有を取得 ・取引先（参考人）が所持する帳簿等の任意提出を求めて占有を取得　等
強制調査	臨　検	・犯則嫌疑者の居宅・事務所に存在する現金に基づき、金種・金額を確認 ・犯則嫌疑者の居宅・事務所に存在する預金通帳に基づき、預金残高を確認　等
	捜　索	・犯則嫌疑者の居宅・事務所を捜索　等
	差押え	・犯則事件の証拠に該当すると思料される帳簿等の占有を強制的に取得　等

（資料出所：税制調査会提出資料、抜すい一部修正）

参考

国税犯則取締法は、平成29年度税制改正において、それまで片仮名・文語体表記から現代語化が行われましたが、経済活動のICT化の進展等を踏まえ、主に次のような電磁的記録の証拠収集手続の見直し・整備のほか、国税犯則調査手続の整備等が行われた上で、通則法へ編入されています。

1　電磁的記録に係る証拠収集手続の整備

(1)　記録命令付き差押え（通132①）

(2)　接続サーバ保管の自己作成データ等の差押え（通132②）

(3)　通信履歴の電磁的記録の保全要請の整備（通134③）

(4)イ　電磁的記録に係る記録媒体の差押えの執行方法の整備（通136）

　ロ　電磁的記録を移転した場合の記録媒体の交付等（通146①②③）

(5)　臨検等を受ける者への協力要請の整備（通138）

2　関税法に基づく犯則調査手続等を踏まえた国税犯則調査手続の整備

(1)　犯則事件に係る任意調査手続の整備（通132①②）

(2)　犯則事件に係る調整調査手続の整備

　イ　捜索及び差押えの対象範囲の明確化（通132①）

　ロ　許可状請求時の資料提供手続の整備（通132、通令45①）

　ハ　犯則事件の調査及び処分に関する書類の作成要領の整備（通令56）ほか

3　間接国税に係る犯則調査手続の整備

(1)イ　通告処分の対象となる犯則事件の範囲の見直し（通155～158）

　ロ　通告処分に係る手続の整備（通157①、通令54②④）ほか

(2)　告発が訴訟条件であることの明確化（通159④⑤）

(3)　犯則の心証を得ない場合の手続の整備（通160）

第4章

加算税・延滞税等

加算税及び延滞税等は、申告納税制度及び徴収納付制度の定着と発展を図るために、申告義務及び徴収納付義務が適正に履行されない場合に、本税に付加して課される附帯税です。

附帯税には、加算税、延滞税のほか利子税及び過怠税があります。

本章では、これらの附帯税のうち、実務上、最も深くかつ広く関係する加算税及び延滞税の概要とその適用場面について見ていきます。

第1節

加算税

近年の税制改正においては、加算税の加重軽減措置をインセンティブとして利用する特例制度を設けることが少なくありません。このため、加算税も、過少申告の場合は○％であると答えが一つとは限らないなどその金額の算定は複雑になってきています。また、このような加算税を賦課する場合には、「更正の予知」の有無、「正当な理由」の有無などの問題も絡んできます。

このような加算税制度について、以下、順を追って見てみましょう。

1 加算税の概要

(1) 加算税

加算税は、賦課課税方式により確定する税の一つですが、申告納税方式による国税が法定申告期限までに適正な申告がされない場合や源泉徴収による国税が法定納期限までに正当に納付されない場合などに課される一種の行政上の制裁（附帯税）としての性格を有するものです。

POINT 加算税の性格 ⇨ 行政上の制裁

▶神戸地裁昭和58年8月29日判決

「所得税法は、いわゆる申告納税主義を採用し、納税者自らが課税標準を決定し、これに自らの計算に基づいて税率を適用して税額を算出し、これを申告して第一次的に納付すべき税額を確定させるという体系をとっている。こうした申告納税主義のもとでは、適正な申告をしない者に対し、一定の制裁を加えて、前記申告秩序の維持をはかることが要請されるが、このような行政上の制裁の一環として、過少申告の場合について規定されたのが過少申告加算税（通則法65条）である。」

しかし、このような加算税の性格を「行政上の制裁」としてではなく「特別の経済的負担」等と判示する裁判例も多くなってきています。

(2) 加算税の納税義務の成立とその確定手続

加算税の種類と成立		確定手続
過少申告加算税、無申告加算税または重加算税（不納付加算税に係る重加算税を除く）	法定申告期限の経過の時（通15②十四）	税務署長が賦課決定通知書を納税者に送達することによって納税義務が具体的に確定（通32③）
不納付加算税または重加算税（過少申告加算税または無申告加算税に係る重加算税を除く）	法定納期限の経過の時（通15②十五）	

(3) 各種加算税の課税要件等

加算税には、①過少申告加算税（通65）、②無申告加算税（通66）、③不納付加算税（通67）、及び④重加算税（通68）があります。

各加算税が課される要件及びその割合ならびに加算税が免除またはその割合が軽減される要件等は、次ページのとおりです。

<table>
<tr><th rowspan="2">種　類</th><th rowspan="2">課税要件</th><th colspan="2">課税割合（増差税額に対する）</th><th colspan="2">不適用または課税割合の軽減</th></tr>
<tr><th>通常分</th><th>加重分</th><th>要　　件</th><th>軽減割合等</th></tr>
<tr><td rowspan="2">過少申告加算税
（通 65）
（注 1）</td><td rowspan="2">① 期限内申告（還付請求申告を含む）がされた場合等において、修正申告または更正があった場合
② 期限後申告がされた場合（期限内申告をしなかったことについて正当な理由があるとき等）において、修正申告または更正があったとき</td><td>10％</td><td rowspan="2">5％
期限内申告税額相当額または 50 万円のいずれか多い金額を超える部分</td><td rowspan="2">① 正当な理由がある場合
② 修正申告等前に期限内申告の税額を減少させる更正（更正の請求に基づく更正を除く）がある場合
③ 調査通知（注 2）前に更正がされることを予知しないで修正申告をした場合</td><td rowspan="2">不適用</td></tr>
<tr><td>5％
修正申告が調査通知（注 2）後、更正予知前にされた場合</td></tr>
<tr><td rowspan="3">無申告加算税
（通 66）
（注 1）</td><td rowspan="3">① 申告期限までに納税申告をしないで、期限後申告または決定があった場合
② 期限後申告または決定があった後に、修正申告または更正があった場合</td><td>15％</td><td>5％
納付すべき税額が 50 万円を超えるときは、その超える部分
10％
過去 5 年以内に無申告加算税（更正・決定予知によるものに限る）または重加算税が課されたことがある場合</td><td rowspan="2">① 正当な理由がある場合
② 期限後申告書の提出が次のすべての要件を満たす場合
イ 調査があったことにより、決定を予知してされたものでなく
ロ 法定申告期限内に申告する意思があったと認められる場合
ハ 法定申告期限から 1 か月を経過するまでに行われている場合</td><td rowspan="2">不適用</td></tr>
<tr><td rowspan="2">10％
期限後申告が調査通知（注 2）後、更正予知前にされた場合</td><td rowspan="2">5％
納付すべき税額が 50 万円を超えるときは、その超える部分</td></tr>
<tr><td>調査通知（注 2）前に決定等がされることを予知しないで期限後申告または修正申告をした場合</td><td>5％</td></tr>
</table>

第4章　加算税・延滞税等

<table>
<tr><th rowspan="2">種　類</th><th rowspan="2">課税要件</th><th colspan="2">課税割合（増差税額に対する）</th><th colspan="2">不適用または課税割合の軽減</th></tr>
<tr><th>通常分</th><th>加重分</th><th>要　　件</th><th>軽減割合等</th></tr>
<tr><td rowspan="2">**不納付加算税**
（通 67）</td><td rowspan="2">源泉徴収等により納付すべき税額を法定納期限までに完納しないで、法定納期限後に納付または納税の告知があった場合</td><td rowspan="2">10％</td><td rowspan="2">—</td><td>①　正当な理由がある場合
②　次のすべての要件を持たす場合
ア　納税の告知を受けることなく、
イ　法定納期限までに納付する意思があったと認められる場合
ウ　法定納期限から1か月を経過する日までに納付されたものである場合</td><td>不適用</td></tr>
<tr><td>納税の告知がされることを予知しないで法定納期限後に納付した場合</td><td>5％</td></tr>
<tr><td rowspan="3">**重加算税**
（通 68）</td><td>過少申告加算税が課される場合に、国税の計算の基礎となる事実を隠蔽または仮装したところに基づき納税申告を提出した場合（同第 1 項）</td><td>35％</td><td rowspan="3">10％
過去 5 年以内に無申告加算税または重加算税が課されたことがある場合</td><td rowspan="3" colspan="2"></td></tr>
<tr><td>無申告加算税が課される場合に上記の隠蔽または仮装の事実があった場合（同第 2 項）</td><td>40％</td></tr>
<tr><td>不納付加算税が課される場合に上記の隠蔽または仮装の事実があった場合（同第 3 項）</td><td>35％</td></tr>
</table>

（注 1）　国外財産調書・財産債務調書に記載がある場合は、過少(無)申告加算税を 5％軽減(所得税・相続税)、国外財産調書の不提出・記載不備がある場合は 5％加重(所得税・相続税)、財産債務調書の不提出・記載不備がある場合は 5％加重(所得税)されます。また、国外財産調書について、税務調査において関連資料の不提示・不提出があった場合は、上記軽減措置が不適用となり、調書不提出・記載不備に係る分は加算税がさらに 5％加重されます。

（注 2）　調査通知とは、①実地調査を行う旨、②調査の対象となる税目、③調査の対象となる期間の 3 項目の通知をいいます。

◆期限到来間際にされた申告に係る加算税の賦課決定について

賦課決定をすることができないこととなる日前3か月以内にされた納税申告書の提出または納税の告知を受けることなくされた源泉所得税等の納付（調査による更正決定または納税の告知を予知してされたものを除く）に係る無申告加算税または不納付加算税の賦課決定について、その提出または納付がされた日から3か月を経過する日まで行うことができることとされました（通70④）。

(4) 調査通知を受けて修正申告等を行う場合も加算税

実地の調査にあたり、税務署等から調査通知があった以降、修正申告書等を提出した場合にも加算税が課されます（通65①②、66①）。

修正申告書等提出時期	過少申告加算税	無申告加算税
法定申告期限等の翌日から調査通知まで	課されない	5%
調査通知以降から調査による更正等の予知前まで	5%（10%）	10%（15%）
調査による更正等予知以後	10%（15%）	15%（20%）

（注）1　（　）部分は、加重される部分（過少申告加算税－期限内申告税額と50万円のいずれか多い額を超える部分。無申告加算税－50万円を超える部分）に対する加算税割合を示します。
2　更正等を予知してされたものである場合には、調査通知の有無にかかわらず「調査による更正等予知以後の加算税割合」になります。

(5) 5年以内に無申告または仮装・隠蔽が行われた場合の加重措置

期限後申告等(＊)があった日の前日から起算して5年前までの間に、その期限後申告等に係る税目について無申告加算税（調査による更正または決定の予知後に課されたもの）または重加算税を課されたことがあるときは、次のとおり期限後申告等による納付すべき税額に10%加算されます（通66④、68④）。

＊期限後申告等とは、①期限後申告書または修正申告書の提出（更正または決定を予知してされたものに限る）、②更正または決定の処分、③納税の告知または告知を受けることなくされた納付をいいます。

加算税の区分	5年以内に同じ税目に対して無申告加算税または重加算税を課されたことの有無	
	無	有
無申告加算税	15％（20％）	25％（30％）
重加算税 （過少申告加算税または不納付加算税に代えて賦課・徴収されるもの）	35％	45％
重加算税 （無申告加算税に代えて課されるもの）	40％	50％

（注）（　）部分は、加重される部分（50万円を超える部分）に対する加算税割合を示します。

⑹　国外財産調書制度（＊）と加算税の特例

①国外財産調書を期限内に提出した場合には、記載された国外財産に関して所得税・相続税の申告漏れ等があったとして修正申告等があった場合、それに係る部分の加算税は5％軽減される一方、②同調書の提出がないなどの場合（相続等により取得した国外財産（相続国外財産）を有する者の責めに帰すべき理由がないなど一定の場合を除く）は、その国外財産に関する申告漏れ等に係る部分の加算税は5％加重されます（国外送金等6①～③）。なお、令和2年度改正において、国外財産調書の提出がない場合等の加算税の加重の適用対象に、相続税に関し修正申告等があった場合が追加されています（国外送金等6③）。

＊国外財産調書制度は、その年の12月31日において5,000万円超の国外財産を有する者は、その財産の種類、数量及び価額その他必要な事項を記載した「国外財産調書」を翌年の3月15日までに提出しなければならないというものです（国外送金等5）。

⑺　財産債務調書制度（＊）と加算税の特例

①財産債務調書を期限内に提出した場合には、記載された財産または債務に関して所得税・相続税の申告漏れ等があったとして修正申告等があった場合、それに係る部分の加算税は5％軽減される一方、②同調書の提出

がないなどの場合（相続等により取得した財産または債務（相続財産債務）を有する者の責めに帰すべき理由がないなど一定の場合を除く）は、その財産または債務に関する申告漏れ等に係る部分の加算税は5%加重されます（国外送金等6の3①②）。

＊財産債務調書制度は、その年分の総所得金額及び山林所得金額の合計が2,000万円超で、かつ、その年の12月31日において、その価額の合計額が3億円以上の財産またはその価額の合計額が1億円以上の国外転出特例対象財産（所得税法第60条の2第1〜3項の有価証券等）を有する場合は、その財産の種類、数量及び価額ならびに債務の金額その他必要な事項を記載した「財産債務調書」を翌年の3月15日までに提出しなければならないというものです（国外送金等6の2）。

◆国外財産調書に記載すべき国外財産に関する書類の提示または提出がない場合の加算税の特例

国外財産を有する者が、国税庁等の当該職員から国外財産調書に記載すべき国外財産の取得、運用または処分に係る書類のうち、その者が通常保存し、または取得することができると認められるもの（その電磁的記録等を含む）の提示または提出を求められた場合、その提示または提出を求められた日から60日を超えない範囲内において、当該職員が指定する日までその提示または提出をしなかったとき（その者の責めに帰すべき事由がない場合を除く）における加算税の軽減及び加重措置の適用は次のとおりとなります。

なお、この加算税の特例は令和2年分以後の所得税または同年4月1日以後の相続等により取得する財産に適用されます。

○国外財産調書（財産債務調書）に係る加算税の軽減または加重措置

	過少申告加算税	無申告加算税
通常（加重分）	10%（15%）	15%（20%）
期限内に提出され、修正申告等の基因となる国外財産（または財産、債務）の記載あり	5%（10%）	10%（15%）
関連資料の不提示・不提出（注）	**10%（15%） （軽減不適用）**	**15%（20%） （軽減不適用）**

・提出が期限内にない場合 ・期限内に提出されたが記載すべき国外財産（または財産、債務）の記載なし	15％（20％）	20％（25％）
関連資料の不提示・不提出（注）	**20％（25％）（10％加算）**	**25％（30％）（10％加算）**

（注）「関連資料の不提示・不提出」欄は国外財産調書に係る場合のみ適用されます。

各加算税の賦課要件については上記 1 (2)で説明している（120ページ以下）ことから、ここでは各加算税の具体的な計算とそれに係る減免規定等を取り上げます。

なお、前述した国外財産調書または財産債務調書に係る加算税の特例がある場合の加算税の額の計算の基礎となるべき本税額の計算方法については、令和2年度税制改正において、見直しが行われています（国外送金等6①③、6の3①②）。

2　過少申告加算税

(1)　過少申告加算税の計算

○通常の場合

増差本税（1万円未満端数切捨て（通118③））× 10％［調査通知以後、調査による更正の予知なしの修正申告の場合、5％］＝ 納付すべき加算税の額（5,000円未満の場合、全額切捨て（通119④））

○加重分がある場合

・通常分　増差本税（1万円未満端数切捨て）× 10％［又は5％］＝ …… ①

・加重分　増差本税（1万円未満端数切捨て前）－ 控除税額（期限内申告税額相当額か50万円のいずれか多い金額）＝ A

A（1万円未満端数切捨て）× 5％ ＝ …… ②

・① ＋ ② ＝ 納付すべき加算税の額

(注)1 「増差本税」とは、修正申告又は更正により納付すべき税額をいいます。
2 ［ ］書は、平成29年1月1日以後に法定申告期限が到来する国税について適用されます。
(注)3 国外財産調書・財産債務調書の提出の有無、記載内容によって5%の軽減・加重措置もあります（前記 1 (3)(6)(7)参照）。

(2) 過少申告加算税が課されない場合または課税割合が軽減される場合

① 「正当な理由」がある場合

修正申告または更正に基づき納付すべき税額に対して課される過少申告加算税につき、その納付すべき税額の計算の基礎となった事実のうちにその修正申告または更正前の税額の基礎とされなかったことについて「正当な理由」があると認められるものがある場合には、その部分について課されません（通65④一）。

◆「正当な理由があると認められる場合」とは

▶最高裁平成18年4月20日判決

「『正当な理由があると認められる』場合とは、真に納税者の責めに帰することのできない客観的な事情があり、過少申告加算税の趣旨に照らしても、なお、納税者に過少申告加算税を賦課することが不当又は酷になる場合をいうものと解するのが相当である。」

◆「正当な理由があると認められる場合」の具体例

・税法の解釈に関し、申告書提出後新たな法令解釈が明確化されたため、その法令解釈と納税者の解釈とが異なることとなった場合において、その納税者の解釈について相当の理由があると認められること。

したがって、税法の不知もしくは誤解または事実誤認に基づくものは「正当な理由がある場合」に当たりません。

◆「正当な理由」の主張・立証責任は納税者

▶東京高裁昭和53年12月19日判決

「(通則) 法65条2項 (筆者注：現4項1号) は過少申告加算税の課税要件そのものを規定したものではなく、同条1項所定の課税要件を具備する場合であつても、同条2項所定の場合には当該事実に係る増差税額分については過少申告加算税を課さない旨を定めた例外規定であるから、納税義務者の側に右の場合に該当する事由の存在について主張、立証責任があると解するのが相当である」

② 修正申告前に減額更正がある場合

修正申告または更正前にその国税について、期限内申告の納付すべき税額を減少させる更正等 (更正の請求に基づく更正を除く) があった場合には、修正申告等に基づき納付すべき税額から、期限内申告に係る税額に達するまでの税額については、過少申告加算税は課されません (通65④二)。このことを図式化すれば次のとおり、更正処分によって新たに納付すべき100のうち50に対して加算税が賦課されることになります。

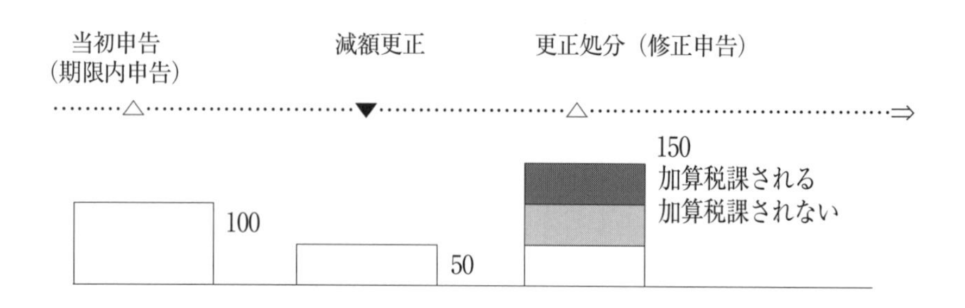

③ 更正の予知をしないで行った修正申告

修正申告書が提出された場合、その提出が、その申告に係る国税の調査があったことにより、その国税について更正があるべきことを予知してされたものでないときは、調査通知以後に更正を予知しないでした修正申告の場合を除き、その納付すべき税額に過少申告加算税は課されません（通65⑤）。

なお、調査通知以後に更正を予知しないでした修正申告の場合は5%の加算税が課されます（通65①）。

POINT　「更正があるべきことを予知してされた」修正申告とは

その納税者に対する臨場調査、取引先に対する反面調査またはその納税者の申告書の内容を検討した上での非違事項の指摘等により、当該納税者が調査のあったことを了知したと認められた後に行われた修正申告をいいます。

したがって、臨場のための日時の連絡を行った段階の修正申告は、原則、「更正があるべきことを予知してされたもの」に該当しません。

▶東京高裁昭和61年6月23日判決

「修正申告書の提出が『調査があったことにより…更正があるべきことを予知してされたものでないとき』というのは、税務職員がその申告に係る国税についての調査に着手してその申告が不適正であることを発見するに足るかあるいはその端緒となる資料を発見し、これによりその後調査が進行し先の申告が不適正で申告漏れの存することが発覚し更正に至るであろうということが客観的に相当程度の確実性をもって認められる段階に達した後に、納税者がやがて更正に至るべきことを認識したうえで修正申告を決意し修正申告書を提出したものでないこと」と解すべきである。

▶学説

「更正を予知してなされたものではないといいうるためには、調査が進行し、更正に至るであろうことを客観的に相当程度の確実性をもって認識する以前に修正申告を決意し、修正申告書を提出することが必要であると解すべきである」（金子宏『租税法（第23版）』弘文堂884ページ）

3 無申告加算税

(1) 無申告加算税の計算

○通常の場合

期限後申告等の税額 × 15% ＝ 納付すべき加算税の額

（1万円未満端数切捨て（通118③））［調査通知以後、調査による決定等の予知なしの期限後申告等の場合、10%］（5,000円未満の場合、全額切捨て（通119④））

○加重分がある場合

・通常分　期限後申告等の税額（1万円未満端数切捨て） × 15%［又は10%］ ＝ …… ①

・加重分　期限後申告等の税額（1万円未満端数切捨て前） － 控除税額（期限後申告による納付すべき税額か50万円のいずれか多い金額） ＝ A

A（1万円未満端数切捨て） × 5% ＝ …… ②

・① ＋ ② ＝ 納付すべき加算税の額

○［5年前までの間に、無申告加算税又は重加算税を課されたことがある場合］

上記の通常分（15%の割合）及び加重分で計算した金額＋（期限後申告等の税額× 10%）
＝ 納付すべき加算税の額

○［調査通知前、］調査による決定等の予知なしの期限後申告等の場合

期限後申告等の税額 × 5% ＝ 納付すべき加算税の額

(注)1 「期限後申告等の税額」とは、期限後申告又は決定の場合は納付すべき税額、期限後申告又は決定の後の修正申告又は更正の場合はその修正申告等より納付すべき税額をいいます。

2 ［ ］書は、平成29年1月1日以後に法定申告期限が到来する国税について適用されます。

(注)3 国外財産調書・財産債務調書の提出の有無、記載内容によって5%の軽減・加重措置もあります（前記 1 (3)(6)(7)参照）。

(2) 無申告加算税が課されない場合または課税割合が軽減される場合

① 「正当な理由」がある場合

期限内申告書の提出がなかったことについて「正当な理由」があると認

められる場合には課されません（通66①但書）。

◆「正当な理由」がある場合とは

災害、交通・通信の途絶その他期限内に申告書を提出しなかったことについて真にやむを得ない事由があると認められるときをいうとされています。したがって、例えば相続税の申告について、相続人間に争いがあって相続財産の全容を知り得なかったことや遺産分割協議が行えなかったことは、正当な理由には当たりません。

② 法定申告期限内に申告する意思があったと認められる場合

期限後申告書の提出がその申告に係る国税についての調査があったことによりその国税について決定があるべきことを予知してされたものでなく、期限内申告書の提出をする意思があったと認められる一定の場合に該当し、かつ、その期限後申告書の提出が法定申告期限から1か月を経過する日までに行われたものであるとき無申告加算税は課されません（通66⑦）。

◆「期限内申告書を提出する意思があったと認められる一定の場合」とは

次の①と②のいずれにも該当する場合です。

① 自主的な期限後申告の提出があった日の前日から5年前の日までの間に、その税目について、期限後申告書の提出等により無申告加算税または重加算税を課されたことがない場合で、かつ、通則法第66条第7項の適用を受けていないこと（通令27の2①一）

② 上記①の期限後申告書に係る納付すべき税額の全額が法定納期限までに納付されていた場合またはその税額の金額に相当する金銭が法定納期限までに納付受託者に交付等されていた場合（通令27の2①二）

③ 調査通知前に決定等を予知しないで申告した場合

期限後申告書等の提出がその申告に係る国税についての調査があったことにより当該国税について更正等があるべきことを予知してされたもので

ないときは、その申告に基づく無申告加算税は5%（通常は10%）に軽減されます（通66⑥）。

なお、期限後申告書等の提出が予知してされたものか否かは過少申告加算税の場合に準じて解することができます。

4 不納付加算税

(1) 不納付加算税の計算

○通常の場合

納付税額又は納税の告知に係る税額（1万円未満端数切捨て（通118③）） × 10% = 納付すべき加算税の額（5,000円未満の場合、全額切捨て（通119④））

○調査による納税の告知の予知なしの納付の場合

納付税額（1万円未満端数切捨て（通118③）） × 5% = 納付すべき加算税の額（5,000円未満の場合、全額切捨て（通119④））

◆国際観光旅客税(＊)について

不納付加算税は源泉徴収等による国税が法定納期限まで完納されない場合に徴収されますが、上記「等」には特別徴収の方法によって徴収される国際観光旅客税が含まれます（通2二）。

＊国際観光旅客税とは、原則として、船舶または航空会社（特別徴収義務者）が、チケット代金に上乗せする方法等で、日本から出国する旅客から徴収（出国1回につき1,000円）し、これを国に納付するものです。平成31年1月7日より出国する場合から適用されています。

(2) 不納付加算税が徴収されない場合または徴収割合が軽減される場合

① 「正当な理由」がある場合

納税の告知または納付に係る国税を法定申告期限までに納付しなかったことについて「正当な理由」があると認められる場合には課されません

（通67①但書）。

◆「正当な理由」がある場合とは

給与所得者の扶養控除等申告書、給与所得者の配偶者控除等申告書または給与所得者の保険料控除申告書等に基づいてした控除が過大であった等の場合、これらの申告書に基づき控除したことについて、源泉徴収義務者の責めに帰すべき事由があると認められないときなど。

② 法定納期限内に納付する意思があったと認められる場合

源泉徴収による国税が納税の告知を受けることなくその法定納期限後に自主的に納付された場合において、その納付が法定納期限までに納付する意思があったと認められる一定の場合に該当し、かつ、その納付がその法定納期限から1か月を経過する日までに納付されたものであるとき不納付加算税は徴収されません（通67③）。

◆「法定納期限までに納付する意思があったと認められる一定の場合」とは

その納付に係る法定納期限の属する月の前月の末日から起算して1年前の日までの間に法定納期限が到来する源泉徴収に係る国税で、次のいずれにも該当する場合です（通令27の2②）。

ア 納税の告知を受けたことがない場合

イ 納税の告知を受けることなく法定納期限後に納付された事実がない場合

③ 納税の告知を予知しないで納付した場合

源泉徴収による国税が納税の告知を受けることなくその法定納期限後に納付された場合において、その納付が納税の告知があるべきことを予知してされたものでないとき、不納付加算税の割合は5％（通常は10％）に軽減されます（通67②）。

なお、その納付が納税の告知を予知してされたものか否かは過少申告加算税の場合に準じて解することができます。

◆「納税の告知を予知しない」場合とは

①臨場のための連絡を行った段階、②納付確認（臨場によるものを除く）を行った結果、または③説明会等により一般的な説明を行った結果、自主納付された場合は、原則、「告知があるべきことを予知してされたもの」には該当しません。

5 重加算税

(1) 重加算税の計算

○過少申告加算税に代えて課される場合

増差本税（1万円未満端数切捨て（通118③））× 35% ＝ 納付すべき加算税の額（5,000円未満の場合、全額切捨て（通119④））

○無申告加算税に代えて課される場合

期限後申告等の税額（1万円未満端数切捨て（通118③））× 40% ＝ 納付すべき加算税の額（5,000円未満の場合、全額切捨て（通119④））

※加重分がある場合には、加重分の過少申告加算税又は無申告加算税に代えて、重加算税が課されます。

○不納付加算税に代えて徴収される場合

納付税額又は納税の告知に係る税額（1万円未満端数切捨て（通118③））× 35% ＝ 納付すべき加算税の額（5,000円未満の場合、全額切捨て（通119④））

○［5年前までの間に、無申告加算税又は重加算税を課され、又は徴収されたことがある場合］

上記の35%又は40%の割合で計算した金額＋(増差本税などの計算の基礎となる税額× 10%) ＝ 納付すべき加算税の額

(注)　［ ］書は、平成29年1月1日以後に法定申告期限が到来する国税について適用されます。

（国税庁 HP より）

⑵ 重加算税が課される「隠蔽又は仮装」とは

重加算税が課される要件である「事実の隠蔽又は仮装」とは、例えば次のような場合をいいます。

・事実の隠蔽…二重帳簿の作成、売上除外、架空仕入もしくは架空経費の計上、棚卸資産の一部除外など課税要件となる事実を隠すこと

・事実の仮装…取引先の他人名義の使用、虚偽答弁等存在しない課税要件事実を存在するようにみせかけること

◆隠蔽・仮装と故意

判例は、隠蔽または仮装行為を原因として「過少申告の結果が発生したものであれば足り」、「納税者において過少申告を行うことの認識を有していることまでを必要とするものではない」と解されていますが、近年は「故意を含む」と解する裁判例も見られます。

▶最高裁昭和 62 年 5 月 8 日判決

「重加算税を課し得るためには、納税者が故意に課税標準等又は税額等の計算の基礎となる事実の全部又は一部を隠ぺいし、又は仮装し、その隠ぺい、仮装行為を原因として過少申告の結果が発生したものであれば足り、それ以上に、申告に際し、納税者において過少申告を行うことの認識を有していることまでを必要とするものではないと解するのが相当である。」

▶大阪高裁平成 3 年 4 月 24 日判決

「（通則）法 68 条 1 項に定める重加算税の課税要件である「隠ぺい・仮装」とは、…納税者が、故意に脱税のための積極的行為をすることが必要であると解するのが相当である。

▶学説

「隠ぺい・仮装とは、その語義からして故意を含む観念であると解す

べき」（金子宏『租税法（第23版）』前出890ページ）

◆重加算税と刑罰

重加算税は、実質的に刑罰的色彩が強いとして二重処罰の疑いがあるとの議論がありますが、最高裁は次のように判示しています。

▶最高裁昭和45年9月11日判決

「国税通則法68条に規定する重加算税は、同法65条ないし67条に規定する各種加算税を課すべき納税義務違反が課税要件事実を隠ぺいし、または仮装する方法によつて行なわれた場合に、行政機関の手続により違反者に課せられるもので、これによつてかかる方法による納税義務違反の発生を防止し、もつて徴税の実を挙げようとする趣旨に出た行政上の措置であり、違反者の不正行為の反社会性ないし反道徳性に着目してこれに対する制裁として科せられる刑罰とは趣旨、性質を異にするものと解すべきであつて、それゆえ、同一の租税ほ脱行為について重加算税のほかに刑罰を科しても憲法39条に違反するものでない」。

第2節

延滞税

法定納期限を過ぎて納付する場合、延滞税がかかります。

どれくらいの金利負担となるのか、また、納付困難な事情によって延滞税の免除はどう扱われるのか、以下で見ていきます。

1 延滞税・利子税等

納税者が納付すべき国税を法定納期限までに完納しない場合は、期限内に納付した者との権衡を図る必要があること、併せて国税の期限内納付を促進させる見地から、未納の税額に対して遅延利息に相当する延滞税が課されます（通60①）。

また、延納または納税申告書の提出期限の延長が認められた期間中は、利子税が課されます（通64①）。これは民事においていまだ履行遅滞に陥ってない場合に課される約定利息に相当するものです。

	（性格）	（計算・割合等）	（規定・本則）
延滞税	遅延利息	未納税額×年14.6%	通60①
利子税	約定利息	延納税額×年7.3%＊	通64①

〈参考：延滞税等の割合〉

<table>
<tr><th rowspan="3" colspan="2"></th><th rowspan="3">内　容</th><th colspan="3">延滞税等の割合</th></tr>
<tr><th rowspan="2">本　則</th><th colspan="2">**特例割合**（平成26年1月1日以降）</th></tr>
<tr><th>割合の算定根拠</th><th>**令和2年**</th></tr>
<tr><td colspan="2">**延滞税**</td><td>法定納期限の徒過による履行遅滞に課されるもの</td><td>14.6%</td><td>**特例基準割合＋7.3%**</td><td>**8.9%**</td></tr>
<tr><td></td><td>２月以内等</td><td>納期限後２か月以内等については、早期納付を促す観点から低い利率</td><td>7.3%</td><td>**特例基準割合＋1%**</td><td>**2.6%**</td></tr>
<tr><td></td><td>納税の猶予等</td><td>納税者の納付能力の減退といった状態に配慮し軽減</td><td>2分の1免除
(7.3%)</td><td>**特例基準割合**</td><td>**1.6%**</td></tr>
<tr><td colspan="2">**利子税**</td><td>所得税、相続税の規定による延納等、納期限（履行期限）が延長された場合に課されるもの</td><td>7.3%</td><td>**特例基準割合**
＊相続税・贈与税の7.3%以外の利子税については、次の計算式で算定
利子税の割合(本則)×特例基準割合÷7.3%</td><td>**1.6%**</td></tr>
<tr><td colspan="2">**還付加算金**</td><td>還付金等に付される利息</td><td>7.3%</td><td>**特例基準割合**</td><td>**1.6%**</td></tr>
</table>

（注）「特例基準割合」とは、各年の前々年の10月から前年9月までの各月における短期貸付けの平均利率の合計を12で除して得た割合として各年の前年の12月15日までに財務大臣が告示する割合に年1%の割合を加算した割合です。

なお、利子税、還付加算金及び納税の猶予等の適用を受けた場合の各特例基準割合は、令和3年1月1日以後、平均貸付割合に年0.5%の割合を加算した割合になります（措93②、94②、95）。

2　延滞税

延滞税は、国税を法定納期限までに完納しない場合に、その未納税額の納付遅延に対して課される附帯税です。

延滞税を課する理由　→　期限内納付の促進

期限内に納付した者との負担の公平

3　延滞税の割合

延滞税の額は、法定納期限の翌日から、その国税を完納する日までの期間に応じ、未納額に対し年14.6%の割合で計算します（通60②）。

ただし、納期限までの期間及びその翌日から起算して2か月を経過する日までの期間については、この割合は年7.3%に軽減されています（通60②但書）。しかしながら、平成12年1月1日以後の延滞税の割合については、次のとおりとなります（措94①）。

	納期限までの期間及び納期限の翌日から2か月を経過する日までの期間(A)	納期限の翌日から2か月を経過する日の翌日以後(B)
平成12年1月1日～平成25年12月31日	年「7.3%」と「特例基準割合（前年の11月30日の日本銀行が定める基準割引率＋4%）」のいずれか低い割合を適用	年14.6%が適用
平成26年1月1日以降	年「7.3%」と「特例基準割合（※）＋1%」のいずれか低い割合を適用	年「14.6%」と「特例基準割合（※）＋7.3%」のいずれか低い割合を適用

（注） 上記「特例基準割合」は、平成26年1月1日を境に公定歩合から市中平均金利に考え方が変わっています。

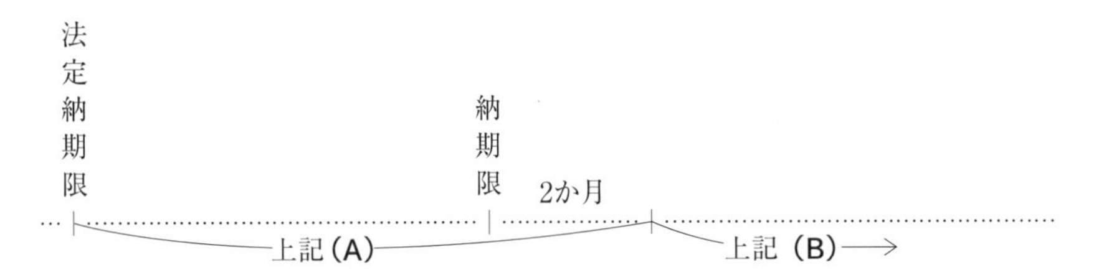

期　　間	上記(A)	上記(B)
平成11年12月31日以前	7.3%	14.6%
平成12年1月1日～13年12月31日	4.5	
〃 14年1月1日～18年12月31日	4.1	
〃 19年1月1日～12月31日	4.4	
〃 20年1月1日～12月31日	4.7	
〃 21年1月1日～12月31日	4.5	
〃 22年1月1日～25年12月31日	4.3	
〃 26年1月1日～12月31日	2.9	9.2
〃 27年1月1日～28年12月31日	2.8	9.1

第4章　加算税・延滞税等

〃　29年1月1日～12月31日	2.7	9.0
〃　30年1月1日～令和元年12月31日	2.6	8.9
令和2年1月1日～令和2年12月31日	2.6	8.9

延滞税の計算

$$\frac{\text{納付すべき本税の額} \times \text{延滞税の割合(A)または(B)} \times \text{期間(日数)法定納期限の翌日から完納の日まで}}{365\text{（日）}} = \text{延滞税の額}$$

▶完納までに一部納付をしている場合は、延滞税計算の基礎となる「納付すべき本税の額」については、納付後の額に応じて計算がされます（通62①）。

▶延滞税に対しては、遅延利息的な附帯税（複利）は課せられません。

▶延滞税の額は、本税が完納されるまでは確定しません。延滞税はその基礎となる国税にあわせて納付しなければなりませんが（通60③）、納付した金銭は先に本税から充当されます（通62②）。

〈参考：延滞税の計算例〉

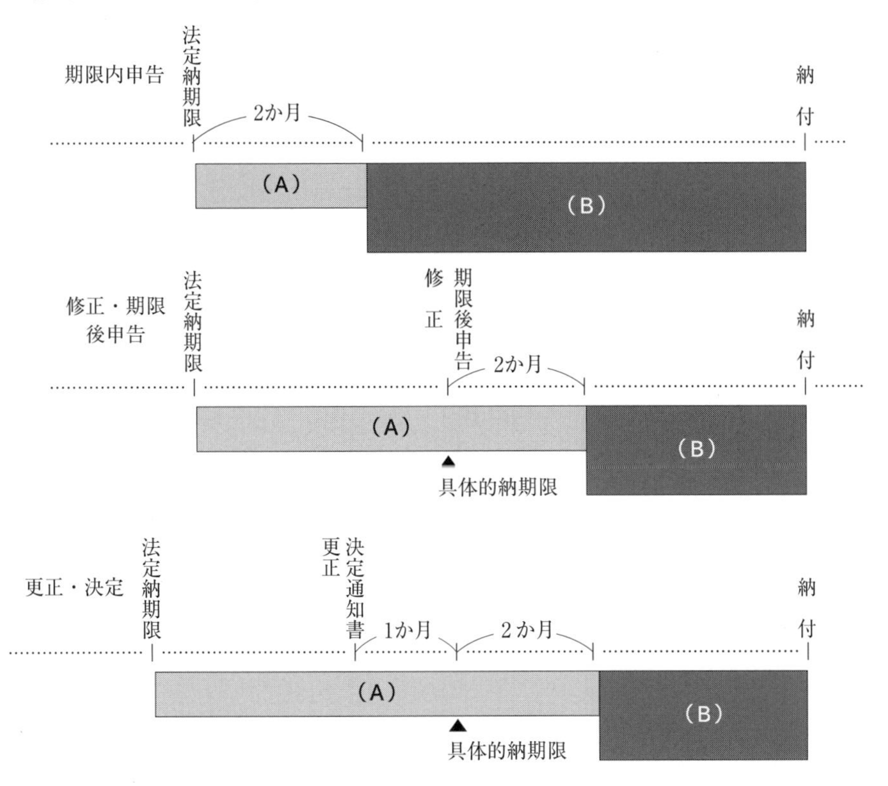

〈1年以上経過後の修正申告等に係る延滞税の除算期間〉

申告納税方式による国税について、法定申告期限（期限後申告書は提出日）後1年以上経過して修正申告または更正がされたときは、延滞税の計算期間において、1年を経過した日の翌日から修正申告書を提出した日または更正通知書を発した日までは除算されます（通61①）。

ただし、偽りその他不正の行為により国税を免れたこと等につき調査をされたことで、その更正を予知して申告書を提出した場合（特定修正申告）及び、同様の事情の下で更正がされた場合（特定更正）については、この除算期間の規定は適用されません（通61①）。

修正申告、更正の場合

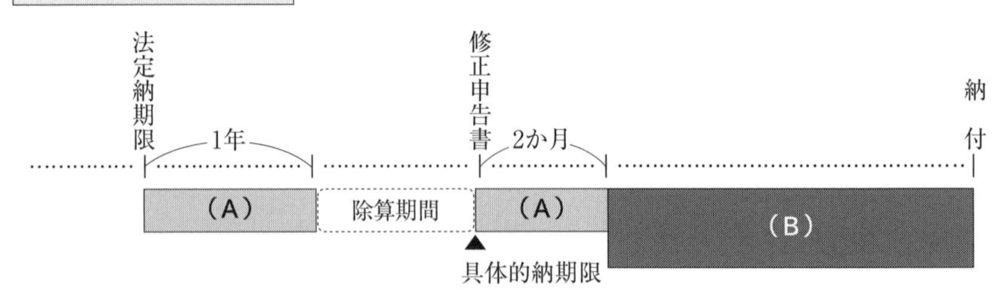

特定修正申告、特定更正の場合

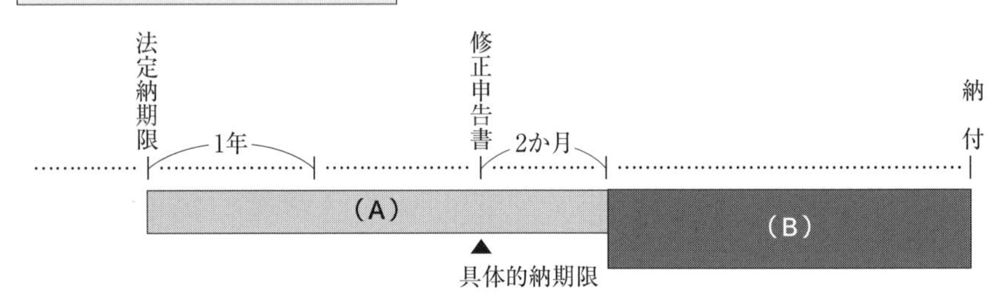

4 延滞税の免除

延滞税は、国税債務の履行遅滞に対して課されることから、その履行遅滞が納税者につきやむを得ない理由があり、法律の要件に該当すれば、延滞税を免除することができます（通63）。

POINT 延滞税免除～法律の規定によらなければできない（合法性の原則）

▶最高裁平成22年7月6日判決

「課税庁による恣意を抑制し、租税負担の公平を確保する必要性にかんがみると、課税の減免は、法律又はこれに基づく命令若しくは条例に明確な根拠があって初めて行うことができるものというべきである」

◆通則法第63条の延滞税の免除

延滞税の免除対象項目とその免除期間等については、次のとおりです。

	免除対象項目	免除額等
第1項	・納期限前の国税に係る災害による納税の猶予（通46①） ・滞納国税に係る災害、病気等による納税の猶予（通46②一・二・類似五） ・滞納処分の停止（徴153①）	猶予期間または停止期間に対応する延滞税（全額）
	・滞納国税に係る事業の休廃止等による納税の猶予（通46②三・四・類似五） ・課税手続等が遅延した場合による納税の猶予（通46③） ・換価の猶予（徴151①、151の2①）	猶予期間に対応し、年7.3%を超える部分
第2項	・通則法第11条による災害等による期限の延長	延長期間に対応する延滞税（全額）
第3項	・事業の休廃止等による納税の猶予（通46②三・四・類似五） ・納税の猶予（通46③） ・換価の猶予（徴151①、151の2①）	猶予期間に対応する延滞税で納付が困難と認められるもの（全額）
第4項	・徴収の猶予（通23⑤但書、通105②⑥）	猶予期間に対応し、年7.3%を超える部分
第5項	・滞納国税に充足する財産の差押え ・国税を充足する担保の提供があった場合	充足する期間に対応し、年7.3%を超える部分
第6項	・納付委託の場合（通55①）	取立期日の翌日から納付があった日までの期間の全額（通63⑥一）
	・納税貯蓄組合預金による納付委託	納付委託があった日の翌日から実際に納付があった日までの期間の全額（通63⑥二）
	・災害等の場合	天災により納付することができない事由が生じた日から消滅した日以後7日を経過した日までの期間（通63⑥三）
	・交付要求、参加差押え（徴82、86）の場合	執行機関が換価代金を受領した日から交付要求で受けた金銭を国税に充てた日までの期間の全額（通令26の2一）
	換価執行決定（徴89の2①）の場合	換価執行庁が換価代金を受領した日から差押庁が交付を受けた金銭を国税に充てた日までの期間の全額（通令26の2二）

	・人為による異常な災害等の場合	災害または事故が生じた日からこれらが消滅の日以後７日を経過した日までの期間の全額（通令26の２三）

（注）　税務職員による誤指導があった場合には、平成13年6月22日徴管2-35ほか9課共同「人為による異常な災害又は事故による延滞税の免除について（法令解釈通達）」参照。

◆特例法による主な免除

1　還付加算金の不加算充当に対応する免除（所138④、法78③、消52③等）

2　移転価格課税に係る免除（措66の4㉑等）

3　移転価格税制に係る納税の猶予に係る免除（措66の4の2⑦等）

4　非上場株式等についての相続税・贈与税の納税の猶予に係る免除（措70の7の2⑳等）

〈参考：延滞税の免除に関する規定とその対象税額等一覧表〉

			法定免除		裁量免除		
			全額	半額	全額	半額	納付困難な金額
納税の猶予	通則法第46条1項（災害による納税の猶予）		①				
納税の猶予	同条2項	一号（災害等による納税の猶予）	①				
納税の猶予	同条2項	二号（病気等による納税の猶予）	①				
納税の猶予	同条2項	三号（事業の廃止等による納税の猶予）		①			③
納税の猶予	同条2項	四号（事業の損失による納税の猶予）		①			③
納税の猶予	同条2項	五号　一号、二号に類する事実	①				
納税の猶予	同条2項	五号　三号、四号に類する事実		①			③
納税の猶予	同条3項（確定手続等が遅延した場合の納税の猶予）			①			③
その他	滞納処分の停止（徴153①）		①				
その他	換価の猶予（徴151①、151の2①）			①			③
その他	期限の延長（通11）		②				
その他	徴収の猶予（通23⑤但書、通105②⑥）			④			
その他	充足する財産差押えまたは担保の提供					⑤	
その他	納付委託に伴うものなど				⑥		

（注）　○印の数字は、通則法第63条の各項を示しますが、措置法第94条第2項の適用があります。

〈参考：事業の廃止等による納税の猶予（通 46 ②）または換価の猶予（徴 151 ①、151 の 2 ①）〉

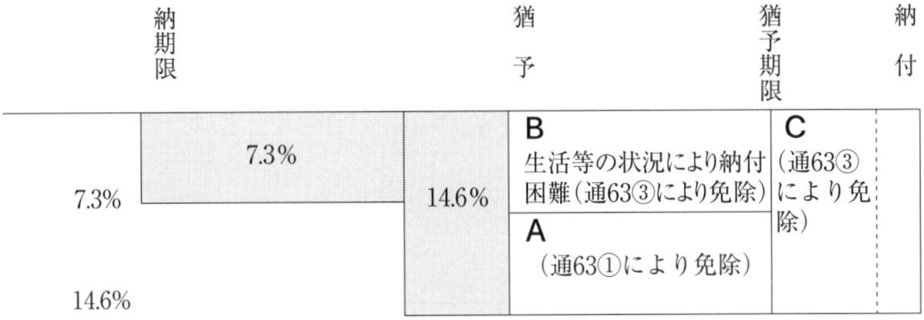

納期限　猶予　猶予期限　納付

7.3%
14.6%
7.3%
14.6%
B
生活等の状況により納付困難（通63③により免除）
A
（通63①により免除）
C
（通63③により免除）

A：猶予期間中の延滞金のうち、年 7.3%の割合を超えるものが通則法第 63 条第 1 項の規定により免除されます。

B：猶予期間中の延滞金のうち、A の免除に該当しない部分は、納税者の生活、事業等の情況から延滞税の納付を困難とするやむを得ない理由がある場合に限り、同条第 3 項の規定により免除されます。

C：猶予期限後に納付された場合であっても、猶予期限後の納付についてやむを得ない理由があり、かつ、延滞金の納付が納税者の生活の状況等からみて納付困難な額を限度として、その理由がやむ日までは同条第 3 項(　)書により免除されます。

〈参考：延滞税の免除金額の特例（措 94 ②）〉

納税の猶予等をした国税に係る延滞税について免除し、または免除することができる金額の計算の基礎となる期間であって特例基準割合適用年に含まれる期間（以下「軽減対象期間」という）がある場合には、軽減対象期間に対応する延滞税のうち、当該延滞税の割合が特例基準割合であるとした場合における延滞税の額を超える部分の額を免除することとされました（措 94 ②）。

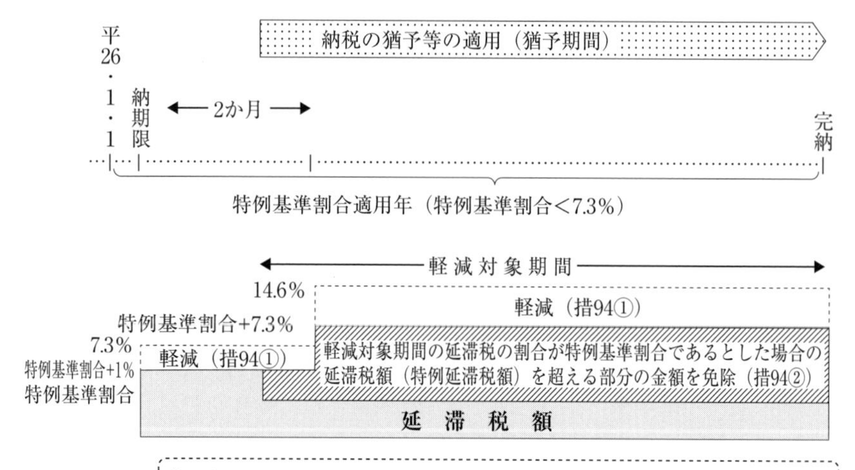

【平成26年1月1日以後の期間に対応する延滞税の免除額の計算式】

① 免除対象期間に対応する部分の延滞税額

② 免除対象期間に対応する部分の特例基準割合で算出した額

③ 免除額＝①－②

第3節

利子税

1 利子税

所得税法、相続税法または法人税法等の規定により、延納、物納または納税申告書の提出期限の延長等が認められた国税については、それぞれ延長された期間に応じ、利子税が課されます。

これは、民事におけるいまだ履行遅滞に陥っていない場合に課せられる約定利息に相当するものです。

[延滞税との違い]

個別税法の延納または措置法の納税猶予の期間は、すでに法定納期限経過後の期間ですが、まだ国税債務の履行遅滞について責めを問うべき期間でないので、当該期間については延滞税は課せられず、別に利子税が課されます。

2 利子税の課税要件

国税に関する法律に定める課税要件に該当する事実が発生した時に成立し、成立と同時に確定します（通15①）。

上記1で述べたように利子税の計算のもととなる「延納若しくは物納又は納税申告書提出期限の延長」について規定している個別税法は次のとおりです。

所得税	確定申告税額の延納（所 131 ③）
	延払条件付譲渡に係る延納（所 136）
法人税	災害等による申告書の提出期限の延長（法 75）
	会計検査による申告書の提出期限の延長（法 75 の 2）
相続税	相続税の延納（相 38、52、措 70 の 8～11）
	相続税の物納（相 53）
	相続税の物納撤回（相 53）
	農地等についての相続税の納税猶予（措 70 の 6）
	非上場株式等についての相続税の納税猶予（措 70 の 7 の 2）
贈与税	贈与税の延納（相 38 ③④）
	農地等についての贈与税の納税猶予（措 70 の 4）
	非上場株式等についての贈与税の納税猶予（措 70 の 7）

3　利子税の計算

(1)　利子税の割合の特例

（本則の例）

相続税の連帯納付義務者が連帯納付義務を履行する場合において延滞税に代えて納付する利子税（相 51 の 2）	……	年7. 3%

制度の概要

利子税は、法定申告期限の翌日から延納または延長期間中の未納税額に対し納付する期間に応じて、原則、年 7. 3%ですが、延滞税と同様、措置法の定めによります。利子税の年 7. 3%の割合は、各年の特例基準割合が年 7. 3%の割合に満たない場合には、その年中においては、当該特例基準割合になります（措 93 ①）。

ここにいう「**特例基準割合**」とは、「**国内銀行の貸出約定平均金利（基準金利）＋ 1%**」、具体的には、各年の前々年の 10 月から前年の 9 月までの各月における短期貸付け平均利率の合計を 12 で除して計算した割合として各年の前年の12月15日までに財務大臣が告示する割合に年1%の割合を加算した割合をいいます（措93②）。

特例基準割合が年7.3%未満……**7.3% ⇨ 特例基準割合(「貸出約定平均金利+1%」)**

（注）「貸出約定平均金利」とは、日本銀行が公表する前々年の10月～前年9月における「国内銀行の貸出約定平均金利（新規・短期）」の平均をいいます。

なお、令和3年1月1日以後の利子税の割合は、利子税特例基準割合（平均貸付割合に年0.5%の割合を加算した割合）になります（措93②）。

利子税の計算

（例）申告所得税の延納分に係る利子税（所131）の計算…貸出約定平均金利の平均が0.6%の場合

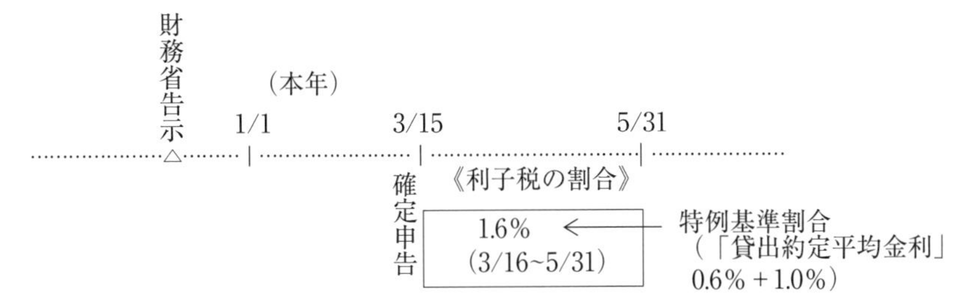

期　　間	割　合
平成26年1月1日～平成26年12月31日	1.9%
平成27年1月1日～平成28年12月31日	1.8%
平成29年1月1日～平成29年12月31日	1.7%
平成30年1月1日～令和2年12月31日	1.6%

(2) 相続税を延納した場合の利子税

相続税及び贈与税を延納した場合の利子税の割合については、次のような特例があります（措93③）。

延納利子税の計算

分納期間中で年をまたぐ場合にはその分納期間の開始の日の属する年の特例基準割合を適用します。

第4章　加算税・延滞税等

相続税の延納できる期間と延納税額に係る利子税の割合については、その人の相続税額の計算の基礎となった財産の価額のうち、不動産等の価額が占める割合に応じて異なります。

☞「延納期間と延納利子税の割合」231ページ参照。

(3) 相続税及び贈与税の納税猶予をした場合の利子税

相続税及び贈与税の納税猶予をした場合の利子税は以下のとおりです。

〈対象となる利子税〉

農地等についての相続税及び贈与税の納税猶予（措70の6、70の4）

山林についての相続税の納税猶予（措70の6の6）

非上場株式等についての相続税及び贈与税の納税猶予（措70の7、70の7の2、70の7の4）

医療法人の持分に係る経済的利益についての贈与税の納税猶予（措70の7の9）

第 5 章

納付義務の承継と連帯納付義務

国税の徴収制度には、納税者等と特別の事情がある場合に、租税徴収の公平確保の観点から、本来の債務者である滞納者以外の者に対してもその納税義務の負担を求める納税義務の拡張制度が設けられています。

本章では、この制度の主なものとして、「納税義務の承継」、「第二次納税義務」及び「連帯納税義務」について取り上げています。

第1節

納付義務の承継

租税債権は、本来の納税者等によって履行されるべきですが、私法上の関係でも権利義務の包括承継（民896、会750、752①）があるように、租税についても、国税を納付すべき納税者等が死亡した場合や被合併法人が存続しなくなる場合には、相続人や合併法人または新たに新設された法人に納税義務を承継させ、租税債権の確保を図っています。このようなことを「**納付義務の承継**」といいます。

1　相続による納付義務の承継

相続が開始された場合、被相続人に課されるべきまたは納付すべき国税の納税義務は、原則として、相続人または相続財産法人に承継します（通5①）。

また、法人が合併した場合には、合併後に存続または合併により設立した法人（合併法人）は、合併により消滅した法人（被合併法人）に課されるべきまたは納付すべき国税の納税義務を承継します（通6）。

(1)　納付義務を承継する者

納付義務を承継する者	①　相続人 ②　包括受遺者及び包括名義の死因贈与を受けた者 ③　相続財産法人 ④　合併法人

①　相続人

「相続人」とは、民法第887条から第890条までの規定により相続人となった者をいい、相続の放棄（民915）をした者は除かれます。

この相続人となり得る者は、被相続人の一定の親族で、次に掲げる順位の者です。配偶者は、他の相続人と同順位で、常に相続人（民890）となります。

第1順位　子（民887①）
第2順位　直系尊属（民889①一）
第3順位　兄弟姉妹（民889①二）

なお、子または兄弟姉妹が、相続開始以前に死亡しているとき、相続欠格者（民891）であるときまたは廃除（民892、893）により相続権を失ったときは、その者の子がこれを代襲して相続人となります（民887②等）。

▶胎児は、死産でない限り、相続についてすでに生まれた者とみなされることから（民886）、相続人となり得ますが、滞納国税の承継については、出生の時までは相続人でないものとして取り扱うこととされています（通基通5-2）。

▶相続人が限定承認をした場合には、相続によって得た財産の限度においてのみ納付義務を承継します(通5①)。

POINT **承継の第一段階は、相続人の把握。相続の放棄には注意を！**

---

②　包括受遺者及び包括名義の死因贈与を受けた者

「包括受遺者」とは、相続人以外の者で遺言により遺産の全部または一定の割合で贈与を受けた者をいい、相続人と同一の権利義務を有するので（民990）、納付義務を承継します。

また、「死因贈与を受けた者」とは、贈与者の死亡により効力を生ずる贈与（死因贈与）により相続財産を取得した者です。包括名義で死因贈与を受けた場合には、包括受遺者と同様に納付義務を承継します（民554）。

遺言と死因贈与

死因贈与は遺言と似ていますが、遺言は被相続人が自ら財産を「どのように・誰に渡すか」を記載したものであり、その内容を相続や遺贈を受ける者に知らせる必要はありません。他方で、死因贈与は「死後に不動産を贈与する代わりに、生前に贈与者の介護など、身の回りの世話を行う」といった内容の契約ですから、生前に受贈者と贈与する旨の合意が必要になります。

③　相続財産法人

「相続財産法人」とは、相続開始の時に戸籍上で相続人の存在が認められない場合及び相続人がいても全員が相続放棄しているなどの場合に、相続財産が法律上構成する法人をいいます（民951）。

なお、相続人があることは明らかであるがその生死または所在が明らかでない場合は、相続財産法人は成立せず、その相続人が承継します。

また、戸籍上の相続人が不存在でも、相続財産全部の包括受遺者が存在する場合には、その者が相続人になるので相続財産法人は成立しませんが（最判平9.9.12）、包括遺贈が遺産の一部についての場合には、残部の遺産につき相続財産法人が成立すると考えられます。

▶相続財産管理人

相続財産法人が成立すると、家庭裁判所は、利害関係人または検察官の請求により、相続財産の管理人を選任して、これを公告しなければなりません（民952）。

管理人が定められていないときは、税務署長は利害関係人として家庭裁判所にその選任を請求しなければなりません。

管理人は、遅滞なく相続債権者に対し、一定の期間内に請求の申出をすべき旨公告し（民957）、債権者に対し配当を行います（民929）。

また、相続財産法人が成立している場合は、書類の送達は、管理人の住所、居所、事務所または事業所に送達しなければなりません。

④　合併法人

法人が合併した場合において、合併法人は被合併法人の権利義務を承継することは（会750、752①）、国税の納税義務に関しても同様です（以下、被合併法人及び被相続人を「被相続人等」、合併法人及び相続人を「相続人等」という）。

(2)　承継される国税

承継される国税は、被相続人等に課されるべきもの、被相続人等が納付すべきものがあります（通5①、6）。

ここにいう「被相続人等に課されるべき」ものとは、相続開始（または合併）の時において、被相続人等についてすでに課税要件が充足し、抽象的に納税義務が成立しているが、いまだ納税義務が具体的に確定するに至っていない国税をいいます（通基通5-4、6-1）。

また、「被相続人等が納付すべき」ものとは、相続開始（または合併）の時において、被相続人等につきすでに納税義務が具体的に確定している国税をいいます（通基通5-5、6-1）。

(3)　承継の効果

相続（または合併）があったときは、相続人等または相続財産法人は、被相続人等の国税について納税義務者となり、被相続人等が有していた税法上の地位を承継します。その効果は次のとおりです。

①　承継した納税義務に係る申告、納付または不服申立て等の主体となり、納税の告知、督促または滞納処分の対象者となります。
②　被相続人等の租税についてされていた、納期限の延長、猶予、滞納処分の停止等の効果を承継します。
③　被相続人等が行った猶予申請、不服申立て等の手続上の地位を承継します。

つまり、被相続人等に対して、すでに納税の告知、督促、滞納処分等が行われているとき、相続人等は、その地位をそのまま承継することになります（通基通 5-7、6-2）。

▶被相続人に対して行った納税の告知、督促または差押えに基づき、直ちに相続人に対して督促、差押えまたは換価をすることができますが、被相続人の死亡前に督促をした税額につきその相続人に対して差押えをしようとするときは、実務上は、繰上請求（通 38）における繰上事由に掲げる事情その他緊急の場合を除き、あらかじめその相続人に納付すべき額について催告をした上で行うことが適当であると考えられます（通基通 5-20）。

(4) 承継税額の計算等

① 承継税額の計算

納税義務の承継の範囲は、原則として民法の規定するところと同じです。

つまり、相続人が 1 人の場合には、被相続人の納税義務の全部を。承継人が複数の場合は民法第 900 条から第 902 条まで（法定相続分、代襲相続分、指定相続分）の相続分または受遺分に応じた納税義務の部分。限定承認をしたときは相続により得た財産を限度として、それぞれの納付義務を承継します。

◆相続債務の承継との違い

被相続人の債権は、相続分の指定がされた場合であっても、第 900 条及び第 901 条により算定した相続分に応じて承継されます（民 902 の 2）。それに対して納税義務は、指定相続分があればそれに従い、次いで法定相続分及び代襲相続分で承継します（通基通 5-8-2）。

② 納付責任

相続人が 2 人以上あって、相続によって得た財産の価額が、相続により承継した国税の額を超えているものがある場合、その相続人はその超える額を限度に他の相続人が承継した国税について納付する責任を負うことになります（通 5 ③）。

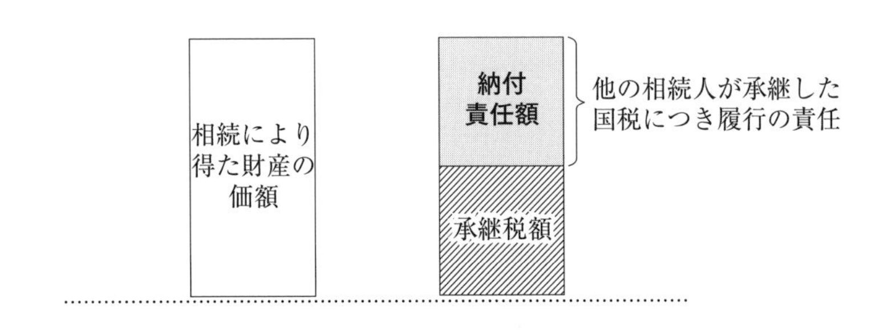

《設例》　被相続人Aの滞納税金　200万円、相続人：妻B、長男C、長女D

相続財産の価額　300万円

	B（妻）	C（長男）	D（長女）
法定相続分	1／2	1／4	1／4
相続財産（①）	150万円 （300×1／2）	75万円 （300×1／4）	75万円 （300×1／4）
承継税額（②）	100万円 （200×1／2）	50万円 （200×1／4）	50万円 （200×1／4）
納付責任 （超える価額 （①－②））	50万円 （150－100）	25万円 （75－50）	25万円 （75－50）

3　徴収手続

相続人に対する徴収手続は、1人の場合はその者に対し、2人以上の場合は各人に対して行われます。

⑴　納付義務の承継通知

納付義務の承継があった場合は、相続人に対し「相続による**納税義務承継通知書**」により、納付義務の承継があった旨を通知します。

なお、この場合、納付責任のある者への通知には、前記2⑷②の納付責任についての文言が付記されています（通基通5-19）。

▶納税義務の承継は新たな権利義務を課すものではないので処分ではなく、通知も確認のために行っているものなので法令の定めはありません。したがって、この通知の取消しを求めて不服申立てをすることはできません。

また、法人の合併による納税義務の承継は単独承継であり、納付責任額といったものもありませんから特段に承継を通知する手続はされません。

⑵ 相続人に対する書類の送達の特例

相続があった場合、相続人や税務署の便宜を考慮し、書類の送達について次のような特例があります。

① 相続人による代表者の指定

相続人が2人以上あるときは、これらの相続人は、そのうちから被相続人の国税の賦課徴収（滞納処分を除く）及び還付に関する書類を受領する代表者を指定することができます。この場合において、その指定をした相続人は、その旨を税務署長に届け出なければなりません（通13①）。

② 税務署長による代表者の指定

税務署長は、相続人が2人以上ある場合において、相続人のうちに氏名の明らかでない者がいて、かつ、相当の期間内に①の届出がないときは、相続人の1人を指定し、その者を代表者とすることができます。この場合において、その指定をした税務署長は、その旨を指名した相続人に通知します（通13②）。

③ 被相続人名義でした処分の効果

被相続人の国税につき、被相続人の死亡後その死亡を知らないでその者の名義でした賦課徴収または還付に関する処分で書類の送達を要するものは、その相続人の1人にその書類が送達された場合に限り、当該被相続人の国税につきすべての相続人に対してされたものとみなされます（通13④）。

（参考様式）納税義務承継通知書

納税義務承継通知書

第　　　号
令和　　年　　月　　日

殿

下記の被相続人が納付すべき（課されるべき）滞納金額については、相続があったため、国税通則法第５条の規定により、あなたが下記の金額を納付しなければならないことになりましたので、通知します。

なお、相続によって得た財産の価額が承継税額を超えている場合には、国税通則法第５条第３項の規定により、その超える金額を限度として他の相続人の承継税額についても納付責任がありますので、ご承知おき下さい。

記

被相続人	住（居）所								
	氏　名								
滞納金額	年度	期別	税目	納期限	税額	加算税額	延滞税額	滞納処分費	備考
上記被相続人の滞納金額のうちあなたが納付すべき金額（承継税額）				（他に法律による延滞税額）					
納付方法等									

《参考裁決》

共同相続人による国税の納付義務の承継割合は遺産分割の割合によるものではないとした事例
（昭和45年11月6日裁決・裁決事例集No.1-3ページ）

共同相続人の納付義務の承継割合は、民法に規定する相続分の割合によります。遺産分割の協議でそれとは異なる財産の承継がされたとしても、納付義務の承継割合には影響を及ぼしません。

被相続人が外国人である場合の共同相続人の国税の納付義務の承継額は本国法によるとした事例
（昭和47年11月16日裁決・裁決事例集No.5-1ページ）

被相続人が外国人である場合には、法の適用に関する通則法第36条の規定により相続は被相続人の本国法によります。納税義務の承継は民法の相続分に相当する被相続人の本国法により承継額を計算します。

請求人に相続による納付義務の承継があったことを前提として行われた本件差押処分について、請求人が相続放棄をしているから違法である旨の主張が認められなかった事例
（平成10年2月19日裁決・裁決事例集No.55-1ページ）

相続放棄の申述は、自己のために相続の開始があったことを知ったときから3か月以内に家庭裁判所にしなければなりませんが、その期間を過ぎても申述書が受理されることがあります（最判昭59.4.27参照）。しかし、申述の受理は、それによって相続放棄の効果を確定するものではないので、争訟により相続放棄が認められなければ、納税義務を承継することになります。

第2節

連帯納付義務等

連帯納付義務

① 同一の課税物件が複数の者に帰属する場合において、それらの者が連帯して納税義務を負う場合（通9）

・共有物に係る国税…共有物に係る登録免許税等

・共同事業に係る国税…共同事業者を徴収義務者とする源泉所得税等

・共同事業に属する財産に係る国税…共同事業として製造された酒税

② 法人の合併等の無効判決に係る連帯納付義務（通9の2）

③ 印紙税の連帯納付義務（印3②）

連帯納付責任

① 相続税の連帯納付責任（相34）

② 法人の分割に係る連帯納付責任（通9の3）

③ 連結子法人の連帯納付責任（法81の28①）

1 相続税の連帯納付責任

相続税においては、相続財産を対象として課税されるという特質に基づいて、共同相続人が連帯して納税の責めを負うとされています。相続税法で定める連帯納付責任には、次のものがあります。

① 複数の相続人がいる場合の相続税（相34①）

同一の被相続人から相続または遺贈により財産を取得したすべての

者は、相続財産の利益の価額に相当する金額を限度として、当該相続税について連帯納付責任を負います。

② 被相続人の相続税または贈与税（相34②）

被相続人から相続または遺贈により財産を取得したすべての者は、相続財産の利益の価額に相当する金額を限度として、当該被相続人に課せられた相続税または贈与税について連帯納付責任を負います。

③ 相続または遺贈により取得した財産が贈与された場合（相34③）

相続税または贈与税の課税対象になった財産が贈与等された場合においては、受贈者は、当該相続税または贈与税のうち贈与等を受けた分の額につき、連帯納付責任を負います。

④ 財産を贈与した者（相34④）

財産を贈与した者は、受贈者が納付すべき贈与税のうち贈与した分の額について、連帯納付責任を負います。

POINT 相続人は相続等により受けた利益を限度として、互いに連帯して納付しなければなりません。

(1) 連帯納付責任

連帯納付責任においては、各相続人は相続または遺贈により受けた利益の価額を限度として、互いに連帯して納付する責任があります。共同相続人の中で、誰か相続税を納付していない者がいる場合には、他の共同相続人は自らの相続税を完納していたとしても、納付していない他の共同相続人の相続税及び延滞税について、納付責任の範囲で納付しなければなりません。

▶平成24年度改正で、相続税法第34条第1項の連帯納付責任について、納税義務の確定から長期間を経過して追及がされる現状を鑑み、次の場合には連帯納付責任を負わないとされました。

① 本来の納税義務者の相続税の申告書の提出期限等から5年以内に、相続税法第34条第6項に規定する「納付通知書」を発していない場合（相34①一）
② 本来の納税義務者が延納の許可を受けた場合（相34①二）
③ 本来の納税義務者が農地などの相続税の納税猶予の適用を受けた場合（相34①三）

▶相続税法第34条第1項以外の連帯納付責任については、上記のような問題点が指摘されている事情になく、このような例外は設けられていません。

(2) 連帯納付責任に関する手続等

相続税の連帯納付責任に関する手続等については、次のとおりです。

① 本来の納税義務者に督促状が発せられて1か月を経過しても完納されない場合には、連帯納付責任を負う者に対して「**完納されていない旨等のお知らせ**」が送付されます（相34⑤）。

② 連帯納付責任を負う者に対して納付を求める場合には、納付すべき金額や納付場所等を記載した「**納付通知書**」が送付されます（相34⑥）。

③ 納付通知書が送付された日から2か月を経過しても完納されない場合は、連帯納付責任を負う者に対して「**督促状**」が送付されます（相34⑦）。

④ ③の督促状が発せられても完納がされないときは連帯納付責任を負う者に対して滞納処分がされます。

◆連帯納付責任で滞納処分を受ける財産

相続税は、相続財産に担税力を認めて課税する税金ですが、あくまでも納税するのは納税義務者及び連帯納付責任を負う者であって、相続財産ではありません。したがって、相続財産のほかに連帯納付責任を負う者の固有財産から徴収されることもあります。

▶**連帯納付責任の履行を求める手続**

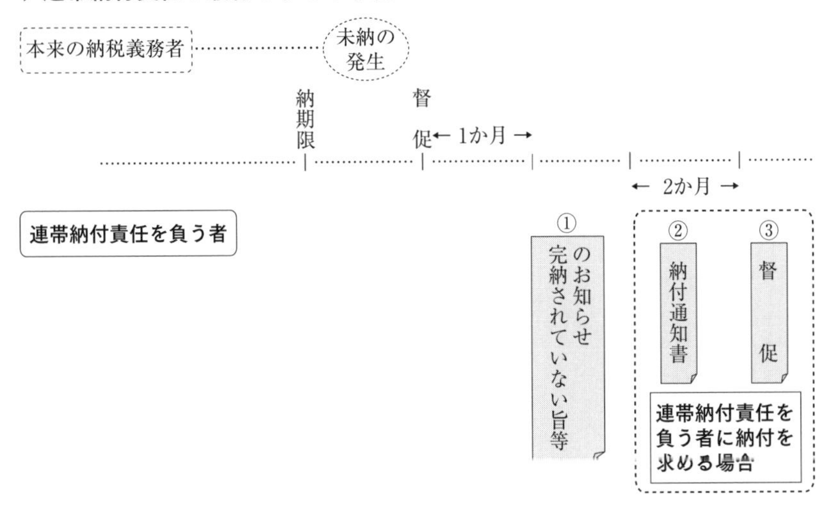

(3) 連帯納付責任の履行として納付する場合の延滞税の軽減等

連帯納付責任の履行として、相続税に併せて納付する場合には、一定の要件の下、延滞税に代えて利子税を納付することとなります（相51の2①）。これは連帯納付責任を履行する場合に限られ、本来の納税義務者の延滞税の額が軽減されるものではありません。

《参考裁決》

連帯納付責任の納付通知処分が適法であるとした事例
（連帯納付義務の納付通知処分・棄却・平成26年6月25日裁決）

原処分庁が徴収手続を怠った結果、本来の納税義務者から滞納相続税を徴収することができなくなったという事実があったとしても、同人または第三者の利益を図る目的をもって恣意的に当該滞納相続税の徴収を行わず、他の相続人に対して徴収処分をしたというような事情がない限り、相続税法第34条《連帯納付の義務等》第6項に規定する連帯納付義務の納付通知処分を行ったことは徴収権の濫用には当たらない。

2　法人の分割に係る連帯納付責任

法人が分割（分社型分割を除く）をした場合には、その分割により事業を承継した分割承継会社は、その分割法人の分割前の国税について、その分割法人から承継した財産の価額を限度として、連帯納付責任を負います（通9の3）。

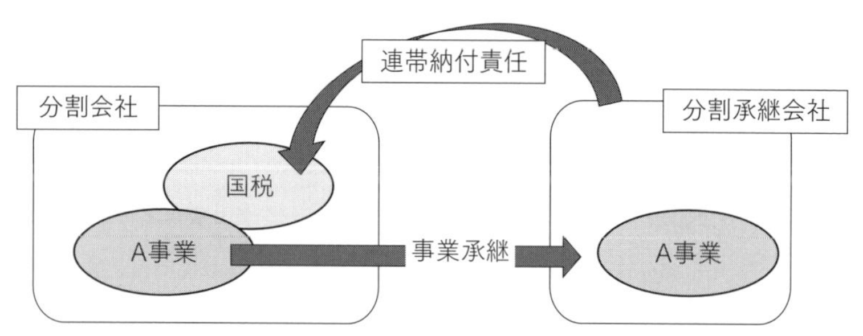

▶分社型分割の場合には、分割法人は分割承継法人に承継させた事業の額を表象する分割承継法人の株式等を取得し、分割法人の財産は減少しないことから、分割前の国税につき連帯納付責任は負わないとされています。

3　連結子法人の連帯納付責任

親会社（連結親法人）と、その親会社が直接または間接に100％の株式を保有する外国法人を除いたすべての子会社（連結子法人）は、連結親法人がそのグループの連結納税義務者となって法人税の申告と納税を行います。

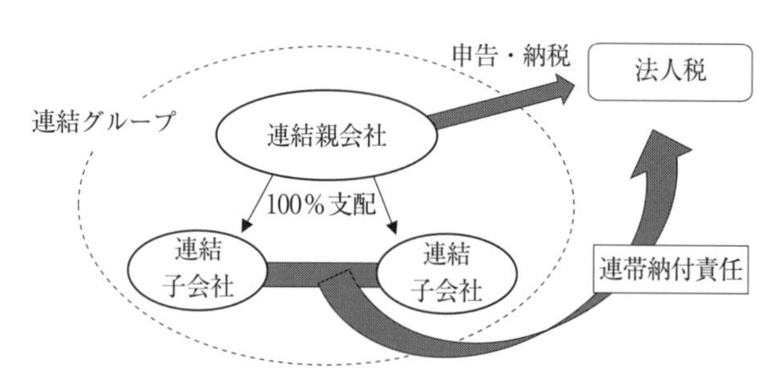

そのため、連結子法人は、連結親法人の連結所得に対する法人税（連結完全支配関係がある期間内に納税義務が成立したものに限る）について、連帯納付責任を負います（法 81 の 28 ①）。

第3節

第二次納税義務

1 第二次納税義務とは

主たる納税者の財産につき、「滞納処分を執行してもなおその徴収すべき額に不足（＝徴収不足）」すると認められる場合において、一定の要件を満たす者に対し、補充的に納税義務を負担させる制度です。

第二次納税義務の趣旨

形式的には第三者に財産が帰属している場合であっても、実質的には主たる納税者にその財産が帰属しているものと認めても、公平を失しないときにおいて、形式的な権利の帰属を否認して、私法秩序を乱すことを避けつつ、その形式的に権利が帰属している者に対して、補充的に納税義務を負わせることにより、徴税手続の合理化を図るために認められている制度です(注)。

（注） 昭和35年「租税徴収制度調査会答申」

2 第二次納税義務の種類と成立

(1) 種 類

第二次納税義務には、次のものがあります。

① 合名会社等の社員の第二次納税義務（徴33）
② 清算人等の第二次納税義務（徴34）
③ 同族会社の第二次納税義務（徴35）

④　実質課税額等の第二次納税義務（徴 36）
⑤　共同的な事業者の第二次納税義務（徴 37）
⑥　事業を譲り受けた特殊関係者の第二次納税義務（徴 38）
⑦　無償または著しい低額の譲受人等の第二次納税義務（徴 39）
⑧　人格のない社団等に係る第二次納税義務（徴 41）

▶第二次納税義務は限度額において次の種類があります。

物的第二次納税義務 ⇨ 共同的な事業者の第二次納税義務（徴 37）の当該重要財産のように、特定の財産自体につき第二次納税義務の追及がされる。

金銭的第二次納税義務 ⇨ 事業を譲り受けた特殊関係者の第二次納税義務（徴 38）のように、一定の金額（譲受財産の価額）の範囲で第二次納税義務の追及がされる。

限度のない第二次納税義務 ⇨ 合名会社等の社員の第二次納税義務（徴 33）は、滞納となった国税の全額につき第二次納税義務の追及がされる。

(2) 成 立

第二次納税義務は、主たる納税者において徴収不足と認められる場合において、徴収法第 33 条から第 39 条及び第 41 条の要件を充足することにより成立します。

▶「主たる納税者において徴収不足と認められるとき」とは、現実に滞納処分をした結果によることを要しません（徴基通 34-4、35-4、36-3、37-5、38-14、39-1、41-3）。

▶第二次納税義務の成立・確定後に、その成立要件となった事実に変更があっても、すでに確定した第二次納税義務には影響はありません（徴基通 32-1、最判昭和 47. 5. 25）。

▶第二次納税義務には、課税に関する期間制限のような規定はありません（徴基通 32-2、最判昭和 50. 8. 27）。そのため、第二次納税義務の賦課要件の充足が相当以前であっても、主たる納税者の滞納につき追及されることがあります。

POINT 会社を清算する際の役員退職金の支払いや、事業再編に伴う財産移転などの場合には、第二次納税義務の成立要件を十分に検討し、その適用の有無を判断します。

第二次納税義務の種類とその成立要件等

	主たる納税義務者	成立要件	第二次納税義務を負う者	第二次納税義務の限度
合名会社等の社員の第二次納税義務（徴33）	合名会社、合資会社、税理士法人等	・主たる納税者（合名会社、合資会社等）が滞納したこと ・徴収不足であること	社員（合資会社及び監査法人は無限責任社員）	滞納となっている国税の全額
清算人等の第二次納税義務（徴34）	法律上の解散をした法人	・法人が解散した場合に、清算人がその法人に課されるべきまたはその法人が納付すべき国税を納付しないで、残余財産の分配または引渡しをしたこと ・徴収不足であること	清算人	分配または引渡しをした財産の価額
			残余財産の分配または引渡しを受けた者	分配または引渡しを受けた財産の価額
	信託に係る清算受託者	・信託が終了した場合に、清算受託者が信託財産責任負担債務である国税を納付しないで、信託に係る財産を残余財産受益者等に給付したこと ・徴収不足であること	特定清算受託者	給付した財産の価額
			残余財産受益者等	給付を受けた財産の価額
同族会社の第二次納税義務（徴35）	同族会社の株式または出資を有する滞納者	・滞納者が有する同族会社の株式または出資を再度換価に付しても買受人がないか、その譲渡に制限がありまたは株式の発行がないため譲渡に支障があること ・徴収不足であること	同族会社	株式または出資の価額
実質課税額等の第二次納税義務（徴36）	実質所得者課税の規定の適用を受けた個人または法人	・実質所得者課税の規定により課された国税を滞納したこと ・徴収不足であること	収益が法律上帰属するとみられる者	収益が生じた財産
		・資産の譲渡等を行った者の実質判定の規定により課された国税を滞納したこと ・徴収不足であること	賦課の基因となった貸付けを法律上行ったとみられる者	貸付けに係る財産

		・同族会社の行為または計算の否認等の規定により課された国税を滞納したこと ・徴収不足であること	否認された納税者の行為につき利益を受けたものとされる者	受けた利益の額
共同的な事業者の第二次納税義務（徴37）	特殊関係者が有する重要財産により事業を遂行している滞納者	・納税者の特殊関係者が、納税者の事業遂行に欠くことができない重要財産を有していること ・重要財産から生じる所得が納税者の所得になっていること ・重要財産が供されている事業に係る国税を滞納したこと ・徴収不足であること	納税者（個人）の当該事業から所得を受けている特殊関係者	重要財産
			納税者が同族会社である場合の判定基礎となる株主等	
事業を譲り受けた特殊関係者の第二次納税義務（徴38）	事業を譲渡した滞納者	・生計を一にする親族等の特殊関係者または被支配会社に事業を譲渡したこと ・事業の譲受人が同一または類似の事業を営んでいること ・徴収不足であること	事業を譲り受けた者	譲受財産の価額
無償または著しい低額の譲受人等の第二次納税義務（徴39）	財産を譲渡等した滞納者	・滞納者が法定納期限の１年前の日以後に財産を無償または著しく低い額の対価により譲渡等の処分をしたこと ・徴収不足であること ・徴収不足が無償等の処分に基因すると認められること	無償または著しい低額による譲受人等	譲受財産等のうち現に存する利益の価額
			譲受人等が特殊関係者の場合	譲受財産等の利益の価額
人格のない社団等の第二次納税義務（徴41）	人格のない社団等	・人格のない社団等が滞納したこと ・徴収不足であること	人格のない社団等に帰属する財産の名義人	滞納者の当該財産
		・人格のない社団等が法定納期限の１年前の日以後に財産の払戻しまたは分配をしたこと ・徴収不足であること	財産の払戻しまたは分配を受けた者	受けた財産の価額

3　主たる納税義務者と第二次納税義務者との関係

第二次納税義務は、主たる納税義務との関係において「**補充性**」と「**付従性**」を有するとされることから、次に掲げるような関係が生じます。

▶「補充性」…滞納者の財産に対して滞納処分をしても、なお、徴収不足すると認められる場合に限り、第二納税義務を追及できることをいいます。

「付従性」…二次的なものであることから、主たる納税義務について生じた事由、例えば、その消滅、変更等は、原則として第二次納税義務にも影響を及ぼします。

〈付従性による第二次納税義務者との関係〉

履　行	第二次納税義務者が納税義務を履行した場合には、主たる納税義務はその履行の部分については常に消滅します。一方、主たる納税義務者がその納税義務の全部を履行したときは、第二次納税義務は消滅します（徴基通 32-20）。 主たる納税義務　100 万円　} 30 万円納付 第二次納税義務　50 万円　} 納付すべき額（限度） ※主たる納税義務者が 30 万円納付しても、滞納額がそれ以上あるので、第二次納税義務の限度は変わりません。
免　除	主たる納税義務の免除の効力は第二次納税義務に及びますが、第二次納税義務の免除の効果は主たる納税義務に及びません（徴基通 32-21）。
納税の猶予	主たる納税義務に対する納税の猶予の効力は第二次納税義務に及ぶので、その間は第二次納税義務について納付通知書、納付催告書を発し、滞納処分はできません。しかし、第二次納税義務に対する納税の猶予の効力は主たる納税義務者に及びません（徴基通 32-18）。
換価の猶予	納税の猶予と異なり、換価の猶予は期限の利益を与えるものではないので、第二次納税義務について納付通知書、納付催告書を発し、財産の差押えを行うことはできますが、差押財産の換価は制限されます（徴基通 32-19）。
滞納処分の停止	第二次納税義務について滞納処分の執行を停止し、第二次納税義務が消滅（徴 153 ④⑤）しても、その効力は主たる納税義務には及びませんが、主たる納税義務が滞納処分の停止によって消滅した場合は、第二次納税義務にもその効力が及びます（徴基通 32-23）。

時効の更新との関係	第二次納税義務に対する時効を更新する効力は、主たる納税義務には及びませんが、主たる納税義務について時効が更新されたときは、その効果は第二次納税義務に及びます（徴基通32-28）。
消滅時効との関係	第二次納税義務が時効により消滅しても、主たる納税義務には影響を及ぼしません。主たる納税義務が時効によって消滅した場合には、第二次納税義務も消滅することと解されています。そのため、第二次納税義務を追及するために、主たる納税義務につき時効を更新するための租税債務の確認訴訟を提起することがあります（徴基通32-28）。

4　第二次納税義務者からの徴収手続

第二次納税義務者からの徴収手続は、次のとおりです。

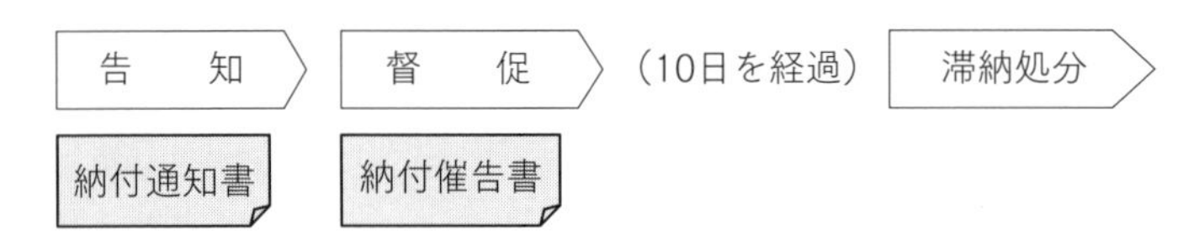

(1)　納付通知書による告知

第二次納税義務者から徴収しようとするときは、第二次納税義務者に対して、徴収しようとする金額、納付の期限その他必要な事項を記載した**納付通知書**により告知がされます（徴32①）。

この納付通知書に記載する納付の期限は、告知を発する日の翌日から起算して1か月を経過する日になります（徴令11④）。

▶この納付通知書が第二次納税義務者に送達されると、抽象的に成立していた第二次納税義務者の第二次納税義務が具体的に確定します（大阪地判昭和27.3.23）。

▶納付通知書及び納付催告書には、主たる納税義務者の滞納税金のうち、第二次納税義務者から徴収しようとする金額(限度額)を記載します（徴令11①③）。

(2)　納付催告書による督促

第二次納税義務者が、納付通知書に記載されていた金額をその期限までに完納しないときは、原則として納付期限後50日以内に、**納付催告書**を発して督促がされます（徴32②）。

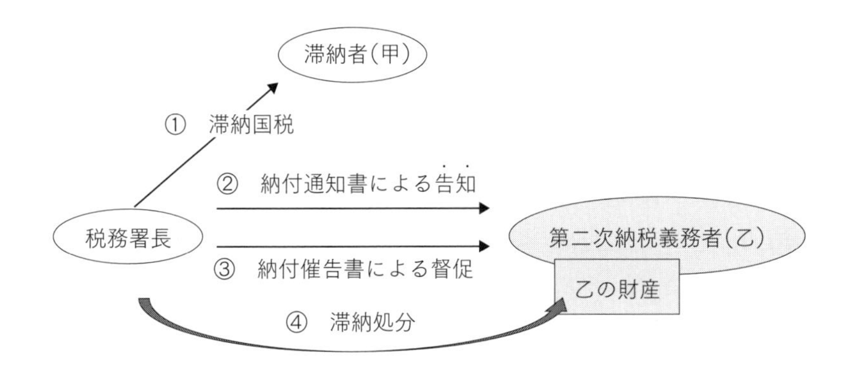

(3) 差押えと換価の制限

催告書を発した日から起算して10日を経過した日までに、第二次納税義務者が催告書に係る滞納国税を完納しないときは、第二次納税義務者の財産（物的第二次納税義務は、限度となった財産）を差し押さえることができます（徴47③）。

第二次納税義務者の財産は、主たる納税者等の財産の差押えに着手する前に差し押えても差し支えありません（徴基通32-17）。ただし、その換価については、次のような制限があります。

① 換価の順序の制限

第二次納税義務者の財産の換価は、その財産の価額が著しく減少するおそれがあるときを除き、主たる納税者等の財産を換価に付した後でなければ行うことができません（徴32④）。

② 不服申立て中の換価制限

第二次納税義務者が、告知、納付催告書による督促、あるいは滞納処分について不服申立てまたは訴えをしたときは、それらの争訟が係属する間は、第二次納税義務者の財産の換価を行うことはできません（通105①、徴90③）。

▶第二次納税義務者は、第二次納税義務の告知処分を争う争訟において、主たる納税義務の違法を争うことはできません（最判昭和 50. 8. 27）。しかし、第二次納税義務の告知後において、第二次納税義務者自身が主たる納税義務の取消しを求めることができます（最判平成 18. 1. 19）。

(参考) 遺産分割と徴収法第 39 条の第二次納税義務…最高裁平成 21 年 12 月 10 日判決

国税の滞納者を含む共同相続人の間で成立して遺産分割協議書において、滞納者である相続人にその法定相続分を著しく下回る額の財産を取得させ、他の相続人にその法定相続分を著しく超える財産を取得させた場合には、遺産分割により相続財産の帰属を確定させる行為は、国税徴収法第 39 条《無償又は著しい低額の譲受人等の第二次納税義務》にいう第三者に利益を与える処分に当たります。

(参考) 国税徴収法第 39 条と詐害行為取消権

納税者がした財産譲渡が、通則法第 42 条において準用する民法第 424 条《詐害行為取消権》に定める詐害行為に該当する場合には、債権者である国は、その行為を取り消し、納税者の一般財産から逸脱した財産を納税者の財産として復帰させた上で、これに対して滞納処分を行うこともできます。

しかしながら、詐害行為取消権の行使は、訴訟によることとされているため、詐害行為に該当する行為をすべて詐害行為によって処理することは、租税の簡易、迅速な確保をする上で適当とはいえません。そこで、徴収法第 39 条は、詐害行為の取消しを行ったと同じような効果を行政処分によって上げようとするため、一定の要件に該当する場合には、財産の譲受人等に対し納税者の滞納に係る国税につき第二次納税義務を負わせることとしています。

第4節

譲渡担保権者の物的納税責任

納税者等が国税を滞納した場合において、その者が譲渡した財産でその譲渡により担保の目的となっているもの（以下「譲渡担保財産」という）があるときは、その者の財産につき滞納処分をしてもなお徴収すべき国税に不足すると認められるときに限り、譲渡担保財産から納税者の国税を徴収することができます（徴24①）。

ただし、その譲渡担保権の設定が徴収しようとする滞納国税の法定納期限等の以前にされていたことを登記またはその他の方法で証明した場合には、適用されません（徴24⑧）。

「譲渡担保権者の物的納税責任」の趣旨

譲渡担保財産は、法形式上、その所有権が譲渡担保権者に移転していることから、譲渡担保設定者（滞納者）の財産として執行できないのが原則です。

しかしながら、譲渡担保の実質が担保であることから、質権、抵当権等の他の担保権とのバランスにも配意し、形式上は譲渡担保権者の財産でありながら、譲渡担保設定者の租税を徴収できることとしたものです。

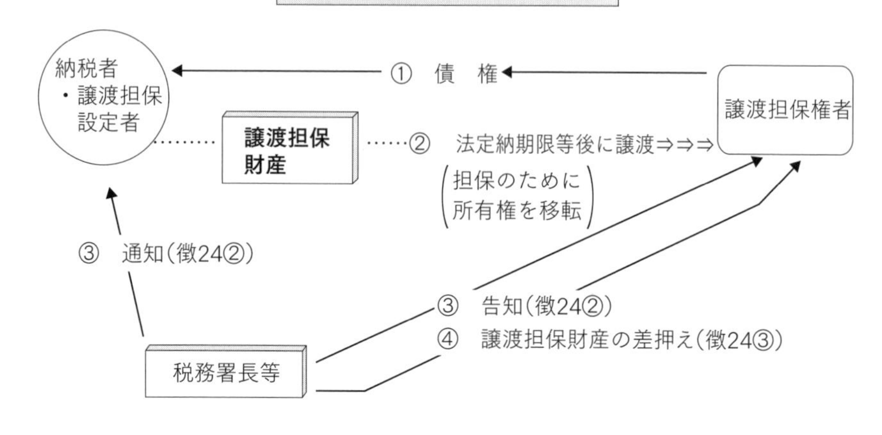

1 譲渡担保権者からの徴収手続

譲渡担保権者からの徴収手続は、次のとおりです。

⑴ 譲渡担保権者に対する告知

譲渡担保権者から納税者の国税を徴収しようとするときは、譲渡担保権者に対して、徴収しようとする金額、その他必要な事項を記載した書面により告知がされます（徴 24 ②）。

⑵ 譲渡担保財産に対する滞納処分

譲渡担保権者に対し告知書を発した日から 10 日を経過した日までに、その徴収しようとする金額が完納されていないときは、譲渡担保権者を第二次納税義務者とみなして、その譲渡担保財産に対して差押え等の滞納処分が行われます（徴 24 ③）。

2　譲渡担保財産を滞納者の財産として行った滞納処分

債権や動産などで登記・登録のない財産は、すでに担保としての譲渡がされていても外見上はそれが分からない場合があります。そうした財産を滞納者に帰属するものとして行った滞納処分については、その譲渡担保の設定が法定納期限等より以前にされている場合を除き、事後的に譲渡担保権者に対して告知することで、滞納処分を続行することができます（徴24④）。

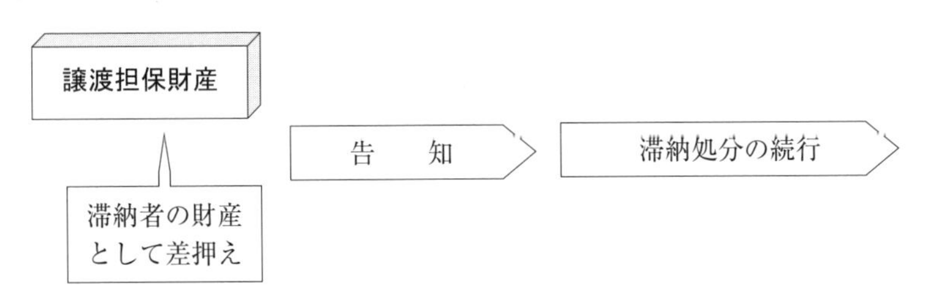

▶当該財産が債権の場合には第三債務者に対して、第三者が占有している動産などの場合にはその者に対して、譲渡担保権者に対する追及として滞納処分を続行する旨の通知を行います（徴24⑤）。

3　譲渡担保権者を滞納者とする滞納処分との競合

譲渡担保設定者と譲渡担保権者のいずれもが自ら滞納していた場合において、譲渡担保財産が両方の滞納により滞納処分がされたときは、常に譲渡担保設定者の滞納国税を優先させる調整がされます（徴令9）。

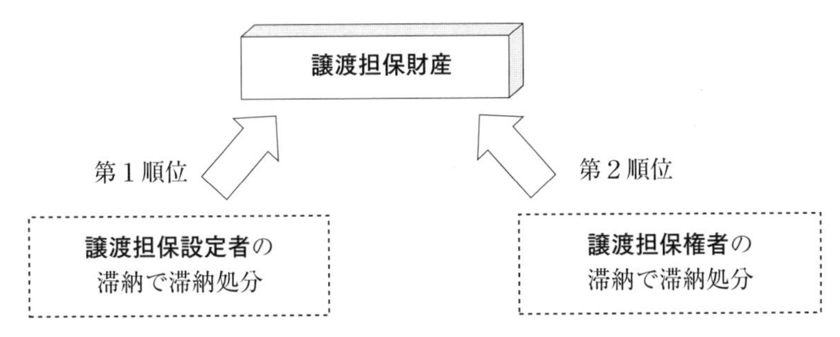

参考 将来債権の譲渡と徴収法第24条

将来発生すべき債権を目的とする譲渡については、それが指名債権の場合には「動産及び債権の譲渡の対抗要件に関する民法の特例等に関する法律」により、債権譲渡登記ファイルへの登録で民法第467条の対抗要件を具備し、電子記録債権の場合には「電子記録債権法」により、システム上の譲渡記録により移転がされます。

これらの電子的な記録により譲渡された後に債権を差し押さえても、譲受人に差押えを対抗できませんが、それらの債権譲渡が法定納期限等の以降に担保の目的でされていた場合には、徴収法第24条の「**譲渡担保権者の物的納税責任**」の追及がされます（徴基通24-34）。

第6章

除斥期間と消滅時効

課税権の行使と徴収権の消滅とは…。

私法上の時効制度と同様に、法的安定性の観点から、課税における除斥期間、徴収に関する消滅時効があります。

本章では、課税当局側の課税権及び徴収権の行使、法的安定性の観点からこれらの行為がいつまで許されるのかを見ていきます。

第1節

期間制限等

1　期間制限

国税の法律関係において、国または納税者の税に関する権限の行使をいつまでも無制限に認めていると、法的安定が得られないばかりではなく、国税の画一的な執行も期しがたくなります。これに対処するために、賦課権及び徴収権などに関する**期間制限**が設けられています。

この期間制限には、賦課権の「除斥期間」と徴収権の「消滅時効」があります。

国税の期間制限
- 賦課権（更正、決定、賦課決定）の除斥期間
- 徴収権及び還付請求権の消滅時効

除斥期間	除斥期間とは、権限行使に期間制限を設けて、法律関係を確定させる制度です。課税事実があったとしても、除斥期間が経過すれば賦課権の行使はできなくなります。	⇨	納税義務を確定させること（賦課権）は、除斥期間になります。
消滅時効	消滅時効とは、一定期間に権利が行使されなければ、現在の法律関係を確定させてしまう制度です。滞納があったとしても、徴収する権限を行使しなければ、租税の請求権は消滅します。	⇨	租税は国の債権なので、それを徴収すること（徴収権）は、消滅時効になります。

2　除斥期間と消滅時効

除斥期間と消滅時効には、次のような特徴があります。

除斥期間と消滅時効はいずれも時間の経過による権利行使を制限する制度ですが、次のような違いがあります。

	除斥期間	消滅時効
更新、完成猶予	定められた期間が経過すれば一方的に権限を行使できなくなります。	権利者が一定の権利を行使（更新等）をすれば、時効はその時から再び進行します。
援用	権利行使の相手方（納税者）による主張（援用）は不要です。	民法上の消滅時効は援用を要しますが、租税は援用を要しません（通72②）。

第2節

更正決定等の期間制限

更正決定等の税額確定方式により、期間制限が次のように異なります。

〈更正決定等の期間制限（税額確定方式別）〉

<table>
<tr><td colspan="3"></td><td>通常の場合</td><td>脱税の場合</td></tr>
<tr><td colspan="3">区　　分</td><td colspan="2">更正の期間制限</td></tr>
<tr><td colspan="3">更　　正</td><td>5年(注)</td><td rowspan="8">7年（通70④）</td></tr>
<tr><td colspan="3">決　　定</td><td>5年(注)</td></tr>
<tr><td colspan="3">純損失等の金額に係る更正</td><td>5年
10年（法人税）</td></tr>
<tr><td rowspan="3">増額賦課決定</td><td rowspan="2">課税標準申告書の提出を要するもの</td><td>提出した場合</td><td>3年</td></tr>
<tr><td>不提出の場合</td><td>5年</td></tr>
<tr><td colspan="2">課税標準申告書の提出を要しないもの</td><td>5年</td></tr>
<tr><td colspan="3">減額賦課決定</td><td>5年</td></tr>
</table>

(注)1　更正の除斥期間終了の6か月以内になされた更正の請求に係る更正またはその更正に伴って行われる加算税の賦課決定については、当該更正の請求があった日から6か月を経過する日まですることができます（通70③）。

2　期間制限の日前3か月以内に提出された納税申告書または納税告知を受けることなくなされた源泉所得税等の納付（調査による更正等を予知してされたものを除く）に係る無申告加算税または不納付加算税の賦課決定は、その提出または納付された日から3か月を経過する日まで行うことができます（通70④）。

3　①国税庁等の当該職員が納税者に国外取引または国外財産に関する書類の提示等を求めた場合において、その提示等を求めた日から60日を超えない範囲内の当該職員が指定する日までに提示等がなかったことから、②租税条約等の規定に基づき、相手国に情報提供要請を行い（3か月以内に提供があった）情報に照らして非違があると認められる場合には、上記情報提供に係る書面が発せられた日から3年間は更正決定等を行うことができます（通71①四）。

〈更正の期間制限一覧表（税目別）〉

対象税目		**更正の期間制限**
申告所得税		5年
	純損失等の金額に係る更正	5年
	国外転出時等の特例がある場合の更正決定等	7年
法人税		5年
	純損失等の金額に係る更正	10年
	移転価格税制に係る更正	7年
贈与税		6年
上記以外のもの		5年

〈参考：主要国における期間制限〉

アメリカ	通常の場合 25％以上の申告漏れのとき 虚偽または無申告のとき	3年 6年 無制限
イギリス	通常の場合 脱税の場合	4年 20年
フランス	通常の場合 脱税の場合	3年 10年
ドイツ	通常の場合 脱税の場合	4年 10年

▶わが国の場合、脱税に係る除斥期間が短いように思われます（注）。

（注）　川田剛『令和2年版　基礎から身につく国税通則法』（大蔵財務協会（2020年）211ページ）

第3節

徴収権の消滅時効

POINT 何もせず放置されていた滞納は、督促から5年で消滅時効！
どのような事由が、時効の完成猶予・更新の理由になっているのか？

徴収権の消滅時効　原　則　　5年（通72①）
　　　　　　　　　脱税の場合　7年（通73③）

更新事由

民法上の更新事由
① 裁判上の請求等
② 強制執行等
③ 承認

令和2年4月1日
改正民法の施行

国税の徴収権の更新事由
民法の更新事由を準用（通72③）

国税固有の更新事由（通73①）
・更正・決定、賦課決定、納税の告知
・督促
・交付要求

▶改正民法（債権法）（平成29年5月改正）は、それまでの時効に関する「中断」、「停止」を再構成して、「更新」と「完成猶予」という用語の見直しをしました。同様に、通則法も改正がされています。

1　徴収権の消滅時効

国税債権の履行を求める権利（徴収権）は、原則として、法定納期限の翌日から起算して5年間行使しないと時効により消滅します（通72①）。

(1)　時効の起算日

原則として、法定納期限（通35①）の翌日です。

▶偽りその他不正の行為（脱税）により課税を免れていた場合には、賦課権に係る除斥期間が７年になるのに合わせて（通 70 ④)、徴収権の消滅時効も７年になります（通 73 ③)。

▶期限後に申告（民法上の承認）や更正処分などがされた場合には、それが更新事由になるので、申告または更正がされた時点から徴収権の時効は新たに進行します。

▶納税義務が確定（申告や更正等）したものが滞納となった場合には、督促がされると時効が更新されます（通 73 ①四)。一般的に、滞納となった税金に係る時効は、督促から新たにスタートします。

参考 「督促」の場合…通 73 ①四

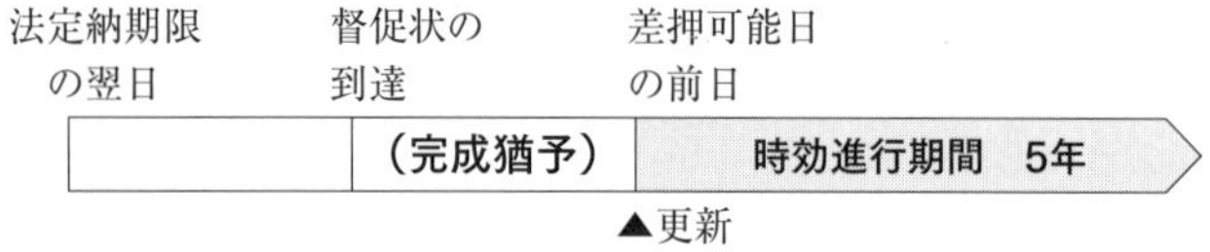

法定納期限の翌日	督促状の到達	差押可能日の前日
	（完成猶予）	時効進行期間　5年
		▲更新

⑵ 時効の絶対的効力

徴収権の消滅時効については、私債権と異なり、時効の援用（民 145）を要せず、また、その利益を放棄することもできません（通 72 ②)。したがって、時効が完成した場合には、納税義務は消滅するので、徴収の手続をとることもできませんし、納税者も納税することができません。

◈「時効の援用」とは

時効による消滅は、期間の経過だけでなく、債権者に対して時効の意思表示をする「援用」という債務者の行為が必要です。国税の債権は「援用」を要さないので、納税者は何もしなくても納税義務が消滅します。

2 時効の更新と完成猶予

(1) 時効の更新と完成猶予

徴収権の消滅時効は、その国税の法定納期限の翌日からスタートしますが、次の事由があった場合には、その時点から時効の完成が猶予され、それらの事由が終了した時に時効が更新されて、そこが起算日となって時効が新たに進行します。

通則法の規定による時効の更新	民法の規定による時効の更新
① 更正または決定（通73①一） ② 加算税の賦課決定（通73①二） ③ 納税に関する告知（通73①三） ④ 督促（通73①四） ⑤ 交付要求（通73①五）	① 裁判上の請求、支払督促、和解または調停、破産手続等参加（民147②） ② 強制執行、担保権の実行（民148②） ③ 承認（民152①）

▶時効の「中断」と「更新」……民法（債権法）改正により、次の整理がされました。

これまでの「中断」には、①承認のようにその時に時効がリセットされて「新たな時効の進行」がされるものと、②差押えなど手続が継続している期間は時効の「完成が猶予」され、手続が終わった時に時効がリセットされて、「新たな時効の進行」がされるものがありました。今回の民法の一部改正は、この両者を、①を「更新」、②を「完成猶予」＋「更新」と整理しています。

(参考) 承認の場合…民152①

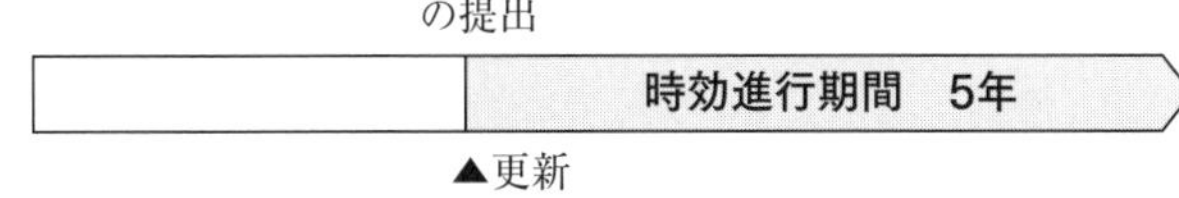

▶滞納国税の特定がされていない納付誓約書等は、承認があったものとはみなされません。

差押えの場合…民148②

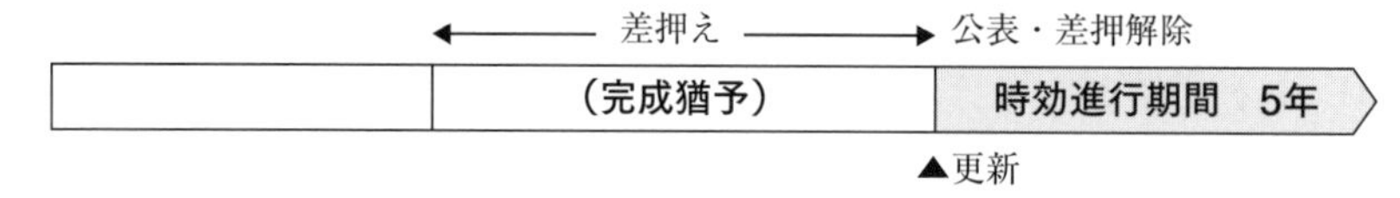

交付要求の場合…通73①五

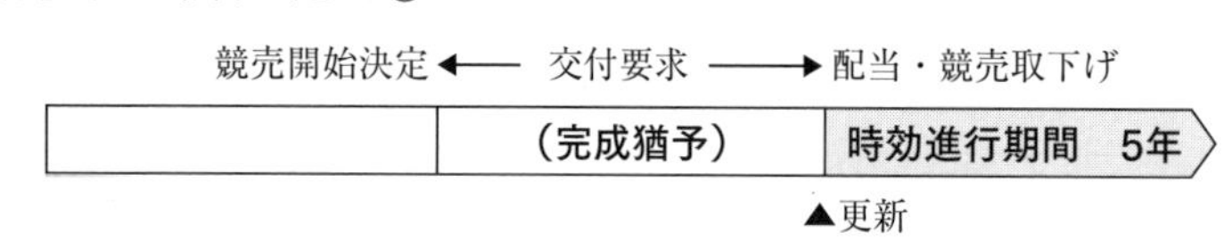

(2) 換価の猶予等による時効の不進行

延納、納税の猶予または徴収もしくは滞納処分に関する猶予がされている間は、それらがされている期間内は、時効は進行しません（通73④）。

換価の猶予（申請に基づかないもの）

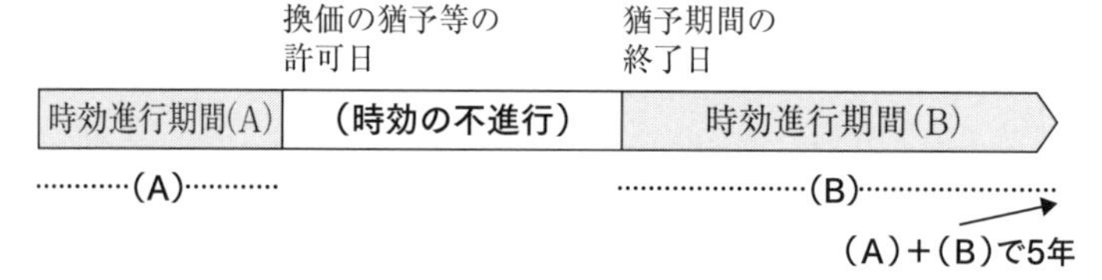

▶猶予が申請に基づく場合は、その申請をもって承認（民152①）がされたことになります。

▶改正民法の「**完成猶予**」は、猶予事由により時効の進行は止まりませんが、本来の時効期間の満了時期を過ぎても、所定の時期（相続財産に関する民法第160条の6か月など）の経過まで、時効の完成が猶予されるものです。したがって、時効の進行を止める（不進行）換価の猶予等の場合とは違うものになります。

参考 催告による時効の完成猶予…民150

催告があったときは、その時から6か月を経過するまでの間は、時効は完成しません（民150①）。滞納税金に対する催告（法律に定められた以外の催告を含む）も、この催告に含まれると解されるので（最判昭43. 6. 27)、納税の催告から6か月以内の完成猶予中に差押えがされた場合には、時効は更新されることになります。

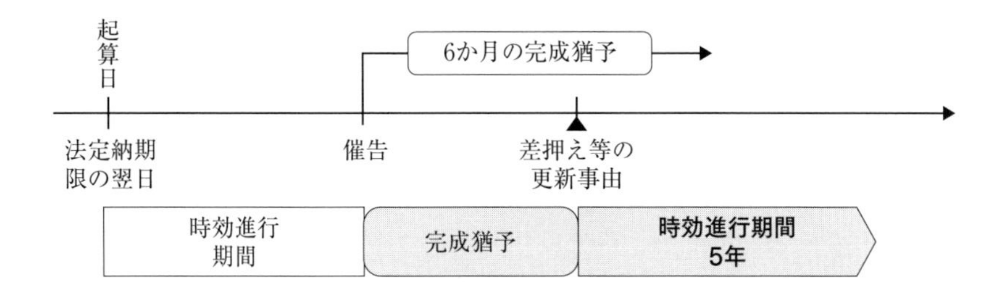

▶改正前民法第153条は、催告は時効の中断事由として「6月以内に差押等をしなければ、時効の中断の効力を生じない」としていました。改正民法は、差押えの有無に関係なく、催告により完成猶予されますので、催告後の6か月以内に他の更新事由があれば、時効は到来しないことになります。

第7章

納税緩和制度

災害の多い日本、被災状況に応じた猶予制度の活用を！

最近では、目に見えない新型コロナウイルス感染症という恐怖！

このような災害や事業で生じた損失等があった場合の納税に関する救済制度、納税緩和制度にはどのようなものがあるのでしょうか。

本章では、納税緩和制度における納税の猶予、換価の猶予を中心に取り上げています（なお、新型コロナウイルス対策については巻末「補遺」を参照ください）。

第1節

納税緩和制度の概要

1　納税の緩和制度の意義

納付すべき税額が確定した後、納税者には、その確定した国税をその納期限までに納付し、納税義務を履行することが求められます。しかしながら、国税の性質及び納税者の個別事情により、納税義務の履行を強制することが適当でない場合に、一定の要件に基づき、国税の納付または徴収を緩和して納税者の保護を図る措置が採られています。これを「**納税の緩和制度**」といいます。

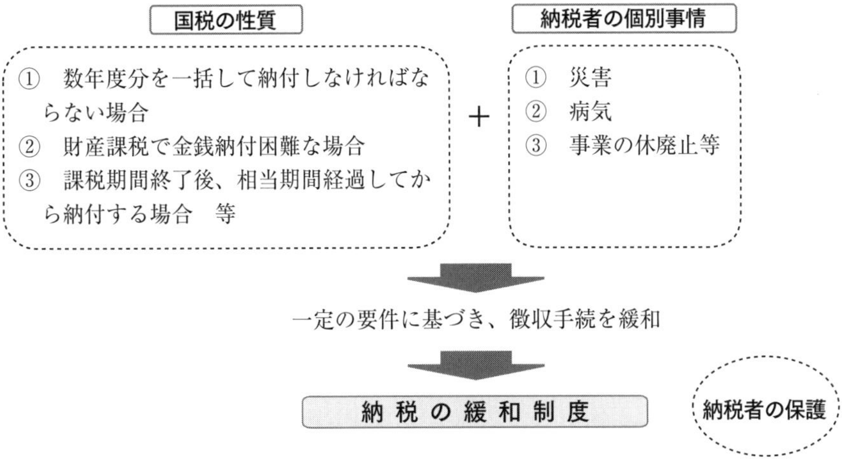

国税の性質

①　数年度分を一括して納付しなければならない場合
②　財産課税で金銭納付困難な場合
③　課税期間終了後、相当期間経過してから納付する場合　等

＋

納税者の個別事情

①　災害
②　病気
③　事業の休廃止等

↓

一定の要件に基づき、徴収手続を緩和

↓

納税の緩和制度　　納税者の保護

POINT　申請に基づくものは、その要件をチェック！

2 納税緩和制度の種類

〈納税緩和制度の一覧〉

	対象税目	要件	申請	緩和期間	担保	延滞税等
納期限の延長	すべての税目	災害を受けた場合（通11）	否(通令3①) 要(通令3②)	2月以内	否	全額免除
	消費税等	期限内申告書を提出した場合（消51、酒30の6、た22、石18等）	要	税目により1月ないし3月以内	要	利子税 年7.3%
延納	所得税	法定納期限までに2分の1以上を納付（所131①）	要	3月16日から5月31日		利子税 年7.3%
		延払条件付譲渡の税額（山林、譲渡）が2分の1を超え、かつ、30万円を超える場合（所132①）	要	5年以内	要	
	相続税	確定税額が10万円を超え、金銭で納付が困難な場合（相38①、措70の9等）	要	5年または不動産等割合により10年、15年、20年（40年）	要	利子税 年3.6%～6.6%
	贈与税	確定税額が10万円を超え、金銭で納付が困難な場合（相38③）	要	5年以内	要	利子税 年6.6%
納税の猶予	すべての国税	災害による相当な損失の場合（通46①）	要	1年以内	否	延滞税 全額免除
		災害・疾病・廃業等（通46②）	要	1年以内 1年の延長可能	要	延滞税 1/2免除
		課税が遅延した場合（通46③）	要	1年以内 1年の延長可能	要	延滞税 1/2免除

	対象税目	要件	申請	緩和期間	担保	延滞税等
換価の猶予	滞納中のすべての税	事業の継続または生活維持困難な場合と徴収上有利な場合（徴151①）	否	1年以内 1年の延長可能	要	延滞税 1/2免除
		事業の継続または生活維持困難な場合と納税について誠実な意思を有する場合（徴151の2①）	要			
納税猶予	相続税	農地等に係る納税猶予の場合（措70の6①）	要	相続人の死亡の日・20年・転用等の日から2月以内のいずれか早い日	要	利子税 年6.6%
	贈与税	農地等に係る納税猶予の場合（措70の4①）	要	贈与者の死亡の日・転用の日から2月以内のいずれか早い日		
徴収の猶予	不服申立て等の国税	税務署長が必要と認めた場合（通105②⑥）	要	決定または裁決までの間	否	延滞税 1/2免除
滞納処分の停止	滞納中のすべての国税	❶無財産、❷生活が著しく困窮、❸滞納者及び財産がともに不明（徴153）	否	3年	否	延滞税 全額免除

（注）　上記「延滞税等」欄における利子税等の割合については、措置法第93条、第94条第2項を参照。

第2節

納税の猶予

震災、風水害等の災害により納税者がその財産につき相当な損失を受けた場合は、納税者の申請に基づき、税務署長は、被害にあった財産の損失の状況及び当該財産の種類を勘案して、期間を定めて納税を猶予することができます（通46①）。

1　納税の猶予の区分

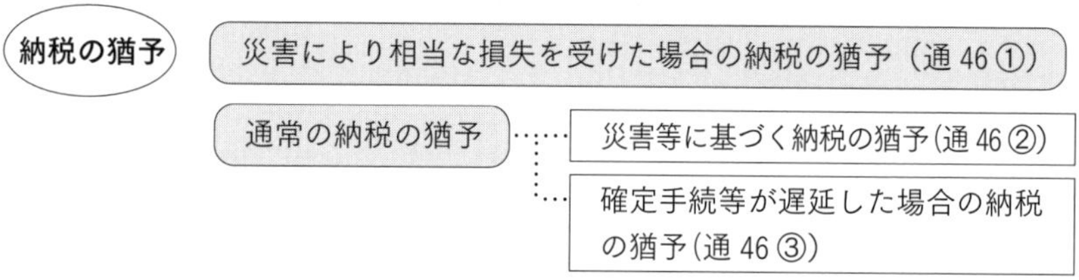

- 納税の猶予
  - 災害により相当な損失を受けた場合の納税の猶予（通46①）
  - 通常の納税の猶予
    - 災害等に基づく納税の猶予(通46②)
    - 確定手続等が遅延した場合の納税の猶予(通46③)

2　災害により相当な損失を受けた場合の納税の猶予

〈納税の猶予の要件等〉

猶予の要件	該当事実	震災、風水害、落雷、火災その他これらに類する災害により、納税者がその財産につき相当な損失を受けたこと（通46①） ＊「その他これらに類する災害」（通基通46-1）、「相当な損失」（通基通46-2）参照
	対象国税	①災害のやんだ日以前に納税義務の成立した国税で、その納期限が損失を受けた日以後1年以内に到来する者のうち、納税の猶予の申請の日以前に納付すべき税額が確定したもの（通46①一） ②災害がやんだ日以前に課税期間が経過した課税資産の譲渡等に係る消費税で、その納期限が損失を受けた日以後に到来するもののうち、納税の猶予の申請の日以前に納付すべき税額が確定したもの（通46①二） ③予定納税の所得税ならびに中間申告の法人税及び消費税で、その納期限が未到来のもの（通46①三）
	納税者からの申請	納税者から災害のやんだ日から2か月以内に、「**納税の猶予申請書**」の提出があること（通46①、通令15①）
猶予金額		申請した国税の全部または一部（通46①）
猶予期間		最長1年（通46①）…納税者の納付能力を調査することなく、災害にあった財産の損失状況及び財産の種類を勘案して1年以内の期間（通令13①、通基通46-5）
猶予期間の延長		猶予期間の延長なし（通46①）☞通常の納税の猶予「猶予期間の延長」次ページ図表参照
納税者への通知		猶予を認めた場合、猶予に係る金額、猶予期間、その他必要な事項を納税者に通知（通47①） 猶予を認めない場合、その旨を通知（通47②）
担保の徴取等		担保不要（通46⑤）

3　通常の納税の猶予

通常の納税の猶予
- 災害等に基づく納税の猶予（通46②）
- 確定手続等が遅延した場合の納税の猶予（通46③）

〈納税の猶予の要件等〉

		災害等に基づく納税の猶予	確定手続等が遅延した場合の納税の猶予
猶予の要件	該当事実	① 災害等…納税者の財産が災害または盗難にあったりしたこと（通46②一） ② 病気等…納税者または納税者と生計を一にする親族が病気にかかり、または負傷したこと（通46②二） ③ 事業の休廃止…納税者の事業を休廃止したこと（通46②三） ④ 事業に係る著しい損失…事業について著しい損失を受けたこと（通46②四） ⑤ 以上に類する事由…上記①から④までに類する事実があったこと（通46②五）	① 法定申告期限（課税標準申告書の提出を要しない賦課課税方式の国税は、納税義務の成立の日）から1年以上経ってから納付すべき税額が確定したこと（通46③一、二） ② 源泉徴収等による国税について、法定納期限から1年以上を経ってから納税の告知がされたこと（通46③三）
	納付困難	納付困難 ⇨ 納付能力の調査 ☞通則法第46条第1項の「災害により相当な損失を受けた場合の納税の猶予」前ページ参照	
	納税者からの申請	納期限の前後または滞納処分の開始の有無を問わず、いつでも提出可	その猶予の申請を受けようとする国税の納期限内に提出（通46③）
猶予金額		その事実により納付すべき税額を一時に納付できない金額を限度（通46②③） ⇨ 納付能力を調査して猶予金額を判定	
猶予期間		猶予を始める日から起算して1年以内（通46②）	その国税の納期限の翌日から起算して1年以内（通46③）
猶予期間の延長		納税者の延長申請 ⇨ 『納税の猶予期間延長申請書』 この猶予期間内に、やむを得ない理由により猶予金額を納付できないと認められるときは、納税者の申請により、すでに認めた猶予期間と合わせて2年を超えない範囲で猶予期間を延長することが可（通46⑦）	
納税者への通知		猶予を認めた場合、猶予に係る金額、猶予期間、その他分割納付を認めた場合の分割金額及び分割納付期限等必要な事項を納税者に通知（通47①） 猶予を認めない場合、その旨を通知（通47②）	
担保の徴取等		猶予金額が100万円以下の場合、猶予期間3か月以内または担保を徴することができない特別の事情にある場合を除き、猶予金額に相当する担保を提供（通46⑤）	

▶「事業に係る著しい損失を受けたこと」（4号該当）とは、猶予を行う以前1年間の損益計算において、そのさらに1年前の税引前当期純利益の2分の1を超えて、

税引前当期純損失が生じている場合、または1年前の税引前当期純損失がさらに拡大している場合をいいます（通基通46-11-2）。

4　納税の猶予の効果

納税の猶予の効果には、次に掲げるようなものがあります。

猶予の効果	内　　容
督促及び滞納処分の制限	納税の猶予の猶予期間中は、その納税の猶予に係る国税につき、納税の猶予の許可が、①督促前のときは督促及び滞納処分、②督促後のときは滞納処分、③すでに滞納処分に着手しているときは新たな滞納処分及びその後の滞納処分を、それぞれすることができません。ただし、交付要求（参加差押えを除く）を行い、交付を受けた配当金等をその猶予に係る国税に充てることはできます（通48①）。
差押えの解除	納税の猶予に係る国税につき、すでに差し押さえた財産がある場合には、猶予を受けた者の申請により、その差押えを解除することができます（通48②）。ただし、解除できるのは、概ね次に掲げる場合で、税務署長が相当と認める範囲に限られます（通基通48-2）。 ①　猶予のため徴した担保と差押財産の価額の合計額が、猶予する国税の額を著しく超過する場合 ②　差押えを継続することで納税者の事業の継続または生活の維持を困難にするおそれがある場合 ③　猶予した額に相当する担保の提供を受けた場合
差押債権等の取立て及び充当	すでに差し押さえた債権の弁済期が到来した場合には、取立てを行い、猶予に係る国税に充当できます（通48③）。
時効の不進行	猶予の期間中は、徴収権の消滅時効は進行しません（通73④）。
延滞税の免除	猶予に係る国税の延滞税は、その猶予が通則法第49条第1項の取消しがない限り、2分の1に相当する額が免除されます（通63③）。 ☞免除される延滞税の額は、第4章第2節（延滞税）の「4　延滞税の免除」参照。

第3節

換価の猶予

滞納になった国税が督促をしても完納されない場合には、滞納処分を執行してその国税を強制的に徴収することが原則です（徴47①）。

しかしながら、その一方で、滞納者の個別事情によっては、強制的な手続によって徴収することが適当でない場合があります。徴収法には、滞納処分を緩和する制度として、「**換価の猶予**」と「**滞納処分の停止**」の規定があります。

ここに、「換価の猶予」とは、原則として1年間（最長で2年間）、滞納処分の執行を猶予し、滞納者に事業を継続させまたは生活を維持させながら、滞納している国税を納付させることを目的とする制度です。

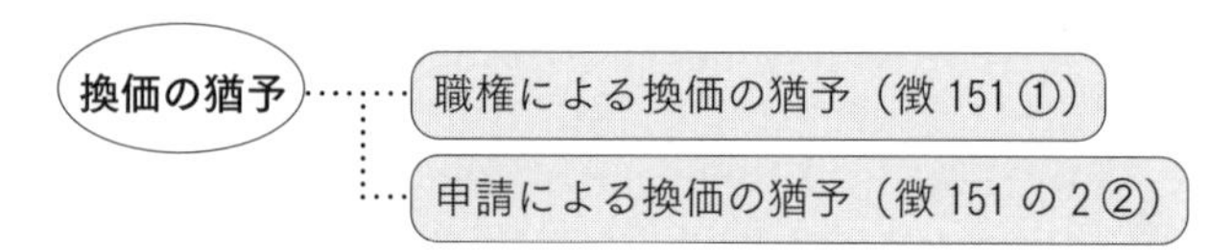

1　換価の猶予の要件

換価の猶予には、税務署長の職権で行われるものと、納税者からの申請に基づき税務署長が行うものがあります。

▶後者の「申請による換価の猶予」は、平成26年度の税制改正で創設されました。

職権による換価の猶予	申請による換価の猶予
① その財産の換価を直ちにすることにより、その事業の継続または生活の維持を困難にするおそれがあるとき（徴151①一） ② 換価を猶予することが、直ちに換価することに比して、滞納国税及び最近において納付すべきこととなる国税の徴収上有利であるとき（徴151①二）	① 納付すべき国税を一時に納付することにより、その事業の継続または生活の維持を困難にするおそれがあると認められる場合（徴151の2①） ② 滞納者から納付すべき国税の納期限から6か月以内に申請がされていること（徴151の2①） ③ 原則として、換価の猶予の申請に係る国税以外の国税の滞納がないこと（徴151の2②）

＋

納税について誠実な意思を有していること

事業の継続または生活の維持を困難	・事業の不要不急の資産を処分する等の事業経営の合理化を行った後においても、なお差押財産を換価するとその滞納者の事業の継続を困難とするおそれがあると認められる場合（徴基通151-3） ・必要な生活程度の収入が期待できなくなる場合（徴基通151-4）
国税を徴収する上で有利	次のいずれかに該当する場合（徴基通151-5） ・滞納者の財産のうち滞納処分ができるすべての財産につき滞納処分を執行したとしても、その徴収することができる金額が徴収しようとする国税に不足すると認められる場合であって、換価処分を執行しないこととした場合には、その猶予期間内に新たな滞納を生ずることなく、その猶予すべき国税の全額を徴収することができると認められるとき ・換価すべき財産の性質、形状、用途、所在等の関係で換価できるまでには相当の期間を要すると認められる場合で、換価処分を執行しないことが、その猶予すべき国税及びその猶予すべき期間内において納付すべきこととなる国税の徴収上有利であると認められるとき ・滞納国税につき直ちに徴収できる場合等であっても、最近において納付すべきこととなる国税とすでに滞納となっている国税との総額については、換価処分を執行しないことが徴収上有利であると認められるとき
納税について誠実な意思	納税者がその滞納に係る国税を優先的に納付しなければならないことを認識していること 「納税について誠実な意思を有すると認められる」かどうかは、従来において期限内に納税していたかどうか、納税の猶予、換価の猶予等の場合に確実に分納を履行したかどうか等を参考として判定するものとす

	る。この場合においては、過去にほ脱の行為または滞納の事実等があっても、現在において誠実な納税の意思を有していると認められるかどうかにより判定（徴基通151-2）

▶「国税を徴収する上で有利」の場合（徴151①二）とは、滞納処分を執行して滞納税金の全額を徴収するよりも、滞納者に滞納税金の全額を納税させた方が有利と税務署長が認めたときに行う猶予なので、滞納者の申請にはなじまないものです。

2 猶予に伴う担保

換価の猶予及び通常の納税の猶予は、原則として、猶予金額に相当する担保の提供が必要です（徴152④、通46⑤）。

(1) 担保の種類

担保の種類としては、次のようなものがあります（通50）。

① 国債及び地方債
② 社債その他の有価証券で、税務署長等が確実と認めるもの
③ 土地
④ 建物、立木及び登記・登録される船舶、飛行機、回転翼航空機、自動車、建設機械で保険に附したもの
⑤ 鉄道財団、工場財団、鉱業財団、軌道財団、運河財団、漁業財団、港湾運送事業財団、道路交通事業財団及び観光施設財団
⑥ 税務署長等が確実と認める保証人の保証
⑦ 金銭

(2) 担保徴取等

担保の選定にあたっては、次に掲げる点に留意する必要があります（通基通50-8、50-9）。

① 担保は、なるべく処分が容易で、かつ、価額の変動のおそれが少ないもの
② 担保は、その担保に係る国税が完納されるまでの延滞税及び担保の処分に要する費用をも十分に担保できる価額のもの

担保と差押えの関係

担保を徴取する場合、その猶予に係る国税についてすでに差し押さえた財産があるときは、その猶予しようとする国税の金額から差押財産の見積価額を控除した額が、新たに担保として徴するに必要な範囲になります（徴 152 ④、通 46 ⑥、徴基通 152-6）。

また、先に徴した担保により国税の全額を徴収できる場合には、新たに差押えをすることはできません（通 52 ④、平 29. 10. 16 裁決）。

納付委託との関係

滞納者から手形の提供による納付の委託（納付委託）を受け（通 55 ①）、担保を提供する必要がないと認めるに至ったときは、その認められる限度において、担保の提供があったものとすることができます（通 55 ④）。

（注）　「必要がないと認めるに至ったとき」とは、納付委託を受けた証券の取立てが最近において特に確実であって、不渡りのおそれが全くないため、委託に係る国税が確実に徴収できると認められるとき等をいいます（徴基通 152-5）

⑶　担保を徴しないことができる場合（担保不徴取）

①猶予に係る税額が 100 万円以下の場合または②担保を徴することができない特別の事情がある場合は、担保を徴しないことができます（徴 152 ④、通 46 ⑤）。

担保不徴取

- 猶予金額が100万円以下
- 猶予期間が3か月以内
- 担保徴取できない特別の事情（通基通46-14）

① 通則法第 50 条各号（担保の種類）に掲げる種類の財産がなく、かつ、保証人となる適当な者がいない場合

② 通則法第 50 条各号に掲げる種類の財産があるものの、その財産の見積価額（通基通 50-10）が猶予に係る国税及びこれに先立つ抵当権等により担保される債権その他の債権の合計額を超える見込みがない場合

③　担保を徴することにより、事業の継続または生活の維持に著しい支障を与えると認められる場合

3　換価の猶予の対象となる金額

換価の猶予をすることができる金額は、次のとおりです（徴基通151-8）。

なお、具体的には、現在の納付能力を調査し、納付が困難と認められる金額が換価の猶予をする金額となります。

事業の継続または生活の維持を困難とするおそれがあるとき（徴151①一）	滞納国税のうち、財産の換価によりその事業の継続または生活の維持を困難にすることなく徴収をすることができる金額以外の金額
国税を徴収する上で有利と認められるとき（徴151①二）	滞納国税のうち、直ちに換価をしないことが徴収上有利であると認められる金額

4　換価の猶予をする期間

⑴　猶予期間

猶予期間は、税務署長が滞納者の将来における納付能力を調査し、1年以内の範囲内において定めます（徴151①）。

具体的な猶予期間及び猶予期間中における納付予定金額等は、将来において見込まれる納付能力に基づいて定められます。

（注）　猶予に係る金額を適宜分割し、その分割した金額ごとに猶予期間を定めることができます（徴152①、通46④）。

⑵　猶予期間の延長

換価の猶予をした場合において、その猶予した期間内にその猶予した金額を納付することができないやむを得ない理由があると認めるときは、その猶予期間を延長することができます。

この延長する期間は、すでに換価の猶予をした期間と併せて2年を超え

ることはできません（徴 152 ③、通 46 ⑦）。

（注）「やむを得ない」とは、納付することができないことが納税者の責めに帰することができない場合のその理由をいいます（徴基通 152-3）。

5　換価の猶予の効果

猶予の効果	内　容
換価の制限	換価の猶予期間中は、すでに差し押さえられている財産を換価（債権の取立ては除く）することはできません。 ただし、新たな差押え、交付要求、参加差押え、差押換え、還付金等の充当をすることはできます（徴基通 151-9、151-10）。
差押えの猶予または解除	換価の猶予をした場合において、税務署長が差押えにより滞納者の事業の継続または生活の維持を困難にするおそれがあると認めるときは、財産の差押えを猶予し、または解除することができます（徴 152 ②）
差押債権等の取立て及び充当	差し押さえた債権の弁済期が到来した場合には取立てを行い、猶予に係る国税に充当します（徴 152 ③）。
時効の不進行	換価の猶予期間中は、徴収権の消滅時効は進行しません（通 73 ④）。
延滞税の免除	換価の猶予をした場合には、その猶予に係る国税の延滞税のうち、次に相当する金額が免除されます（通 63 ③）。 猶予に係る国税の納期限の翌日から 2 か月を経過する日後の猶予期間に対応する延滞税額 × $\frac{1}{2}$ ☞免除される延滞税の額は、第 4 章第 2 節「4　延滞税の免除」参照。

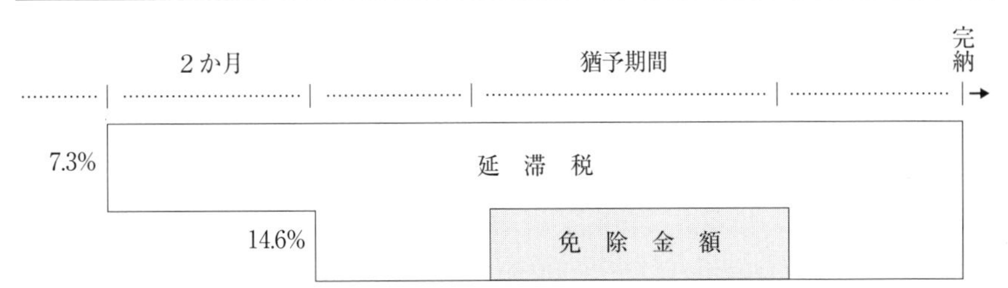

6　換価の猶予の取消し

換価の猶予を受けた場合、その猶予期間中に、次に掲げる事由が生じたときは、税務署長はその猶予の取消しまたは猶予期間を短縮することができます（徴152④、通49①）。

なお、税務署長は、換価の猶予の取消しまたは猶予期間の短縮をしたときは、滞納者にその旨を通知しなければなりません（徴152④、通49③）。

換価の猶予の取消等の理由	繰上請求事由（通38）が生じた場合において、滞納者が猶予に係る国税を猶予期間内に完納することができないと認められるとき
	分割納付による猶予（徴151②、通46④）の場合に、その分納額を納付期限までに納付しないとき（徴152③、通47①）
	税務署長による増担保の提供、担保の変更などを求め（通51①）に応じないとき
	上記の場合を除き、その者の財産の状況その他の事情の変化によりその猶予を継続することが適当でないと認められるとき（徴基通152-9(4)）

納税の猶予を取り消す場合には、事前に弁明を聞かなければなりませんが（通49②）、換価の猶予はその必要はありません。

繰上請求事由

次の各号のいずれかに該当する場合で、その納期限までに完納されないと認められるとき。

・納税者の財産につき強制換価手続が開始されたとき
・納税者が死亡し、相続人が限定承認したとき
・法人である納税者が解散したとき
・信託財産責任負担債務に係る国税の信託が終了したとき
・納税者が納税管理人を定めないで国内に住所または居所を有しなくなったとき
・国税（または還付金）を偽りその他不正の行為により免れ、もしくは免れようとし、または滞納処分の執行を免れ、もしくは免れようとしたと認められるとき

〈参考：納税の猶予と換価の猶予の概要〉

<table>
<tr><th></th><th>納税の猶予</th><th>換価の猶予</th></tr>
<tr><td rowspan="4">要件</td><td>納税者からの申請
災害により相当な損失を受けた場合の納税の猶予
① 災害等により相当の損失を受けたとき（通 46 ①）</td><td rowspan="3">税務署長の職権
次のいずれかに該当し、かつ、納税について誠実な意思を有していること（徴 151 ①）
① 財産の換価を直ちにすることにより、その事業の継続またはその生活の維持を困難にするおそれがあるとき
② 財産の換価を猶予することが、直ちにその換価をすることに比べて、滞納国税及び最近における納付すべきこととなる国税を徴収する上で有利であるとき
納税者からの申請
③ 一時に納付することにより事業継続・生活維持困難となるおそれがあり、納税について誠実な意思を有するとき（他に滞納がある場合は除く）（徴 151 の 2 ①）</td></tr>
<tr><td>災害等に基づく納税の猶予
災害等に基づく猶予（通 46 ②）
② 災害・盗難、病気等の事実に基づき、国税を一時に納付できないと認められるとき（一・二・五号）
③ 事業の休廃止、事業の損失等により、国税を一時に納付することができないと認められるとき（三・四・五号）</td></tr>
<tr><td>確定手続等が遅延した場合の納税の猶予
④ 確定手続等が遅延した場合で、その国税を一時に納付することができない理由があると認められるとき（通 46 ③）</td></tr>
<tr><td>（申請期限）
① 災害のやんだ日から 2 か月以内
②&③……申請期限はないが、猶予を受けようとする期間より前に。
④…その本来の期限から 1 年以上経過した後に納付すべき税額が確定した国税の納期限までに申請</td><td>（申請期限）
申請による猶予…猶予を受けようとする国税の納期限から 6 か月以内（徴 151 の 2 ①）</td></tr>
<tr><td>猶予期間</td><td>1 年以内
・上記②～④については、最大 2 年以内で延長可能
・上記①については、延長はないが、②と併せることができれば最大 3 年以内の猶予が可能（通 46 ⑦）</td><td>1 年以内
最大 2 年以内で延長可能（徴 152 ③）</td></tr>
<tr><td>担保</td><td>原則、必要（上記①は不要）
＊税額 100 万円以下または 3 か月以内の猶予の場合等は担保不要（通 46 ⑤）</td><td>原則、必要
税額 100 万円以下または 3 か月以内の猶予の場合等は担保不要（徴 152 ④）</td></tr>
<tr><td>手続等</td><td>・「納税の猶予申請書」、「財産収支状況書」、「担保の提供に関する書類」、「災害などの事実を証する書類」等</td><td>・「換価の猶予申請書」、「財産収支状況書」、「担保の提供に関する書類」等</td></tr>
</table>

	納税の猶予	換価の猶予
延滞税	①②の場合：免除 ③④の場合：軽減　平成29年：年1.7% 平成30年：年1.6% 令和元～2年：年1.6%	平成29年：年1.7% 平成30年：年1.6% 令和元～2年：年1.6%
効果	新たな督促、滞納処分（交付要求は除く）の禁止（通48①）	差押財産の換価（債権の取立ては除く）は不可 ただし、新たな差押え、交付要求を行うことは可能
	納税者の申請に基づき、差押えの解除可能（通48②）	必要があると認めるときは、差押えの猶予または差押えの解除可能（徴152②）
	猶予期間中、上記①②については、延滞税の全額免除 上記③④については、延滞税の一部免除（通63①）	猶予期間中、延滞税の一部免除（通63①）
	猶予期間中は、徴収権の時効は進行しない（通73④）	猶予期間中は、徴収権の時効は進行しない（通73④）

（納税の猶予申請書）

整理番号									

収受印

納 税 の 猶 予 申 請 書

税務署長殿

国税通則法第46条第　　項第　　号（第5号の場合、第　　号類似）の規定により、以下のとおり納税の猶予を申請します。

申請者			
住所 所在地	電話番号　（　　）　　携帯電話　（　　）	①申請年月日	令和　年　月　日
氏名 名称	印	※税務署整理欄	通信日付印 / 申請書番号 / 処理年月日
法人番号			

納付すべき国税	年度	税目	納期限	本税	加算税	延滞税	利子税	滞納処分費	備考
			・・	円	円	法律による金額　円	円	法律による金額　円	
			・・			〃		〃	
			・・			〃		〃	
						〃		〃	
	合計			イ	ロ	ハ　〃	ニ	ホ　〃	

②イ～ホの合計	円	③現在納付可能資金額	円	④納税の猶予を受けようとする金額（②-③）	円

※③欄は、「財産収支状況書」の(A)又は「財産目録」の(D)から転記

猶予該当事実の詳細	
一時に納付することができない事情の詳細	

⑤納付計画	年 月 日	納付金額	年 月 日	納付金額	年 月 日	納付金額
	令和	円	令和	円	令和	円
	令和	円	令和	円	令和	円
	令和	円	令和	円	令和	円
	令和	円	令和	円	令和	円

※⑤欄は、「財産収支状況書」の(B)又は「収支の明細書」の(C)及び(D)から転記

猶予期間	令和　年　月　日から　令和　年　月　日まで　　月間

※猶予期間の開始日は、①の申請年月日（ただし、災害等のやむを得ない理由により、申請書を提出できなかった場合は、災害等が生じた日）

担保	□ 有 □ 無	担保財産の詳細又は提供できない特別の事情	

税理士署名押印	印 （電話番号　　－　　－　　）
□	税理士法第30条の書面提出有

添付する書類欄	
100万円以下の場合	100万円超の場合
□ 財産収支状況書	□ 収支の明細書
□ 猶予該当事実証明書類	□ 財産目録
	□ 担保関係書類
	□ 猶予該当事実証明書類

（換価の猶予申請書）

収受印

整理番号								

換価の猶予申請書

税務署長殿

国税徴収法第151条の2第1項の規定により、以下のとおり換価の猶予を申請します。

申請者	住所 所在地	電話番号 ( ) 携帯電話 ( )	①申請年月日	令和 年 月 日
	氏名 名称	印	※税務署整理欄 通信日付印	
			申請書番号	
	法人番号		処理年月日	

	年度	税目	納期限	本税	加算税	延滞税	利子税	滞納処分費	備考
納付すべき国税			・・	円	円	法律による金額 円	円	法律による金額 円	
			・・			〃		〃	
			・・			〃		〃	
			・・			〃		〃	
			・・			〃		〃	
	合計			イ	ロ	ハ 〃	ニ	ホ 〃	

②イ～ホの合計	円	③現在納付可能資金額	円	④換価の猶予を受けようとする金額（②-③）	円

※③欄は、「財産収支状況書」の(A)又は「財産目録」の(D)から転記

一時に納付することにより事業の継続又は生活の維持が困難となる事情の詳細	

	年月日	納付金額	年月日	納付金額	年月日	納付金額
⑤納付計画	令和	円	令和	円	令和	円
	令和	円	令和	円	令和	円
	令和	円	令和	円	令和	円
	令和	円	令和	円	令和	円

※⑤欄は、「財産収支状況書」の(B)又は「収支の明細書」の(C)及び(D)から転記

猶予期間	令和 年 月 日から 令和 年 月 日まで 月間

※猶予期間の開始日は、①の申請年月日（ただし、納付すべき国税の法定納期限以前にこの申請書を提出する場合は、納付すべき国税の法定納期限の翌日）

担保	□ 有	担保財産の詳細又は	
	□ 無	提供できない特別の事情	

税理士署名押印	印 （電話番号 － － ）
□	税理士法第30条の書面提出有

添付する書類欄	
100万円以下の場合	100万円超の場合
□ 財産収支状況書	□ 収支の明細書 □ 財産目録 □ 担保関係書類

（財産収支状況書）

整理番号								

収受印

財　産　収　支　状　況　書

令和　　年　　月　　日

1 住所・氏名等

住所 所在地		氏名 名称	

2 現在納付可能資金額

現金及び預貯金等	預貯金等の種類	預貯金等の額	納付可能金額	納付に充てられない事情
現　　金		円	円	□運転資金　□生活費　□その他（　　）
		円	円	□運転資金　□生活費　□その他（　　）
		円	円	□運転資金　□生活費　□その他（　　）
		円	円	□運転資金　□生活費　□その他（　　）
	現在納付可能資金額（A）		円	※（A）は、申請書の③「現在納付可能資金額」欄へ転記

3 今後の平均的な収入及び支出の見込金額（月額）

区	分	見込金額
収入	売上、給与、報酬	円
	その他（　　　）	円
		円
① 収入合計		円
支出	仕入	円
	給与、役員給与	円
	家賃等	円
	諸経費	円
	借入返済	円
		円
		円
	生活費（扶養親族　　人）	円
② 支出合計		円
③ 納付可能基準額（①－②）		円

4 分割納付計画（B）　※分割納付金額は、3の③の欄を基に記載し、申請書⑤「納付計画」欄へ転記

月	分割納付金額	増減理由	納付積立金額
月	円		円
月	円		円
月	円		円
月	円		円
月	円		円
月	円		円
月	円		円
月	円		円
月	円		円
月	円		円
月	円		円
月	円		円

【備考】

5 財産等の状況

(1) 売掛金・貸付金等の状況

売掛先等の名称・住所		売掛金等の額	回収予定日	種類	回収方法
		円	・・		
		円	・・		
		円	・・		

(2) その他の財産の状況

不動産等		国債・株式等	
車両		その他（保険等）	

(3) 借入金・買掛金の状況

借入先等の名称	借入金等の金額	月額返済額	返済終了（支払）年月	追加借入の可否	担保提供財産等
	円	円	年　月	可・否	
	円	円	年　月	可・否	

第4節

災害を受けた場合の対応

POINT 納税者が災害等により被害を受けた場合等においては、納期限までに納付することは困難となります。このような特別な事情が生じた場合の特別措置として、次のような制度が設けられています。

- 災害等による期限の延長
- 災害減免法による減免

1 災害等による期限の延長

災害その他やむを得ない事由により、国税に関する法律に基づく期限までに申告、納付、各種の申請等の行為をすることができないと認められる場合に、国税庁長官等が地域、対象者及び期日を指定し、災害等がやんだ日から2か月以内の期限の延長が行われます（通11）。

この延長をする必要が生じたときは、次のような指定を行い、期限を延長することができます（通令3）。

なお、この規定の適用を受けて、納期限が延長された場合には、その延長された期限までに納付すれば、延滞税や利子税が課されることはありません。

災害等による期限延長

地域指定（通令3①）…国税庁長官の職権
対象指定（通令3②）…　　〃
個別指定（通令3③）…納税者の申請

地域指定	その理由が都道府県の全部または一部にわたるときには、国税庁長官が職権で地域及び期日を指定します。
対象者指定	多数の納税者が期限までに申告等をすることができないと認める場合には、国税庁長官は、その対象者の範囲及び延長する期日を指定します。
個別指定	その理由が個別の納税者にあるときは、納税者の申請により、税務署長が納税者ごとに期日を指定します。

延長することができる期間　その理由がやんだ日から2か月以内

2　災害減免法による所得税の軽減

(1)　所得税の軽減

災害によって受けた住宅や家財の損害金額（保険金などにより補てんされる金額を除く）がその時価の2分の1以上で、かつ、災害にあった年の所得金額の合計額が1,000万円以下のときにおいて、その災害による損失額について雑損控除の適用を受けない場合は、災害減免法によりその年の所得税が次のように軽減されるかまたは免除されます（災免2）。

（注）　災害により住宅や家財に損害を受けた場合の税金面での救済の方法として、このほかに雑損控除があります。いずれか有利な方法を選択できます（所72）。

所得金額の合計額	軽減または免除される所得税の額
500万円以下	所得税の額の全額
500万円を超え750万円以下	所得税の額の2分の1
750万円を超え1,000万円以下	所得税の額の4分の1

(2)　適用を受けるための手続

災害減免法の適用を受けるためには、確定申告書等に適用を受ける旨、被害の状況及び損害金額を記載して、納税地の所轄税務署長に確定申告書等を提出することが必要です（災免3①）。

(3)　源泉所得税の徴収猶予及び還付

給与所得者や公的年金等の受給者が災害による被害を受けた場合は、一定の手続をすることにより、源泉所得税の徴収猶予や還付が受けられる場合があります（災免３②）。

3　災害減免法による相続税の軽減

相続等により取得した財産が、災害によって被害を受けた場合において、次の①または②のいずれかに該当するときには、相続税が軽減されます。

① 相続税の課税価格の計算の基礎となった財産の価額（債務控除後の価額）のうちに被害を受けた部分の価額（保険金、損害賠償金等により補てんされた金額を除く）の占める割合が10分の１以上であること。

② 相続税の課税価格の計算の基礎となった動産等の価額のうちに動産等について被害を受けた部分の価額（保険金、損害賠償金等により補てんされた金額を除く）の占める割合が10分の１以上であること。

（注） 動産等とは、動産（金銭及び有価証券を除く）、不動産（土地及び土地の上に存する権利を除く）及び立木をいいます。

法定申告期限前に災害があった場合	法定申告期限後に災害があった場合
法定申告期限前に災害があった場合は、相続等により取得した財産の価額から、被害を受けた部分で、保険金、損害賠償金等で補てんされなかった部分の価額を控除して課税価格を計算することになります。 なお、この特例を適用される方は、相続税の申告書に、被害の状況や被害額等を記載し、原則として申告期限内に提出していただくことになります。	法定申告期限後に災害があった場合は、災害のあった日以後に納付すべき相続税額で、課税価格の計算の基礎となった財産の価額のうち、被害を受けた部分で、保険金、損害賠償金等で補てんされなかった部分の価額に対応する金額が免除されることになります。 ただし、災害があった日以後に納付すべき相続税額には、延滞税等の附帯税や災害があった日現在において滞納中の税額は含まれません。 なお、免除を受けようとされる方は、被害の状況や被害額等を記載した申請書

	を、災害のやんだ日から2か月以内に、納税地の所轄税務署長に提出していただくことになります。

（措69の6、70の7の2、70の7の4　災免4、6、災免令11、12）

第5節

滞納処分の停止

滞納者において、例えば滞納処分を執行すること等によって滞納者の生活を著しく窮迫させるおそれがある場合などの一定の要件に該当する場合には、強制的に徴税するための滞納処分の執行を停止（以下「滞納処分の停止」という）する制度があります。

滞納処分の停止は、その状態が一定の期間継続された場合には、停止に係る国税の納税義務を消滅させることにつながる手続です。

1　滞納処分の停止の要件

滞納者が次の事実のいずれかに該当するときは、滞納処分の停止をすることができます。

○滞納処分の執行等をすることができる財産がないとき（徴153①一）
○滞納処分の執行等をすることによって滞納者の生活を著しく窮迫させるおそれがあるとき（徴153①二）
○滞納者の所在及び滞納処分の執行等をすることのできる財産がともに不明であるとき（徴153①三）

（注）「滞納処分の執行等」とは、滞納処分の執行及び租税条約等の規定に基づく当該租税条約等の相手国等に対する共助対象国税の徴収の共助の要請による徴収をいいます。

参考　国税徴収法基本通達第153条関係2、3及び4

1　「『滞納処分の執行等』をすることができる財産がないとき」とは、滞納処分の停止をするかどうかを判定するときにおいて、次に掲げる場合のいずれかに該当するときをいいます。

(1) すでに差し押さえた財産及び差押えの対象となり得る財産の処分予定価額が、滞納処分費（判定時後のものに限る）及び徴収法第2章第3節《国税と被担保債権との調整》の規定等により国税に優先する債権の合計額を超える見込みがない場合

(2) 差押えの対象となり得るすべての財産について差し押さえ、換価（債権の取立てを含む）を終わったが、なお徴収できない国税がある場合

2 「生活を著しく窮迫させるおそれがあるとき」とは、滞納者（個人に限る）の財産につき滞納処分の執行または徴収の共助の要請による徴収をすることにより、滞納者が生活保護法の適用を受けなければ生活を維持できない程度の状態（徴収法第76条第1項第4号に規定する金額で営まれる生活の程度）になるおそれのある場合をいいます。

3 「財産がともに不明」とは、滞納者の住所または居所及び財産がともに不明な場合をいいます。

2 滞納処分の停止の手続

滞納処分の停止は、滞納者の申請によらず、税務署長が職権で行うものです（徴153①、徴基通153-5)。滞納処分の停止をしたときは、その旨が滞納者に通知されます（徴153②)。

▶滞納処分の停止は、滞納者の申請を要しないので、税務署長がそれをしないことを不作為として、不服申立てをすることはできません。

3　滞納処分の停止の効果

滞納処分の停止の効果	差押えの解除等（徴 153 ③）
	納税義務の消滅（徴 153 ④）
	延滞税の免除（通 63 ①）

(1)　差押えの解除等

徴収法第 153 条第 1 項第 2 号の規定により滞納処分の停止をした場合において、すでに差し押さえている財産があるときは、その差押えは解除しなければなりません（徴 153 ③）。

また、滞納処分を停止している期間中は、新たな差押えをすることはできません（徴基通 153−10）。ただし、滞納者が自発的に納付した金銭を収納し、または還付金や交付要求の受入金を滞納国税に充当することは、滞納処分の執行等には当たらないので可能です（徴基通 153−11）。

(2)　納税義務の消滅

滞納処分の停止が 3 年間継続したときは、停止した国税の納税義務は消滅します（徴 153 ④）。

(3)　延滞税の免除

滞納処分の停止をした国税に係る延滞税のうち、停止をした期間に対応する部分の金額は免除されます（通 63 ①）。ただし、滞納処分の停止の取消しがされたときは、取消原因となった事実が生じた日以後の期間に対応する部分の金額については、免除されません（通 63 ①但書）。

（滞納処分の停止が取り消された場合の延滞税）

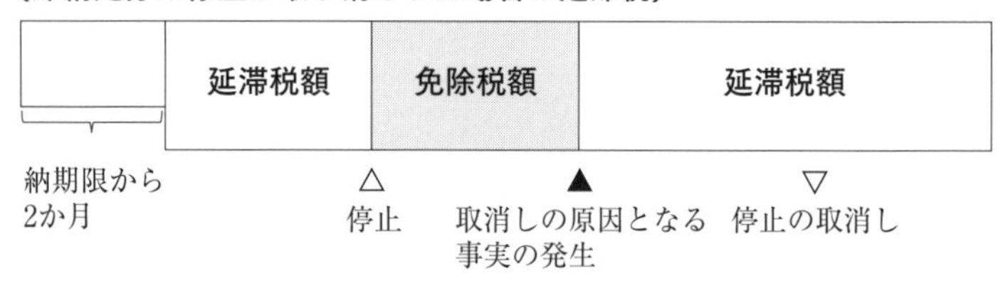

4　滞納処分の停止の取消し

滞納処分の停止から納税義務が消滅する3年間において、税務署長は停止の理由を継続して調査し、その事実がないと認められるときには、滞納処分の停止を取り消します（徴154①）。滞納処分の停止を取り消した場合には、その旨を滞納者に通知します（徴154②）。

第7章　納税緩和制度

第8章

延納・物納制度

近年の税制改正で、相続税の課税割合が高まり、これまで以上に、相続税が身近なものになってきました。

申告は終えたものの、その納付の資金の捻出は？

相続税は財産課税という特性を持ち、その納付制度においても、「延納」と「物納」及び「納税猶予」制度の選択ができますが、いずれを選択すべきか。

本章では、各制度の概要、その選択にあたっての留意事項等を取り上げています。

第1節

相続税における納付制度

相続税の申告と納税は、原則として相続開始から10か月以内となっています。

また、相続税の納付方法には、①納期限までに現金で納付する方法、②長期にわたり分割して納付する延納制度や、③相続財産で納付することができる物納制度などが設けられています。このほか、④農地等を相続してその後も農業を継続する場合には、納税猶予の制度があります。

なお、共同相続人間には、連帯納付の義務が課されています。

1 相続税の申告と納期限

相続税は、被相続人の死亡（相続開始）を契機として、被相続人の財産を相続または遺贈によって取得した者に対して課される税金で、富の過度の集中を排除することや所得税の補完的な役割を果たすことなどを目的としたものであるといわれています。

相続税の申告と納税は、原則として相続の開始があったことを知った日の翌日から10か月以内に、被相続人の死亡の時における住所地を所轄する税務署長にすることとされています（相27①、33、相附則3）。

2　相続税の納付方法

相続税の申告に伴い、その納税については、次に掲げるような①金銭により期限内に納付するのが原則ですが、相続税が財産課税たる特殊な性格を有することから、②金銭による分割納付としての延納、及び③相続財産で納付する物納があります。さらに、④農地を相続した場合の納税猶予があります。

したがって、実際に相続税の納付にあたっては、このような制度をよく検討した上で、納付方法を選択してください。

相続税の納付方法
① 金銭により期限内に納付（原則）
② 金銭による分割納付としての延納
③ 相続財産で納付する物納
④ 農地を相続した場合の納税猶予

①　原則的な金銭納付（通34）

相続税の納付は、他の国税と同様、申告と同時に金銭でその納期限までに納付するのが原則です。

一括現金納付が可能な場合

②　延納（相38①、措70の8の2、70の9）

相続税においては、その財産課税たる特殊性から、長期の分割納付による延納の制度があります。

なお、延納を行うにあたっては、原則として、担保の提供を行う必要があります。

（注）贈与税についても、延納制度があります（相38③）。

一定の不動産収入による分納や不動産売却による納付

③　物納（相41）

上記の①及び②のような金銭による納付に代えて、一定の要件に該当する場合に相続財産そのもので納付（物納）することができます。

つまり、相続税は、それが財産課税たる特殊な性格を有することから、延納によっても金銭で納付することを困難とする事由があることなどの一定の要件に該当した場合に、課税価格の計算の基礎となった財産に

貸宅地が多く売却困難
金銭納付も困難

よる物納の制度があります。

なお、物納に充てることができる財産は、課税価格計算の基礎となった財産で、かつ、管理または処分することができる財産に限られます。

(注) 贈与税及び連帯納付の責に任ずる者のその責に任ずべき金額については、物納の規定の適用はありません（相基通 41-2)。

④ 納税猶予（措70の6）（措70の4）

農業経営は継続したい

農地などを相続したその後も農業を継続する場合に、一定の要件に該当すれば、農地等についての相続税の納税猶予が受けられます。

つまり、農業相続人が、農業を営んでいた被相続人から農地等を相続（遺贈を含む）した場合、その農地等の価額のうちに農業投資価額を超える価額に対応する相続税について、申告書に納税猶予の適用を受ける旨の記載をし、担保を提供することにより、原則として、農業相続人の死亡の日または申告期限から 20 年を経過する日のいずれか早い日まで納税猶予ができます。

(注) 贈与税における納税猶予の制度
　農業を営む個人が、その農業の用に供している農地等を推定相続人の一人に贈与した場合の贈与税について、申告書に納税猶予の適用を受ける旨の記載をし、担保を提供することにより、原則として、贈与者の死亡の日まで納税猶予ができます。

第2節

延納制度

相続税の納期限等までに金銭で一時に納付することが困難な場合には、その金銭納付困難な金額を限度として、一定の要件の下で、年賦による分割納付を行うことができます。これを「**延納**」といいます。

POINT 延納制度の活用～金銭による分割納付

延納が許可されるためには、一定の要件を備えていることが必要。
財産の状況・権利関係等を十分に踏まえて、「延納担保」とする財産を選定。

1 延納の要件等

(1) 延納の要件

延納の要件として、次のようなものがあります。

○相続税額が 10 万円を超えていること
○金銭で納付することが困難な金額の範囲内であること
○「延納申請書」及び「担保関係書類」を期限までに提出すること
○延納税額に相当する担保を提供すること

POINT 延納要件をチェック

金銭納付困難事由 ＋ 担　保

(2) 延納担保の選定

延納が許可されるためには、延納担保となる財産が次の要件を備えておくことが必要です。財産の状況、権利関係等を十分に踏まえて延納担保とする財産を選定して下さい。

○担保として提供できる財産の種類であること
○担保として不適格な事由がないこと
○必要担保額を充足していること

① 担保として提供できる財産

担保として提供できる財産は、次に掲げる財産であり、この中からなるべく処分の容易なもので、価額の変動のおそれが少ないものを選択してください。

なお、延納の担保は、相続等により取得した財産及び贈与を受けた財産に限らず、相続人等の固有の財産や共同相続人または第三者が所有している財産であっても差し支えありませんが、その担保に係る国税を徴収できる金銭的価値を有するものでなければなりません。

・国債及び地方債
・社債（特別の法律により設立された法人が発行する債券を含む）その他の有価証券で税務署長等が確実と認めるもの
・土地
・建物、立木及び登記・登録される船舶、飛行機、回転翼航空機、自動車、建設機械で、保険に附したもの
・鉄道財団、工場財団、鉱業財団、軌道財団、運河財団、漁業財団、港湾運送事業財団、道路交通事業財団及び観光施設財団
・税務署長等が確実と認める保証人の保証

② 延納不適格財産

担保となる財産は、その担保に係る国税を徴収できる金銭的価値を有するものでなければならないことから、一般的に次に掲げるようなものは担保として不適格な財産とされます。

・法令上担保権の設定または処分が禁止されているもの
・違法建築、土地の違法利用のため建物除去命令等がされているもの
・共同相続人間で所有権を争っている場合など、係争中のもの
・売却できる見込みのないもの
・共有財産の持分（共有者全員が持分全部を提供する場合を除く）
・担保に係る国税の附帯税を含む全額を担保としていないもの
・担保の存続期間が延納期間より短いもの
・第三者または法定代理人の同意が必要な場合に、その同意が得られないもの

処分困難・係争中財産等売却困難な財産

③　延納に係る必要担保額

延納に係る必要担保額としては、次の算式により計算した額となります。

延納税額　＋　第１回目の分納期間に係る利子税の額　×　３
（第１回目の分納期間が１年に満たないときは１年として計算した額）

(3)　延納担保の見積価額

延納担保の見積価額は、国債及び保証人の保証を除き、時価を基準にします。

なお、有価証券及び不動産については、担保の提供期間中に予測される価額の変動や価値の減耗を考慮した金額をもって担保の見積価額とします（通基通 50-10）。

〈担保の見積価額〉

国債	原則として、**券面金額**
有価証券	地方債、社債及び株式その他の有価証券については、**時価の８割**以内において担保提供期間中に予想される価額変動を考慮した金額
土地	**時価の８割**以内において適当と認める金額

建物・立木及び各種財団	時価の7割以内において担保提供期間中に予想される価額の減耗等を考慮した金額
保証人の保証	延納税額が不履行（滞納）となった場合に、保証人から徴収（保証人の財産を滞納処分の例により換価することによる弁済を含む）することができると見込まれる金額

(4) 延納期間と延納利子税割合

延納期間及び延納利子税割合は、不動産等の割合により次表のとおりです。

例えば、令和2年中に開始する分納期間に適用される延納利子税の特例割合は、次のとおりですが、この特例割合は、毎年変わる場合がありますから、注意して下さい。

区分			延納期間（最高）	延納利子税割合（年割合）	特例割合※
相続税	不動産等の割合が75％以上の場合	① 動産等に係る延納相続税額	10年	5.4％	1.1％
		② 不動産等に係る延納相続税額（③を除く）	20年	3.6％	0.7％
		③ 森林計画立木の割合が20％以上の森林計画立木に係る延納相続税額	20年	1.2％	0.2％
	不動産等の割合が50％以上75％未満の場合	④ 動産等に係る延納相続税額	10年	5.4％	1.1％
		⑤ 不動産等に係る延納相続税額（⑥を除く）	15年	3.6％	0.7％
		⑥ 森林計画立木の割合が20％以上の森林計画立木に係る延納相続税額	20年	1.2％	0.2％
	不動産等の割合が50％未満の場合	⑦ 一般の延納相続税額（⑧、⑨及び⑩を除く）	5年	6.0％	1.3％
		⑧ 立木の割合が30％を超える場合の立木に係る延納相続税額（⑩を除く）	5年	4.8％	1.0％
		⑨ 特別緑地保全地区等内の土地に係る延納相続税額	5年	4.2％	0.9％
		⑩ 森林計画立木の割合が20％以上の森林計画立木に係る延納相続税額	5年	1.2％	0.2％
贈与税		延納贈与税	5年	6.6％	1.4％

▶令和元年12月の財務大臣の告示により、令和2年に適用される延納特例基準割合(注)が1.6%となりました。これに伴い、令和2年中に開始する分納期間に適用される延納利子税の特例割合(※)は、前表のとおりです。

(注)　延納特例基準割合

各分納期間の開始の日の属する年の前々年の10月から前年の9月までの各月における銀行の新規の短期貸出約定平均金利の合計を12で除して得た割合として各年の前年の12月15日までに財務大臣が告示する割合に、年1%の割合を加算した割合

2　申請手続等から延納許可まで

〈申請から延納許可まで〉

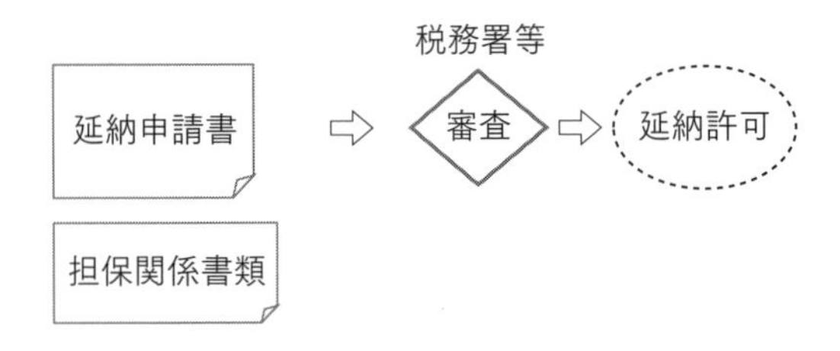

POINT 延納は、金銭納付を困難とする理由書の作成と担保の提供！

(1)　延納申請書等の作成等

相続税の延納申請を行うに際しては、最初に金銭納付困難な金額を算定する必要があります。

POINT 金銭納付困難

延納の要件の一つに、「金銭で納付することが困難な金額の範囲内であること」があります。その計算にあたっては、延納申請書の別紙『金銭納付を困難とする理由書』に金額等を記載して計算します。

①　延納することができる金額の計算

相続財産の状況や申請者自身が所有している財産の状況、収入や支出の

状況及び近い将来（概ね1年以内をいう）における臨時的な収入や支出の状況を踏まえて、納付資力の確認を行うとともに、延納の要件を備えているかどうかなどを総合的に勘案して、相続税額を納期限等までに納付する方法を確認します。

〈延納することができる金額（延納許可限度額）〉

<table>
<tr><td colspan="2">①　納付すべき相続税額</td></tr>
<tr><td rowspan="4">現金納付額</td><td>②　納期限において有する現金、預貯金その他の換価が容易な財産の価額に相当する金額</td></tr>
<tr><td>③　申請者及び生計を一にする配偶者その他の親族の3か月分の生活費</td></tr>
<tr><td>④　申請者の事業の継続のために当面（1か月分）必要な運転資金（経費等）の額</td></tr>
<tr><td>⑤　納期限に金銭で納付することが可能な金額（これを「現金納付額」という）</td></tr>
<tr><td colspan="2">⑥　延納許可限度額（①－⑤）</td></tr>
</table>

『金銭納付を困難とする理由書』により計算

②　計算方法

上記の実際の計算にあたっては、延納申請書の別紙**『金銭納付を困難とする理由書』**に金額等を記入して計算します。

なお、計算の根拠となった資料等の写しを『金銭納付を困難とする理由書』に添付します。

☞「金銭納付を困難とする理由書」247ページを参照。

POINT **金銭納付を困難とする理由書の作成が重要です。**

(2) 担保関係書類の整備・提出等

担保の種類により、担保提供関係書類及びその提供手続が異なります。

担保の提供手続は、通則法施行令第16条に規定されています。この手続は、その担保財産の種類に応じ異なりますが、例えば、次のようになっています。

〈担保提供関係書類及び担保提供手続一例〉

	担保提供関係書類	担保提供手続
土　地	登記事項証明書（登記簿謄本） 固定資産税評価証明書 抵当権設定登記承諾書 印鑑証明書	・抵当権の設定の手続は税務署で行います。
建　物	登記事項証明書（登記簿謄本） 固定資産税評価証明書 抵当権設定登記承諾書 印鑑証明書 裏書承認等のある保険証券等	・抵当権の設定の手続は税務署で行います。 ・保険金請求権に対する質権設定（詳しくは、保険会社で確認ください。）
上場株式	上場株式の所有者の振替口座簿の写し	・税務署が指定する証券会社等に担保提供者の口座を開設 ・証券会社等に、担保提供者の口座から税務署長口座（質権欄）へ振替を行うよう指図します。
保証人（個人）	納税保証書 保証人の印鑑証明書 保証人の土地・建物の登記事項証明書及び固定資産税評価証明書 保証人の収入の状況を確認できる書類（源泉徴収票等）	・金融機関その他の保証義務を果たすための資力が十分であると認められる者であれば、差し支えありません。
保証人（法人）	納税保証書 法人の印鑑証明書 保証法人の最近における決算の貸借対照表及び損益計算書の写し 議事録の写し	・金融機関その他の保証義務を果たすための資力が十分であると認められる者であれば、差し支えありません。 ・保証人となる法人がその国税を保証することが、定款の定めの範囲内に属する場合に限ります。 　なお、次のような場合には、「定款の定めの範囲内に属する場

		合」として取り扱います。 (1)納税者と取引上密接な関係にある営利を目的とする法人 (2)納税者が取締役または業務を執行する社員となっている営利を目的とする法人で、株主総会または取締役会などの承認を受けた法人

▶詳しくは、国税庁作成「相続税・贈与税の延納の手引」を参照してください。

(3) 担保関係書類を申請期限までに提出できない場合の対応

① 担保提供関係書類の提出期限の延長

延納申請書の提出期限までに担保提供関係書類の提出ができない場合には、その提出期限までに『担保提供関係書類提出期限延長届出書』を提出することにより、担保提供関係書類の提出期限を**延長**することができます。

この場合、不足する書類の作成状況を踏まえて、いつまで期限を延長する必要があるかを延納申請者自身で判断いただき、3か月の範囲内の日を期限として提出してください。

▶次に掲げる延納申請書別紙の提出期限の延長はできません。

① 金銭納付を困難とする理由書

② 延納申請書別紙（担保目録及び担保提供書）

② 提出期限の再延長

担保提供関係書類の提出期限を延長したものの、延長した期限においてもまだ提出ができない場合には、その延長した期限までに再度『担保提供関係書類提出期限延長届出書』を提出することにより、提出期限を**再延長**することができます。

この延長届出書には提出回数の制限はありませんが、3か月の範囲で期限の延長を順次行うことにより、延納申請書の提出期限の翌日から起算し

第8章 延納・物納制度

て最長で６か月間、提出期限を延長することができます。

▶最終の提出期限までに書類の提出ができなかった場合には、その延納申請は却下されることになりますので、注意してください。

担保提供関係書類の提出期限の延長

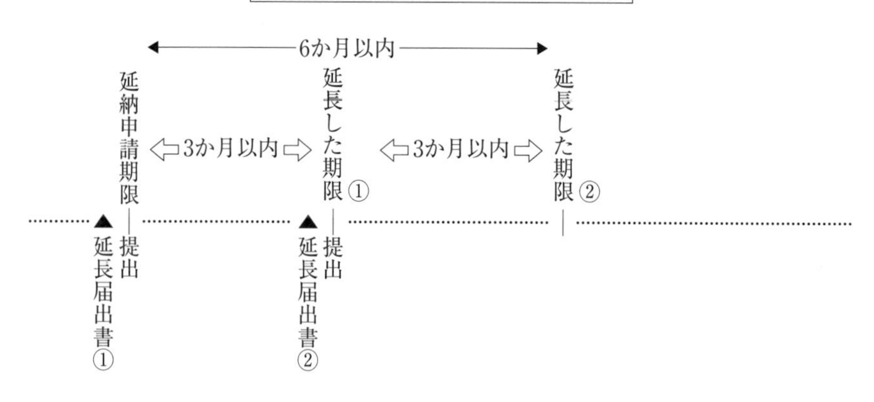

⑷　提出書類の補完とその対応

提出書類の訂正・補完通知

POINT **延納申請書に記載の不備があった場合及び担保提供関係書類に記載内容の不備や不足書類があった場合には、税務署から、書類の訂正や追加提出を求められます。**

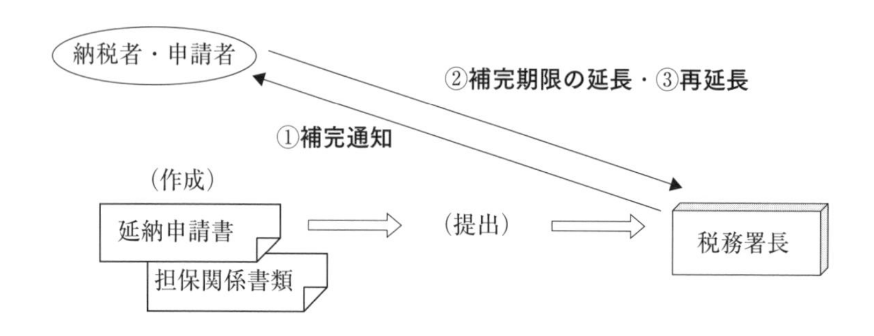

①　補完通知

延納申請期限（延長された担保提供関係書類の提出期限を含む）までに提出された延納申請書に記載の不備があった場合及び担保提供関係書類に記載内容の不備や不足書類があった場合には、税務署から、書類の訂正や追加提出を求める「**相続税（贈与税）延納申請書及び担保提供関係書類に関する補完通知書**」（以下「**補完通知書**」という）が送付されます。この場合、この補完通知書の内容に従って書類の訂正や不足書類の作成を行う必要があります。

訂正等を行った書類の提出期限は、補完通知書を受けた日の翌日から起算して20日以内です。この期限（これを「補完期限」という）までに訂正または作成した書類を提出します。

②　補完期限の延長

上記①の補完期限までに担保提供関係書類の訂正または提出ができない場合には、補完期限までに「**担保提供関係書類補完期限延長届出書**」を提出することにより、この補完期限を**延長**することができます。

訂正すべき内容や不足する書類の作成状況を踏まえて、いつまで期限を延長する必要があるかを延納申請者自身で判断し、3か月の範囲内の日を期限とする延長届出書を提出します。

③　補完期限の再延長

上記②により担保提供関係書類の補完期限を延長したものの、延長した期限においてもまだ提出ができない場合には、その延長した期限までに再度「担保提供関係書類補完期限延長届出書」を提出することにより、補完期限を**再延長**することができます。

再度補完期限の延長を行う場合も、延長の届出と同様に、延納申請者自身で3か月の範囲内の日を期限とする延長届出書を提出します。

また、同様にして、3か月の範囲で期限の延長を順次行うことにより、補完通知書を受けた日の翌日から起算して最長で6か月間、提出期限を延長することができます。

（注）　最終の補完期限までに書類の訂正または提出ができなかった場合には、その延納申請は「却下」されることになります。

参考　担保提供関係書類の補完期限の延長

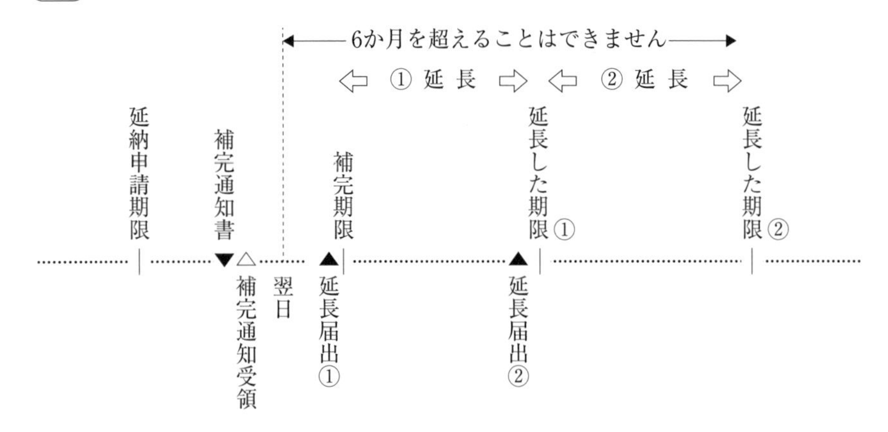

④　延納申請を取り下げたものとみなす場合

補完通知書を受けた日の翌日から起算して20日以内に、訂正または作成した書類が提出されず、かつ、「担保提供関係書類補完期限延長届出書」も提出されない場合には、その延納申請は取り下げたものとみなされます。

延納申請が取り下げられたものとみなされた場合には、その相続税額（贈与税額）を直ちに納付しなければなりません。この場合、①（法定）納期限の翌日から取り下げたものとみなされる日までの期間については利子税が、②取り下げたものとみなされる日の翌日から本税の完納の日までの期間については、延滞税がかかります。

（注）　期限後申告、修正申告、更正または決定に係る納付すべき相続税額（贈与税額）について延納申請されていた場合には、法定納期限の翌日から、それぞれの納期限または納付すべき日までの期間も延滞税がかかります。

⑸ 担保の変更・追加書類の提出

POINT **担保財産の調査の結果、担保として不適格と認められるときまたは担保の価額が担保の必要価額に満たないと認められるときには、税務署長から、担保の変更を求める旨または担保の追加提出を求められます。**

① 担保変更等要求通知書

延納申請期限（延長された期限を含む）までに提出された担保財産の調査の結果、担保として不適格と認められるときまたは担保の価額が担保の必要価額に満たないと認められるときには、税務署長から、担保の変更を求める旨または担保の追加提出を求める旨の「**担保変更等要求通知書**」が送付されます。

その通知書の内容に従って担保の変更や担保を追加して提供するための書類の作成を行い、指定された期限までに必要な書類を提出します。

② 担保変更に係る書類または追加書類の提出の期限

変更または追加した担保に係る担保提供関係書類（これを「**変更担保提供関係書類**」という）の提出期限は、担保変更等要求通知書を受けた日の翌日から起算して20日以内です。この期限（これを「変更期限」という）までに変更担保提供関係書類を提出します。

なお、延納担保の変更要求が行われた場合の審査期間は、変更期限（担保変更等要求通知書を受けた日の翌日から起算して20日を経過する日）の翌日から起算して3か月以内となります。

③ 変更期限の延長・再延長

上記②の変更期限までに変更担保提供関係書類の提出ができない場合には、その変更期限までに「**変更担保提供関係書類提出期限延長届出書**」を提出することにより、この変更期限を**延長**することができます。

担保の変更に係る書類や追加すべき書類の作成状況を踏まえて、いつまで期限を延長する必要があるかを延納申請者自身で判断して、3か月の範囲内の日を期限とする延長届出書を提出します。

また、変更担保提供関係書類の提出期限を延長したものの、延長した期間においてもまだ提出ができない場合には、その延長した期限までに再度「変更担保提供関係書類提出期限延長届出書」を提出することにより、変更期限を**再延長**することができます。

この延長届出書には提出回数の制限はありませんが、3か月の範囲で期限の延長を順次行うことにより、担保変更等要求通知書を受けた日の翌日から起算して最長で6か月間、変更期限を延長することができます。

（注）最終の変更期限までに変更担保提供関係書類の提出ができなかった場合には、その延納申請は「却下」されることになります。

第3節

特定物納

不動産賃貸収入の減少及び不動産売却困難等の事由等により、延納による分割納付がこれ以上継続することができない場合も生ずることがあります。

このように、延納期間中に延納の継続が困難となった場合、一定の要件により延納から物納への変更をすることができます。

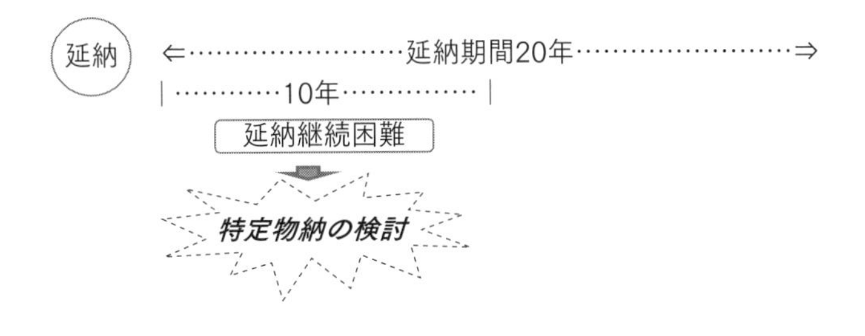

POINT 申告期限から10年以内の申請に！

1 特定物納の要件等

(1) 特定物納の意義

相続税の延納の許可を受けた納税者が、その後の資力の変化等により、延納条件の変更を行ったとしても延納を継続することが困難となった場合には、その納付を困難とする金額を限度として、その相続税の申告期限から10年以内の申請により、延納から物納に変更することができます。これを「**特定物納**」といいます（相48の2）。

▶分納期限が到来している分納税額のほか、加算税、利子税、延滞税及び連帯納付義務により納付すべき税額は、特定物納の対象にはなりません。

⑵　特定物納の要件

特定物納は、次のような要件が必要です（相48の2①②⑤）。

○延納条件の変更を行っても、延納を継続することが困難な金額の範囲内であること
○物納申請財産が定められた種類の財産で申請順位によっていること
○申請書及び物納手続関係書類を申告期限から10年以内に提出すること
○物納申請財産が物納に充てることができる財産であること

⑶　特定物納申請税額の算定

特定物納は、相続税の申告期限から10年以内の申請により、延納によって納付を継続することが困難な金額の範囲内で認められるものですから、この納付が困難な金額の範囲内となるよう物納申請税額を算定することが必要です。

特定物納申請税額の算定にあたって、特定物納申請書の別紙「金銭納付を困難とする理由書」を作成します。

2　特定物納における留意事項

⑴　特定物納申請財産の選定

特定物納に充てることのできる財産については、管理処分不適格な財産でないこと、物納劣後財産に該当する場合は他に物納に充てるべき適当な財産がないこと、物納に充てることのできる順位によっていることなど、通常の物納申請の場合と同様の要件に該当することが必要です。

ただし、特定物納申請財産が延納担保になっている場合で、特定物納許可によりこの延納担保に係る抵当権が抹消できるとき（この他には抵当権

等が付されていない場合に限る）には、この財産は管理処分不適格財産として取り扱わないこととしています（相基通48の2-2）。

なお、課税価格の計算の特例を受けている財産（措69の4、69の5）は、特定物納財産とすることはできません。

⑵　特定物納申請財産の収納価額

特定物納申請財産の収納価額は、特定物納申請書を提出した時の価額になります。

この申請の時の価額は、特定物納申請財産について、特定物納申請書が提出された時の財産の状況により、財産評価基本通達を適用して求めた価額をいいます。

なお、一般的な物納と同様に、収納の時までに物納財産の状況が特定物納申請時と比べて著しい変化があった場合には、収納時の現況により評価した価額になります（相基通48の2-7）。

⑶　物納手続関係書類の作成

物納手続関係書類は、一般の物納申請の場合に準じて書類の作成をします。

なお、特定物納に係る「物納手続関係書類」の提出期限は延長することができません。物納手続関係書類は、特定物納申請書を提出する時までに作成する必要があります。

▶特定物納申請が行われた場合も、延納は継続しているものとして取り扱われます。

▶特定物納申請が却下、みなす取下げまたは取下げされた場合
当初の延納許可に係る延納条件（上記の分納期限の延長を除く）が引き続き適用されることになります（相48の2④一）。

▶特定物納が許可された場合、物納許可税額に対して、特定物納申請日前の分納期限の翌日から特定物納許可に係る納付があったものとされる日までの期間について、当初の延納条件による利子税を納付する必要があります（相48の2④二）。

〈参考：物納制度と特定物納制度の相違点（概略）〉

項　　目	物納制度	特定物納制度
申請期限	物納申請に係る相続税の納期限または納付すべき日	Check 特定物納申請に係る相続税の申告期限から10年以内
申請税額の範囲	延納によっても納付することが困難な金額の範囲内	申請時に分納期限の到来していない延納税額のうち、延納条件を変更しても延納によって納付を継続することが困難な金額の範囲内
物納に充てることができない財産	管理処分不適格財産	管理処分不適格財産及び課税価格計算の特例の適用を受けている財産
収納価額（原則）	課税価格計算の基礎となった財産の価額	特定物納申請の時の価額（特定物納申請書提出のときの財産の状況により、財産評価基本通達を適用して求めた価額）
物納手続関係書類の提出期限	申請書と同時に提出 届出により提出期限の延長	申請書と同時に提出 （提出期限の延長なし）
申請書または関係書類の訂正等の期限 （補完期限）	補完通知書を受けた日の翌日から起算して20日以内 届出により補完期限の延長	補完通知書を受けた日の翌日から起算して20日以内 （補完期限の延長なし） Check
収納に必要な措置の期限（措置期限）	措置通知書に記載された期限 届出により措置期限の延長	措置通知書に記載された期限 届出により措置期限の延長ができます。
物納却下の場合	却下された理由によって、延納申請または物納再申請	延納中の状態に戻る。 却下された日、みなす取下げの日及び自ら取下げをした日までに、分納期限が到来した分納税額については、それぞれの日の翌日から1か月以内に利子税を含めて納付
みなす取下げの場合	取下げされた相続税及び利子税を直ちに納付	
取下げの場合	取下げはできるが、相続税及び延滞税を直ちに納付	
物納の撤回	できます。	できません。
利子税の納付	物納申請から収納されたものとみなされる期間（審査期間を除く）について、利子税を納付	当初の延納条件による利子税

（延納申請書）

税務署収受印

相続税延納申請書

税務署長殿

令和　年　月　日

（〒　　）

住所

フリガナ
氏名　㊞

法人番号				

職業　　電話

下記のとおり相続税の延納を申請します。

記

1　延納申請税額

① 納付すべき相続税額	円
② ①のうち物納申請税額	
③ ①のうち納税猶予をする税額	
④ 差引（①－②－③）	
⑤ ④のうち現金で納付する税額	
⑥ 延納申請税額（④－⑤）	

2　金銭で納付することを困難とする理由

別紙「金銭納付を困難とする理由書」のとおり。

3　不動産等の割合

区分		課税相続財産の価額（③の税額がある場合には農業投資価格等によります。）	割合
割合の判定	立木の価額	⑦	⑩（⑦／⑨）（端数処理不要）0.
	不動産等（⑦を含む。）の価額	⑧	⑪（⑧／⑨）（端数処理不要）0.
	全体の課税相続財産の価額	⑨	
割合の計算	立木の価額	⑫（千円未満の端数切捨て），000	⑮（小数点第三位未満切り上げ）（⑫／⑭）0.
	不動産等（⑦を含む。）の価額	⑬（千円未満の端数切捨て），000	⑯（小数点第三位未満切り上げ）（⑬／⑭）0.
	全体の課税相続財産の価額	⑭（千円未満の端数切捨て），000	

4　延納申請税額の内訳　　5　延納申請年数　　6　利子税の割合

			5 延納申請年数		6 利子税の割合
不動産等の割合（⑪）が75%以上の場合	不動産等に係る延納相続税額（④×⑯と⑥とのいずれか少ない方の金額）	⑰（100円未満端数切り上げ）00	（最高）20年以内		3.6
	動産等に係る延納相続税額（⑥－⑰）	⑱	（最高）10年以内		5.4
不動産等の割合（⑪）が50%以上75%未満の場合	不動産等に係る延納相続税額（④×⑯と⑥とのいずれか少ない方の金額）	⑲（100円未満端数切り上げ）00	（最高）15年以内		3.6
	動産等に係る延納相続税額（⑥－⑲）	⑳	（最高）10年以内		5.4
不動産等の割合（⑪）が50%未満の場合	立木に係る延納相続税額（④×⑮と⑥とのいずれか少ない方の金額）	㉑（100円未満端数切り上げ）00	（最高）5年以内		4.8
	その他の財産に係る延納相続税額（⑥－㉑）	㉒	（最高）5年以内		6.0

7　不動産等の財産の明細　　別紙不動産等の財産の明細書のとおり

8　担　保　　別紙目録のとおり

（作成税理士　事務所所在地　電話番号　署名押印）印

税務署整理欄	郵送等年月日	担当者印
	令和　年　月　日	

第8章　延納・物納制度

9　分納税額、分納期限及び分納税額の計算の明細

㉓ 期間	分納期限	延納相続税額の分納税額（1,000円未満の端数が生ずる場合には端数金額は第1回に含めます。）		
		㉔ 不動産等又は立木に係る税額（⑰÷「5」欄の年数）、（⑲÷「5」欄の年数）又は（㉑÷「5」欄の年数）	㉕ 動産等又はその他の財産に係る税額（⑱÷「5」欄の年数）、（⑳÷「5」欄の年数）又は（㉒÷「5」欄の年数）	分納税額計（㉔＋㉕）
第１回	令和　年　月　日	円	円	円
第２回	年　月　日	,000	,000	,000
第３回	年　月　日	,000	,000	,000
第４回	年　月　日	,000	,000	,000
第５回	年　月　日	,000	,000	,000
第６回	年　月　日	,000	,000	,000
第７回	年　月　日	,000	,000	,000
第８回	年　月　日	,000	,000	,000
第９回	年　月　日	,000	,000	,000
第１０回	年　月　日	,000	,000	,000
第１１回	年　月　日	,000		,000
第１２回	年　月　日	,000		,000
第１３回	年　月　日	,000		,000
第１４回	年　月　日	,000		,000
第１５回	年　月　日	,000		,000
第１６回	年　月　日	,000		,000
第１７回	年　月　日	,000		,000
第１８回	年　月　日	,000		,000
第１９回	年　月　日	,000		,000
第２０回	年　月　日	,000		,000
計		（⑰、⑲又は㉑の金額）	（⑱、⑳又は㉒の金額）	（⑥の金額）

10　その他参考事項

右の欄の該当の箇所を○で囲み住所氏名及び年月日を記入してください。	被相続人、遺贈者	（住所）	
		（氏名）	
	相続開始　遺贈年月日		平成 令和　年　月　日
	申告（期限内、期限後、修正）、更正、決定年月日		令和　年　月　日
納期限			令和　年　月　日
物納申請の却下に係る延納申請である場合は、当該却下に係る「相続税物納却下通知書」の日付及び番号			第　号 平成 令和　年　月　日

(金銭納付を困難とする理由書)

金銭納付を困難とする理由書

(相続税延納・物納申請用)

令和　　年　　月　　日

税務署長　殿

住　所

氏　名　　　　　　　　　　㊞

平成 令和　　年　　月　　日付相続(被相続人　　　　　　　)に係る相続税の納付については、

納期限までに一時に納付することが困難であり 延納によっても金銭で納付することが困難であり、、その納付困難な金額は次の表の計算のとおりであることを申し出ます。

1　納付すべき相続税額(相続税申告書第1表㉘の金額)		A	円
2　納期限(又は納付すべき日)までに納付することができる金額		B	円
3　延納許可限度額	【A-B】	C	円
4　延納によって納付することができる金額		D	円
5　物納許可限度額	【C-D】	E	円

2 納期限(又は納付すべき日)までに納付することができる金額の計算	(1)　相続した現金・預貯金等	(イ+ロ−ハ)	【　　円】
	イ　現金・預貯金(相続税申告書第15表㉓の金額)	(　　円)	
	ロ　換価の容易な財産(相続税申告書第11表・第15表該当の金額)	(　　円)	
	ハ　支払費用等	(　　円)	
	内訳　相続債務(相続税申告書第15表㉝の金額)	[　　円]	
	葬式費用(相続税申告書第15表㉞の金額)	[　　円]	
	その他(支払内容：　　　)	[　　円]	
	(支払内容：　　　)	[　　円]	
	(2)　納税者固有の現金・預貯金等	(イ+ロ+ハ)	【　　円】
	イ　現金	(　　円)	←裏面①の金額
	ロ　預貯金	(　　円)	←裏面②の金額
	ハ　換価の容易な財産	(　　円)	←裏面③の金額
	(3)　生活費及び事業経費	(イ+ロ)	【　　円】
	イ　当面の生活費(3月分) うち申請者が負担する額	(　　円)	←裏面⑪の金額×3/12
	ロ　当面の事業経費	(　　円)	←裏面⑭の金額×1/12
	Bへ記載する	【(1)+(2)−(3)】	B　【　　円】

4 延納によって納付することができる金額の計算	(1)　経常収支による納税資金 (イ×延納年数(最長20年))+ロ	【　　円】	
	イ　裏面④−(裏面⑪+裏面⑭)	(　　円)	
	ロ　上記2(3)の金額	(　　円)	
	(2)　臨時的収入	【　　円】	←裏面⑮の金額
	(3)　臨時的支出	【　　円】	←裏面⑯の金額
	Dへ記載する	【(1)+(2)−(3)】	D　　円

添付資料

☐　前年の確定申告書(写)・収支内訳書(写)

☐　前年の源泉徴収票(写)

☐　その他(　　　　　　　　　　　　　　　　)

(相続税特定物納申請書)

相続税特定物納申請書

収受印

税務署長　殿

（〒　－　）
（住所）

（フリガナ）
（氏名）　印

法人番号				

（職業）　（電話）

平成
令和　年　月　日付第　号で許可された相続税の延納について、下記のとおり特定物納を申請します。

記

1　特定物納対象税額等

①　特定物納対象税額	②　特定物納申請税額（特定物納の許可を求めようとする税額）	③　特定物納申請後の分納税額（①　－②）
円	円	円

2　特定物納対象税額等の内訳

	①　特定物納対象税額			②　特定物納申請税額			③　特定物納申請後の分納税額				
分納期間	不動産等に係る延納相続税額	動産等に係る延納相続税額	計	不動産等に係る延納相続税額	動産等に係る延納相続税額	計	不動産等に係る延納相続税額	動産等に係る延納相続税額	計	分納期限	分納期間
第1回	円	円	円	円	円	円	円	円	円	令和　年　月　日	第1回
第2回										年　月　日	第2回
第3回										年　月　日	第3回
第4回										年　月　日	第4回
第5回										年　月　日	第5回
第6回										年　月　日	第6回
第7回										年　月　日	第7回
第8回										年　月　日	第8回
第9回										年　月　日	第9回
第10回										年　月　日	第10回
第11回										年　月　日	第11回
第12回										年　月　日	第12回
第13回										年　月　日	第13回
第14回										年　月　日	第14回
第15回										年　月　日	第15回
第16回										年　月　日	第16回
第17回										年　月　日	第17回
第18回										年　月　日	第18回
第19回										年　月　日	第19回
第20回										年　月　日	第20回
計			（1①の金額）			（1②の金額）			（1③の金額）		

（作成税理士事務所所在地（電話番号）署名押印　印）

3　変更された条件による延納によっても金銭で納付することを困難とする事由
別紙「金銭納付を困難とする理由書」のとおり

4　特定物納申請財産
別紙「物納財産目録」のとおり

5　その他参考事項

右の欄の該当の箇所を○で囲み、住所、氏名、年月日等を記載してください	被相続人・遺贈者	（住所）	相続開始（遺贈）年月日	平成 令和　年　月　日
		（氏名）	申告期限	平成 令和　年　月　日
	申告（　期限内　期限後　修正　）、更正、決定　年月日			平成 令和　年　月　日

税務署整理欄	郵送等年月日	担当者印
	令和　年　月　日	

※　記載要領は、裏面を御覧ください。

第4節

物納

国税の納付は、金銭納付が原則ですが、相続税特有の納付方法として「物納」があります。この物納は、延納によっても金銭納付を困難とする者について、一定の要件を満たす場合に認められる例外的な納付制度です。

例外的な制度のため、その条件も厳しいものがあることから、事前の対策が望まれます。

1 物納の要件等

(1) 物納の要件

物納の許可を受けるためには、次に掲げるすべての要件を満たしていなければなりません。

① 延納によっても金銭で納付することを困難とする事由があり、かつ、その納付を困難とする金額を限度としていること
② 申請財産が定められた種類の相続財産であり、かつ、定められた順位によること
③ 物納申請書及び物納手続関係書類を期限までに提出すること
④ 物納適格財産であること

〈**物納の対象となる税額**〉（物納対象税額）

物納の対象となる相続税額	物納の対象とならない税額
相続税法第33条または通則法第35条第2項の規定により納付すべき相続税額とされています（相41①）。 したがって、期限内申告により納付する相続税額（本税額）に限らず、期限後申告、修正申告、更正または決定により納付することとなる相続税額（本税額）も含まれます。	贈与税額及び連帯納付の責に任ずる者のその責に任ずべき金額（連帯納付責任額）には適用がありません。

⑵ 延納によっても金銭納付困難

「延納によっても金銭で納付することを困難とする事由」があるかどうかの判定は、次のような状況等を総合的に勘案します。

① 納税者が相続により取得した財産の状況
② 納税者自身の資産の所有状況や収入状況
③ 貸付金の返還、退職金の給付の確定等、納税者の近い将来において確実と認められる金銭収入
④ 近い将来における臨時的収入・支出

また、この場合、相続によって取得した財産のほか、申請者の固有財産を含めて考慮します。

① 「延納によっても」とは

国税は、金銭で一時に納付することが原則ですが、相続税は財産課税であるという特質から、例外的に延納及び物納制度が認められています。

延納制度は、納税者の申請により、担保を提供するなど一定の要件の下に、一定期間の年賦払い（延納）が認められます。

一方、物納制度は、延納によっても金銭納付が困難な場合において、納税者の申請により、納付を困難とする金額を限度として一定の相続財産による納付が認められます（相41）。

このため、延納が認められる「金銭一時納付困難」と、物納が認められる「金銭納付困難」との相違が条文上から容易に判読できるよう、物納が

認められる場合とは、即納はもちろん、延納によっても納付できない場合であることを明らかにしたものです。

②　「金銭で納付することを困難とする事由」とは

「延納によっても金銭で納付することを困難とする事由」があるかどうかは、貸付金の返還、退職金の給付の確定及び事業用資産の購入等、納税者の近い将来において確実と認められる臨時的収支をも考慮した上で判定します。

具体的には、物納申請書の別紙「**金銭納付を困難とする理由書**」により物納許可限度額（相令 17）を計算します（相基通 41-1）。また、「延納許可限度額」及び「物納許可限度額」の計算方法を簡略化して表すと、下表のようになります。

なお、「延納によっても金銭で納付することを困難とする事由」の存在や困難とする金額の具体的な算出根拠等（物納申請前後における収支状況、預貯金の使途など）については、「金銭納付を困難とする理由書」に基づき、税務署からの説明等を求められることがあります。

〈イ　延納することができる金額（延納許可限度額）の計算方法〉

<table>
<tr><td colspan="2">①　納付すべき相続税額</td></tr>
<tr><td rowspan="4">**現金納付額**</td><td>②　納期限において有する現金、預貯金その他の換価が容易な財産の価額に相当する金額</td></tr>
<tr><td>③　申請者及び生計を一にする配偶者その他の親族の 3 か月分の生活費</td></tr>
<tr><td>④　申請者の事業の継続のために当面（1 か月分）必要な運転資金（経費等）の額</td></tr>
<tr><td>⑤　納期限に金銭で納付することが可能な金額（これを「現金納付額」という）（②－③－④）</td></tr>
<tr><td colspan="2">⑥　延納許可限度額（①－⑤）</td></tr>
</table>

〈ロ　物納することができる金額（物納許可限度額）の計算方法〉

	①　納付すべき相続税額
	②　現金納付額（上記**イ**の⑤）
延納によって納付することができる金額	③　年間の収入見込額
	④　申請者及び生計を一にする配偶者その他の親族の年間の生活費
	⑤　申請者の事業の継続のため必要な運転資金（経費等）の額
	⑥　年間の納付資力（③－④－⑤）
	⑦　おおむね1年以内に見込まれる臨時的な収入
	⑧　おおむね1年以内に見込まれる臨時的な支出
	⑨　上記**イ**の③及び④
	⑩　延納によって納付することができる金額｛⑥×最長延納年数＋(⑦－⑧＋⑨)｝
	⑪　物納許可限度額（①－②－⑩）

③　金銭納付困難事由の判定時期

物納の要件である「金銭で納付することを困難とする事由」は、納期限または納付すべき日において、延納によっても金銭で納付することを困難とする事由があるか否かを判定します。

その判定にあたっては、その時点における財産状況・納付資力等のほか、将来の収入・支出を合理的に推計して延納によって納付することのできる資力を判定するとともに、近い将来における臨時的収支についても加味することとしています。

したがって、「納期限又は納付すべき日」において金銭納付困難であることの判断に加え、将来にわたっても延納によっても金銭で納付することが困難な状況であることを、その時点で把握が可能な情報を基に合理的に推計して判断することとされています。

☞「金銭納付を困難とする理由書」247 ページ参照。

⑶　物納に充てることのできる財産の種類及び順位

①　物納財産の種類

物納に充てることのできる財産（物納財産）は、納付すべき相続税の課税価格計算の基礎となった相続財産のうち次表に掲げる財産で、その所在が日本国内（法律の施行地内）にあるものに限られます（相41②)。

また、この物納財産は、相続財産そのものだけではなく、その財産により取得した財産（転得財産）であっても、その財産が次表に掲げる種類の財産である場合には物納に充てることができます。

なお、課税価格計算の基礎となった財産で、下表に掲げる種類の財産であっても、相続時精算課税の規定（相21の9③）の適用を受ける財産は、物納に充てることができる財産からは除かれます。

② 物納の順位

物納に充てることのできる財産が2種類以上ある場合には、下表の順位で物納に充てることが必要です。しかしながら、次のような場合には、この順位によらないで物納に充てることができます（相41⑤)。

イ　その財産を物納すれば居住し、または営業を継続して通常の生活を維持するのに支障を生ずるような特別の事情がある場合（相基通41-13）

ロ　先順位の財産を物納に充てるとすれば、その財産の収納価額がその納付すべき相続税額を超える場合など、他に適当な価額の財産がない場合（相基通41-14）

順　位	物納に充てることのできる財産の種類
第1順位	①　不動産、船舶、国債証券、地方債証券、上場株式等 (特別の法律により法人の発行する債券及び出資証券を含み、短期社債等を除きます。)
	②　不動産及び上場株式のうち物納劣後財産に該当するもの
第2順位	③　非上場株式等 (特別の法律により法人の発行する債券及び出資証券を含み、短期社債等を除きます。)
	④　非上場株式のうち物納劣後財産
第3順位	⑤　動産

(注)1　上記の財産には、相続財産により取得した財産を含み、相続時精算課税の適用を受ける贈与によって取得した財産を除きます。

2　物納に充てることのできる財産が「**特定登録美術品**」であるときは、上記の表にかかわらず申請することができます（措70の12)。

なお、特定登録美術品とは、「美術品の美術館における公開の促進に関する法律」に定める登録美術品のうちその相続開始時において、すでに同法による登録を受けているものをいいます。

③ 物納劣後財産

POINT 物納劣後財産とは、物納に充てることのできる順位が後れるものとして取り扱う財産であり、具体的には相続税法施行令第19条に掲げられる財産をいいます。

イ 物納劣後財産

物納劣後財産とは、財産の使用収益等に一定の制約が課されているものなど、他の財産に比べて物納許可後の財産の売却等がしにくいと考えられることから、他に物納に充てるべき適当な価額の財産がある場合はこれを物納に充てることができないこととされています（相41④）。

また、相続財産の中で物納申請の際に現に有するもののうちに物納劣後財産に該当するもの以外の財産がない場合も当然に物納劣後財産を物納に充てることができることとなります（相41④）。

ロ 物納劣後財産の種類

物納劣後財産を物納に充てることができる場合であっても、その財産が管理処分不適格財産に該当する場合は、物納が認められません（相令19）。

物納劣後財産…他に適当な価額の財産がある場合には物納に充てることができない財産

イ 地上権、永小作権もしくは耕作を目的とする賃借権、地役権または入会権が設定されている土地
ロ 法令の規定に違反して建築された建物及びその敷地
ハ 土地区画整理法による土地区画整理事業等の施行に係る土地につき仮換地または一時利用地の指定がされていない土地（その指定後において使用または収益をすることができない土地を含む）
ニ 現に納税義務者の居住の用または事業の用に供されている建物及びその敷地（納税義務者がその建物及び敷地について物納の許可を申請する場合を除く）

ホ　配偶者居住権の目的となっている建物及びその敷地
ヘ　劇場、工場、浴場その他の維持または管理に特殊技能を要する建物及びこれらの敷地
ト　建築基準法第43条第1項に規定する道路に2m以上接していない土地
チ　都市計画法の規定による都道府県知事の許可を受けなければならない開発行為をする場合において、その開発行為が開発許可の基準に適合しないときにおけるその開発行為に係る土地
リ　都市計画法に規定する市街化区域以外の区域にある土地（宅地として造成することができるものを除く）
ヌ　農業振興地域の整備に関する法律の農業振興地域整備計画において農用地区域として定められた区域内の土地
ル　森林法の規定により保安林として指定された区域内の土地
ヲ　法令の規定により建物の建築をすることができない土地（建物の建築をすることができる面積が著しく狭くなる土地を含む）
ワ　過去に生じた事件または事故その他の事情により、正常な取引が行われないおそれがある不動産及びこれに隣接する不動産
カ　事業の休止（一時的な休止を除く）をしている法人に係る株式

ハ　物納劣後財産が物納申請された場合

（イ）　他に物納に充てるべき適当な価額の財産があると認められるにもかかわらず、物納劣後財産が物納申請されてきた場合には、この物納申請は「却下」されます（相42②）。

ただし、①物納申請者において物納劣後財産を物納に充てることについてやむを得ない事情があると税務署長が判断した場合や、②相続財産の中で物納申請の際に現に有するもののうちに物納に充てることのできる適当な価額の財産がない場合については、他に物納に充てるべき適当な財産がある場合であっても、物納劣後財産を物納に充てることができることとされています（相41④）。

この場合には、物納申請書の提出にあたって「**物納劣後財産を物納に充てる理由書**」を併せて提出し、その理由等を明らかにする必要があります（相規22①七）。

（ロ）　物納申請財産が物納劣後財産に該当し、他に物納に充てるべき適当な価額の財産があると認められたことを理由に物の物納申請が却

下された場合には、却下通知書を受領した日の翌日から起算して20日以内に、他の財産による物納再申請（1回に限り）を行うことができます（相45、相基通45-1）。

参考 平成29年度の改正で何が変わったのか！

株式の物納がより容易に！

これまで、株式は、第2順位の財産であったために、仮に第1順位の財産である不動産があるときに、上場株式を検討する場合、株式以外の財産すべてに物納財産の適否を検討した上で、「物納劣後財産等を物納に充てる理由書」の提出が必要とされることから、この理由書の作成等に大きな負担がありました。

今般の改正で、上場株式を物納するためのこれまでの負担感が解消され、単に株式市場の動向を見据えて、物納財産としての上場株式を選択することができます。

物納申請手続、関係書類の提出が容易！

上場株式の場合は、物納申請時までに要する手続としては、下表のとおり、株式の写し（所有者の振替口座簿の写）のみです。一方、不動産の物納の場合、申請に係る諸手続としては、下表に掲げるような物納関係書類の提出が必要であり、その書類作成にも、測量、道路状況、隣接地主との境界確認のための立会いなど、また、その関係者は納税者だけでなく隣接地主、関係省庁との交渉などと、これらに多くの費用と時間を要することとなっています。

つまり、上場株式の物納においては、許可に至るまでの簡便な手続で終え、税務署等及び財務局等の審査がないという負担感、申請手続における時間的、経済的な負担の解消に繋がるといった特徴があります。

	物納関係書類	申請に係る諸手続（整備）
株　式	有価証券の写し（所有者の振替口座簿の写）	—
不動産（土地の場合）	・住宅地図の写し　・公図の写し ・登記事項証明書　・地積測量図 ・境界線に関する確約書 ・電柱の設置に係る契約書の写し	・現況確認 ・測量 ・隣接地主の立会い ・関係省庁との調整

	・土地上の工作物等の配置図 ・土地の維持管理費用の明細書 ・通行承諾書 ・工作物等の越境の是正に関する確約書 ・越境の状況を示した図面 ・建物等の撤去及び使用料の負担等を求めない旨の確約書	・地下埋設物の確認

⑷ 物納申請書及び物納手続関係書類の提出期限

物納申請書及び物納手続関係書類は、物納の申請期限までに納税地の所轄税務署長に提出しなければなりません（相42①）。

ただし、物納手続関係書類の全部または一部について、物納の申請期限までに提出できない場合には、「物納手続関係書類提出期限延長届出書」を物納申請書に添付して提出することにより、物納手続関係書類の提出期限を延長（最長1年間）することができます（相42⑥）。

なお、物納申請書が申請期限を過ぎて提出された場合は、法律に定める物納の要件に該当しない不適法な申請として、その物納申請は「却下」されます。

（注）1　物納申請書の申請期限は、具体的には次のとおりです。

⑴　期限内申告…申告書の提出期限（相続の開始があったことを知った日の翌日から10か月以内）

⑵　期限後申告または修正申告…申告書の提出の日

⑶　更正または決定…更正または決定の通知書が発せられた日の翌日から起算して1か月を経過する日

2　相続税の納税地は、当分の間、被相続人の死亡の時における住所地とされています（相附則3）。

⑸ 物納適格財産

物納申請財産は、国において管理または処分をするのに適した財産でなければなりません（相41②）。

物納申請財産が管理または処分不適格な財産に該当する場合は、物納申請は却下されます。この場合は、却下通知書を受けた日の翌日から起算して20日以内に他の財産による物納再申請を1回限り行うことができます（相45、相基通45-1）。

☞「物納適格財産」253ページを参照。

〈管理処分不適格財産〉

	相続税法施行令第18条	相続税法施行規則第21条
不動産	イ　担保権が設定されていることその他これに準ずる事情がある不動産として財務省令で定めるもの	・抵当権の目的となっている不動産 ・譲渡により担保の目的となっている不動産 ・差押えがされている不動産 ・買戻しの特約が付されている不動産 ・上記に掲げる不動産以外の不動産で、その処分が制限されているもの
	ロ　権利の帰属について争いがある不動産として財務省令で定めるもの	・所有権の存否または帰属について争いがある不動産 ・地上権、永小作権、賃借権その他の所有権以外の使用及び収益を目的とする権利の存否または帰属について争いがある不動産
	ハ　境界が明らかでない土地として財務省令で定めるもの	・境界標の設置（隣地の所有者との間の合意に基づくものに限る）がされていないことにより他の土地との境界を認識することができない土地（境界標の設置がされていない場合であっても当該土地の取引において通常行われる他の土地との境界の確認方法により境界を認識できるものを除く） ・土地使用収益権（地上権、賃借権等）が設定されている土地の範囲が明らかでない土地
	ニ　隣接する不動産の所有者その他の者との争訟によらなければ通常の使用ができないと見込まれる不動産として財務省令で定めるもの	・隣地の上に存する建物等が、土地の境界を越える場合または境界上に存する場合における当該土地（ひさし等の境界を越える度合が軽微な場合または境界上にある場合で、当該建物等の所有者が改築等を行うに際して当該ひさし等を撤去し、または移動することを約するときにおける当該土地を除く） ・建物等がその敷地である土地の隣地との境界を越える場合または境界上に存する場合における当該土地（借地借家法第2条第1号（定義）に規定する借地権（以下「借地権」という）を含み、当該隣地の所有者（当該隣地を使用する権利を有する者がいる場合には、その者）が当該土地の収納後においても建物等の撤去及び隣地の使用料その他の負担を求めないことを約する場合における当該

第8章　延納・物納制度

不動産		土地ならびに借地権が設定されている当該土地を除く） ・土地使用収益権の設定契約（以下「土地使用収益契約」という）の内容が当該土地使用収益権を設定している者にとって著しく不利な場合における当該土地使用収益権の目的となっている土地 ・建物の使用または収益をする契約（以下「建物使用収益契約」という）の内容が当該使用または収益をする権利を設定している者にとって著しく不利な場合における当該使用または収益をする権利の目的となっている建物 ・賃貸料の滞納がある不動産その他収納後の円滑な土地使用収益契約または建物使用収益契約の履行に著しい支障を及ぼす事情が存すると見込まれる不動産 ・その敷地を通常支払うべき地代により国が借り受けられる見込みがない場合における当該敷地の上に存する建物
	ホ　他の土地に囲まれて公道に通じない土地で民法第210条（公道に至るための他の土地の通行権）の規定による通行権の内容が明確でないもの	
	へ　借地権の目的となっている土地で、当該借地権を有する者が不明であることその他これに類する事情があるもの	
	ト　他の不動産（他の不動産の上に存する権利を含む）と社会通念上一体として利用されている不動産もしくは利用されるべき不動産または二以上の者の共有に属する不動産として財務省令で定めるもの	・二以上の者の共有に属する不動産で次に掲げる不動産以外のもの イ　当該不動産のすべての共有者が当該不動産について物納の許可の申請をする場合における当該不動産 ロ　私道の用に供されている土地（一体となってその効用を有する他の土地とともに物納の許可の申請をする場合における当該土地に限る） ・がけ地、面積が著しく狭い土地または形状が著しく不整形である土地でこれらの土地のみでは使用することが困難であるもの

不動産		・私道の用に供されている土地（一体となってその効用を有する他の土地とともに物納の許可の申請をする場合における当該土地を除く） ・敷地とともに物納の許可の申請がされる建物以外の建物（当該建物の敷地に借地権が設定されているものを除く） ・他の不動産と一体となってその効用を有する不動産（これらの不動産のすべてが一の土地使用収益権の目的となっている場合で収納後の円滑な土地使用収益契約の履行が可能なものを除く）
	チ　耐用年数（所得税法の規定に基づいて定められている耐用年数をいう）を経過している建物（通常の使用ができるものを除く）	
	リ　敷金の返還に係る債務その他の債務を国が負担することとなる不動産として財務省令で定めるもの	・敷金その他の財産の返還に係る債務を国が負うこととなる不動産 ・土地区画整理事業等が施行されている場合において、収納の時までに発生した当該不動産に係る土地区画整理法第40条（経費の賦課徴収）の規定による賦課金その他これに類する債務を国が負うこととなる不動産 ・土地区画整理事業等の清算金の授受の義務を国が負うこととなる不動産
	ヌ　その管理または処分を行うために要する費用の額がその収納価額と比較して過大となると見込まれる不動産として財務省令で定めるもの	・土壌汚染対策法に規定する特定有害物質その他これに類する有害物質により汚染されている不動産 ・廃棄物の処理及び清掃に関する法律廃棄物（「廃棄物」という）その他の物で除去しなければ通常の使用ができないものが地下にある不動産 ・農地法第4条第1項（農地の転用の制限）または第5条第1項（農地または採草放牧地の転用のための権利移動の制限）の規定による許可を受けずに転用されている土地 ・土留その他の施設の設置、護岸の建設その他の現状を維持するための工事が必要となる不動産

不動産	ル　公の秩序または善良の風俗を害するおそれのある目的に使用されている不動産その他社会通念上適切でないと認められる目的に使用されている不動産として財務省令で定めるもの	・風俗営業等の規制及び業務の適正化等に関する法律に規定する風俗営業または性風俗関連特殊営業の用に供されている不動産 ・暴力団員による不当な行為の防止等に関する法律に規定する暴力団の事務所その他これに類するものの用に供されている不動産
	ヲ　引渡しに際して通常必要とされる行為がされていない不動産として財務省令で定めるもの（イに掲げるものを除く）	・その上の建物がすでに滅失している場合において、当該建物の滅失の登記がされていない土地 ・その上に廃棄物その他の物がある不動産 ・生産緑地法に規定する生産緑地で、同法第７条から第９条まで（生産緑地の管理等）の規定が適用されるもの（当該生産緑地において、農林漁業を営む権利を有する者が当該農林漁業を営んでいる土地を除く）
	ワ　地上権、永小作権、賃借権その他の使用及び収益を目的とする権利が設定されている不動産で、次に掲げる者がその権利を有しているもの ⑴　暴力団員による不当な行為の防止等に関する法律第２条第６号（定義）に規定する暴力団員（⑴において「暴力団員」という）または暴力団員でなくなった日から５年を経過しない者（「暴力団員等」という） ⑵　暴力団員等によりその事業活動を支配されている者 ⑶　法人で暴力団員等を役員等（取締役、執行役、会計参与、監査役、理事及び監事ならびにこれら以外の者で当該法人の経営に従事している者ならびに支配人をいう）とするもの	
株式	ニ　株券（その権利の帰属が社債、株式等の振替に関する法律の規定により振替口座簿の記載または記録により定まるものを	・物納財産である株式を一般競争入札により売却することとした場合（金融商品取引法第４条第１項（募集または売出しの届出）の届出及び同法第15条第２項（届出の効力発生前の有価証券の取引禁

株式	含む。以下同じ） 次に掲げる株式に係るもの イ　譲渡に関して金融商品取引法その他の法令の規定により一定の手続が定められている株式で、当該手続がとられていないものとして財務省令で定めるもの ロ　譲渡制限株式 ハ　質権その他の担保権の目的となっている株式 ニ　権利の帰属について争いがある株式 ホ　二以上の者の共有に属する株式（共有者の全員が当該株式について物納の許可を申請する場合を除く） ヘ　暴力団員等によりその事業活動を支配されている株式会社または暴力団員等を役員（取締役、会計参与、監査役及び執行役をいう）とする株式会社が発行した株式	止及び目論見書の交付）の目論見書（同法第2条第10項（定義）に規定する目論見書をいう）の交付が必要とされる場合に限る）において、当該届出に係る書類及び当該目論見書の提出がされる見込みがないもの ・物納財産である株式を一般競争入札により売却することとした場合（金融商品取引法第4条第6項の通知書の提出及び目論見書の交付が必要とされる場合に限る）において、当該通知書及び目論見書の提出がされる見込みがないもの
その他	物納財産の性質が不動産または株式に定める財産に準ずるものとして税務署長が認めるもの	

第8章　延納・物納制度

2　申請手続から物納許可まで

税務署等（収納官庁）　⇨　財務事務所等（管理官庁）

要件審査

管理処分適格財産の審査

現地調査

(1)　物納関係書類の提出

POINT **物納にあたって必要な地積測量図や境界確認書などの物納手続関係書類は、物納申請期限までに物納申請書に添付して所轄税務署長に提出する必要があります。**

①　物納申請書の提出期限

物納申請を行う場合には、物納の申請期限までに物納申請書に物納手続関係書類を添付して所轄税務署長に提出する必要があります（相42①）。

したがって、物納の申請期限までに、物納申請財産が管理処分不適格財産に該当しないか、劣後財産に該当しないかなどの判断を踏まえて物納に充てる財産を選定し、その財産に係る物納手続関係書類として定められたものを作成する必要があります。

②　提出書類

〈物納申請時に提出する書類〉

- 「物納申請書」
- 「物納財産目録」
- 「金銭納付を困難とする理由書」
- 物納申請財産が物納劣後財産の場合「物納劣後財産等を物納に充てる理由書」
- 「物納手続関係書類」

③　物納手続関係書類

物納申請にあたり提出すべき物納手続関係書類は、財産の種類及び財産の状況ごとに異なり、相続税法施行規則第22条に規定されています。

詳しくは、国税庁作成「相続税物納の手引き～手続編～」の「別表3 物納手続関係書類の一覧表」及び「物納手続関係書類チェックリスト」を参考にしてください。

〈参考：物納手続関係書類の一覧表（土地の場合の一例）〉

<table>
<tr><td colspan="2">共　通</td><td>1　登記事項証明書
2　公図の写し等及び物納申請土地の所在を明らかにする住宅地図等の写し等
3　地積測量図
4　境界線に関する確認書
5　物納申請土地の維持及び管理に関する費用の明細書
6　物納財産収納手続書類提出等確約書
7　電柱の設置に係る契約書等の写し
8　土地上の工作物等の図面
9　建物・工作物等の配置図</td></tr>
<tr><td rowspan="2">物納申請土地上に建物がない場合</td><td>物納申請者が、物納後直ちに当該物納申請土地を国から借りる場合</td><td>・国有財産借受確認書
・国から借りる範囲を明らかにした実測図</td></tr>
<tr><td>物納申請土地に借地人がいる場合</td><td>・土地賃貸借契約書（写し）
・賃借地の境界に関する確認書
・賃借人ごとの賃借地の範囲、面積及び境界を確認できる実測図等
・物納申請前3か月間の地代の領収書の写し
・敷金等に関する確認書
・賃借料の領収書等の提出に関する確認書</td></tr>
<tr><td rowspan="2">物納申請土地上に建物がある場合</td><td>物納申請者が、物納後直ちに当該物納申請土地を国から借りる場合</td><td>・国有財産借受確認書
・国から借りる範囲を明らかにした実測図
・建物の登記事項証明書（登記簿謄本）</td></tr>
<tr><td>物納申請土地に借地人がいる場合</td><td>・土地賃貸借契約書（写し）
・賃借地の境界に関する確認書
・賃借人ごとの賃借地の範囲、面積及び境界を確認できる実測図等
・物納申請前3か月間の地代の領収書の写し
・敷金等に関する確認書
・賃借料の領収書等の提出に関する確認書
・建物の登記事項証明書（登記簿謄本）</td></tr>
</table>

⑵　物納手続関係書類の提出期限の延長

POINT 物納申請期限までに物納手続関係書類を提出することができない場合は、1回につき3か月を限度として、物納手続関係書類の提出期限を延長することができます。

①　提出期限の延長

物納申請期限までに物納申請書に物納手続関係書類を添付して提出する必要があります。

しかしながら、物納申請書の提出期限までに物納手続関係書類の提出ができない場合には、その提出期限までに「**物納手続関係書類提出期限延長届出書**」を提出することにより、物納手続関係書類の提出期限を延長することができます（相42④）。

不足する書類の作成状況を踏まえて、いつまで期限を延長する必要があるかを申請者自身で判断し、3か月の範囲内の日を期限とする「物納手続関係書類提出期限延長届出書」を提出してください。

②　提出期限の再延長

物納手続関係書類の提出期限を延長したものの、延長した期限においてもまだ提出ができない場合には、その延長した期限までに再度「物納手続関係書類提出期限延長届出書」を提出することにより、提出期限を再延長することができます。

「物納手続関係書類提出期限延長届出書」には提出回数の制限はありませんが、3か月の範囲で期限の延長を順次行うことにより、物納申請期限の翌日から起算して最長で1年間、提出期限を延長することができますので、この期間内に物納手続関係書類を整備することができます（相42④⑤⑥）。

③　利子税の納付

この提出期限の延長をする期間については、利子税がかかります。

（注）　最終の提出期限内に災害等による通則法第11条の規定の適用を受ける

場合等一定の事由が生じた場合などの提出期限の特例があります。
ただし、物納申請書別紙の提出期限の延長はできません。

POINT 書類の提出漏れに気づいたら

物納申請された後、自身で書類の提出漏れがあることに気づいた場合には、物納申請期限から1か月以内か、税務署長から提出書類について不足している旨の補完通知があった日のいずれか早い日までであれば、「物納手続関係書類提出期限延長届出書」を提出することにより、当初の物納申請期限に「物納手続関係書類提出期限延長届出書」の提出がされたものとして取り扱われます。

(3) 物納手続関係書類の補完通知

POINT 提出した物納手続関係書類に記載誤りや不足書類があった場合、税務署長等から訂正等を求める補完通知がなされます。

① 補完通知書

物納申請書に添付して提出された物納手続関係書類の内容に不備または不足書類があった場合や、物納手続関係書類の全部または一部の提出がされず、かつ、物納手続関係書類提出期限延長届出書の提出もない場合には、税務署長から物納手続関係書類の訂正または提出を求める旨の「**補完通知書**」が送付されます（相42⑧⑨）。

この通知書を受け取った日の翌日から起算して20日以内（これを「**補完期限**」という）に、物納手続関係書類を訂正または提出する必要があります。この補完期限までに物納手続関係書類の訂正または提出がなければ、物納申請は取り下げられたものとみなされます（相42⑩）。

② 補完期限の延長

上記①の補完期限までに、物納手続関係書類を訂正または提出できない場合には、「**物納手続関係書類補完期限延長届出書**」を提出することにより、補完期限を延長することができます（相42⑪）。

この補完期限の延長にあたっては、訂正等が求められた書類の訂正内容等を踏まえて、自身で補完期限の延長期間を検討した上、最長3か月の範囲内で延長する期限を決定し、届出書に記載してください。

③　補完期限の再延長

この延長した補完期限までに物納手続関係書類の訂正等ができない場合は、再度「物納手続関係書類補完期限延長届出書」を提出することにより、物納手続関係書類の補完期限を再延長することができます。この場合の延長できる期間も3か月を限度とします。

このように「物納手続関係書類補完期限延長届出書」を提出することにより、1回について3か月以内を限度として、物納手続関係書類の補完期限を申請者が補完通知書を受けた日の翌日から起算して1年を超えない範囲まで延長することができますので、この期間内に物納手続関係書類を訂正等することができます（相42⑫⑬）。

④　物納申請を取り下げたものとみなす場合

延長した補完期限において書類の訂正等が全く行われず、補完期限の延長届出書の提出もない場合や、最終の延長した補完期限において書類の訂正等が未了である場合には、物納申請は取り下げたものとみなされます。

⑤　利子税の納付

申請者において書類の補完等を行った期間（補完通知を受けた日の翌日から補完期限（延長された場合は延長後の補完期限）まで）については、利子税がかかります（相53①②）。

⑷　申請財産の現地調査

POINT **物納申請財産が不動産である場合には、税務署と物納財産の管理官庁である財務局で現地調査を実施します。**

① 申請土地等の現地立会い

物納申請財産が不動産である場合には、税務署と物納財産の管理官庁である財務局で**現地調査**を実施しますので、申請者の方は調査に立ち会う必要があります。

現地調査は、境界標の確認、隣接地との工作物などの越境の有無、土地の利用状況、建物の建築ができるかどうかなどについての確認を行います。

なお、税理士やその申請財産を測量した土地家屋調査士等で、物納申請財産の状況等に詳しい方の立会いもお願いされることがあります。

② 現地調査での留意事項

物納申請財産としての土地の境界線上の境界標の設置状況や建物の使用状況などの確認を行うために、隣接地や建物の中（部屋の中）に立ち入る場合がありますので、物納申請財産の隣接土地所有者、借地人、借家人などの関係者にも現地調査の日を連絡し、立会いを求める必要があります。

また、現地調査に先立って、地中に埋まっている境界標が確認できる状態、境界線が確認できる程度の草刈、隣接地へ越境している樹木の枝払い、物納申請地内の不法使用状態の解消（不法投棄物などの撤去）などの事前準備を行っておく必要があります。

⑸ 収納のための措置

POINT 物納財産の収納のために、廃棄物の撤去その他収納に必要な一定の措置を行うことが求められる場合があります。

① 措置を求める通知

税務署長は、物納の許可をしようとするときに、物納申請された財産について、廃棄物の撤去その他の物納財産を収納するために必要な措置を申請者に求めることができることとされています（相42⑲）。

この場合には、税務署長から措置通知書により、1年を超えない範囲内で期限を定めて、措置事項が通知されますので、指定された措置期限までに措置を完了することが必要です。

② 収納に必要な措置

収納するために、例えば次のような措置を講じる必要があります。

・隣接地へ樹木の枝等が越境している場合………枝払いなど
・隣接地へ土砂等の流出があると判断した場合…擁壁などの設置
・不法投棄物がある場合……………………………投棄物の撤去
・権利のない者が使用している場合………………使用を止めさせ、柵などを設置

このような措置事項は、物納の許可をしようとするときに収納のために必要な措置を求めるものですので、管理処分不適当事由を解消することを求めるものではありません（管理処分不適格財産に該当する場合は、物納申請が却下されます）。

③ 収納関係措置期限の延長

POINT **指定された措置期限まで措置を了することができない場合、「収納関係措置期限延長届出書」を提出することにより、措置期限を延長することができます。**

イ　措置期限の延長

措置通知書により税務署長から指定された措置期限までに、措置を了することができない場合には、措置期限までに「**収納関係措置期限延長届出書**」を提出することにより、措置期限を延長することができます（相42㉓）。

未了となっている措置事項の内容や作業状況を踏まえて、自身で措置期限の延長期間を検討した上、最長3か月の範囲内で延長する期限を決定し、届出書に記載してください。

ロ　措置期限の再延長

この延長した措置期限までに措置を了することができない場合は、再度

「収納関係措置期限延長届出書」を提出することにより、措置期限を再延長することができます。この場合の延長できる期間も3か月を限度とします。

このように「収納関係措置期限延長届出書」を提出することにより、1回について3か月以内を限度として、申請者が措置通知書を受領した日の翌日から起算して1年を超えない範囲まで延長することができることから（相42㉔)、この期間内に措置事項を整備する必要があります。

ただし、この延長された措置期限が到来しても、措置を完了することができなかった場合には、物納申請は「却下」されることになりますので、注意が必要です（相42㉒)。

④　物納申請財産に関する措置事項完了届出書

申請者において措置を了した場合には、「**物納申請財産に関する措置事項完了届出書**」を提出します。また、措置の完了に併せて提出すべき書類等がある場合には、この届出書に添付して提出してください。

⑤　利子税の納付

申請者において物件に対する措置を行った期間については、利子税がかかります（相53①②)。

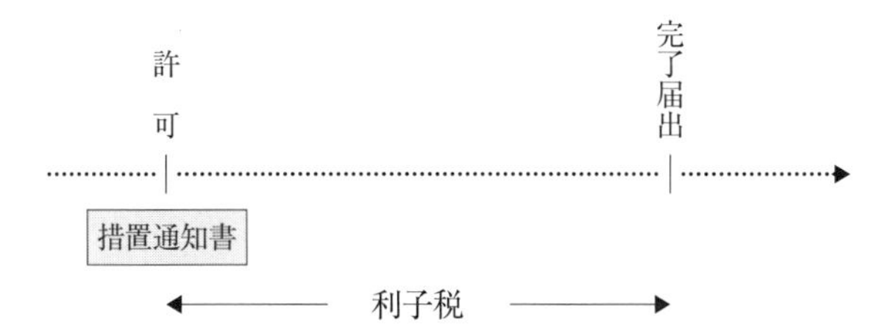

(6)　物納の許可までの審査期間

POINT **物納申請書が提出された場合、税務署長は、その物納申請に係る要件の調査結果に基づいて、物納申請期限から3か月以内に許可または却下を行います。**

〈物納の許可までの審査期間〉

物納申請書が提出された場合、税務署長はその物納申請に係る要件の調査結果に基づいて、物納申請期限から3か月以内に許可または却下を行います。

なお、申請財産の状況によっては、許可または却下までの期間を最長で9か月まで延長する場合があります。

◆審査期間の特例

相続税の物納申請が行われた場合において、税務署長が当該申請の許可または却下を行うまでの期間内に災害等により通則法第11条（災害等による期限の延長）の規定の適用を受ける場合等一定の事由が生じたときは、審査期間の特例があります。

◆審査期間

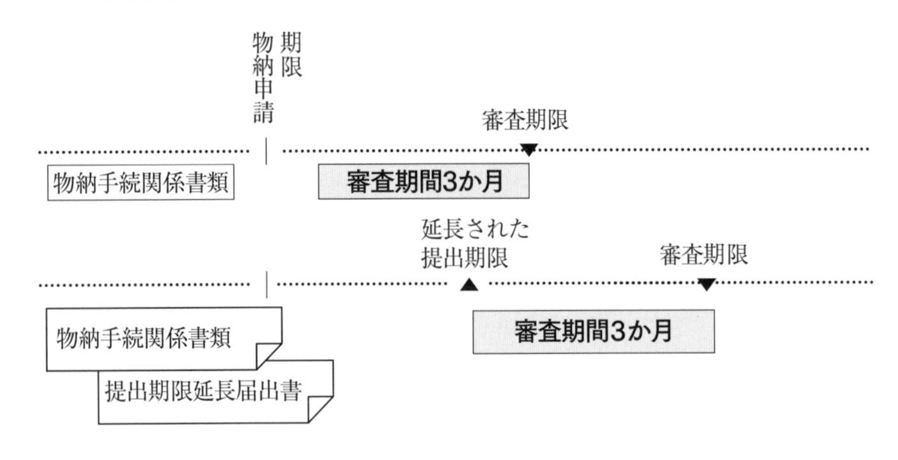

《参考判決》

▶物納許可後に確認された土地汚染費用（横浜地裁平成25年10月18日判決）

この事件は、物納に係る税務訴訟のうち、原告である国と被告である物納申請者らとの間で締結された賠償の合意についての争いであるが、物納申請時に土地汚染判明時の費用負担で合意も、汚染原因者は推認できず、国の請求に理由がないとして国の請求をすべて棄却し、物納申請者らが勝訴した判決です。

〈参考裁決〉

昭和55年10月6日 裁決事例集 No.21-218頁	延納申請が許可された相続税額につきなされた物納申請を却下した原処分は適法であるとした事例
昭和63年10月31日 裁決事例集 No.36-165頁	物納申請財産である貸地は相続税法第42条第2項に規定する「管理又は処分をするのに不適当な財産」に該当するとした事例
平成8年5月20日 裁決事例集 No.51-658頁	物納申請財産は、間口狭小、奥行長大の極端に不整形な土地であり、相続税法第42条第2項に規定する管理・処分不適当財産に該当するから、物納財産変更要求通知処分は適法であるとした事例
平成9年4月9日 裁決事例集 No.53-456頁	物納申請土地は、いわゆる間口狭小のため単独には通常の用途に供することができない土地に該当するとして「管理又は処分をするのに不適当」と判断した事例
平成10年5月27日 裁決事例集 No.55-623頁	共有土地の持分の一部である財産の物納は、「管理又は処分をするのに不適当」と判断した事例
平成10年6月10日 裁決事例集 No.55-615頁	非上場株式が「管理又は処分するのに不適当」と判断された事例
平成13年3月22日 裁決事例集 No.61-614頁	物納申請土地は、無道路地であったり、市道に接してはいるがのり地やがけ地であったり、あるいは、物件の所在も特定できないものであり「管理又は処分をするのに不適当」な財産に当たると判断した事例
平成14年10月8日 裁決事例集 No.64-505頁	物納申請がされた土地（分譲マンションの底地）について、相続税法第42条第2項但書にいう「管理又は処分をするのに不適当である」ものとは認められないとした事例
平成15年5月20日 裁決事例集 No.65-833頁	物納申請財産が、管理または処分をするのに不適当な財産であるとした事例

平成 18 年 6 月 14 日 裁決事例集 No.71-659 頁	他の土地に囲まれ公道に通じていない物納申請財産について、物納を許可する上で、みなし道路指定のある第三者所有の私道の通行を承諾する旨の第三者からの承諾書は不要であるとの請求人の主張を排斥した事例
平成 18 年 6 月 20 日 裁決事例集 No.71-674 頁	税務署長等は、物納手続関係書類の提出を求めることができ、その提出がない場合には、物納財産の特定を欠き、またその権利関係等が明らかにされないこととなり、物納申請財産は管理または処分するのに不適当な財産となるとした事例

（物納申請書）

税務署収受印

相続税物納申請書

税務署長殿
令和　　年　　月　　日

(〒　　－　　)

住所

フリガナ
氏名　　　　　　　　　　　　　　　　　　　㊞

法人番号				

職業　　　　　　　　電話

下記のとおり相続税の物納を申請します。

記

1　物納申請税額

		円
①　相続税額		
同上のうち	②現金で納付する税額	
	③延納を求めようとする税額	
	④納税猶予を受ける税額	
	⑤物納を求めようとする税額 （①－（②+③+④））	

2　延納によっても金銭で納付することを困難とする理由

（物納ができるのは、延納によっても金銭で納付することが困難な範囲に限ります。）

別紙「金銭納付を困難とする理由書」のとおり。

3　物納に充てようとする財産

別紙目録のとおり。

4　物納財産の順位によらない場合等の事由

別紙「物納劣後財産等を物納に充てる理由書」のとおり。

※　該当がない場合は、二重線で抹消してください。

5　その他参考事項

右の欄の該当の箇所を○で囲み住所氏名及び年月日を記入してください。	被相続人、遺贈者	(住所)
		(氏名)
	相続開始　　遺贈年月日	平成 令和　　年　　月　　日
	申告(期限内、期限後、修正)、更正、決定年月日	令和　　年　　月　　日
	納期限	令和　　年　　月　　日
納税地の指定を受けた場合のその指定された納税地		
物納申請の却下に係る再申請である場合は、当該却下に係る「相続税物納却下通知書」の日付及び番号		第　　号 平成 令和　　年　　月　　日

（作成税理士 事務所所在地 電話番号 署名押印）　印　㊞

税務署整理欄	郵送等年月日	担当者印
	令和　　年　　月　　日	

第8章　延納・物納制度

（物納財産目録（土地・家屋用））

物　納　財　産　目　録
（土地・家屋用）

土地・家屋の表示					価　額	備　考
所　在	地番又は家屋番号	地目又は種類	構　造	地積又は床面積		
				㎡	円	

※　物納申請財産が土地（借地権等の設定された土地を除く。）の場合で、当該土地上に塀、柵等の工作物や樹木がある場合は、次の事項を確認して□にチェックしてください。

□　物納により国に当該土地の所有権が移転した後において、土地の定着物である工作物及び樹木については、その所有権を主張することはありません。

※　相続開始時に生産緑地の指定を受けていた土地であった場合は、当該土地に係る生産緑地法第 10 条に規定する市町村長に対する買取申出年月日又は生産緑地の指定解除年月日を備考欄に記載してください。

※　地目が田又は畑（農地）の場合で他の用途に使用している場合は、次の事項を確認して□にチェックしてください。

□　農地法第４条及び第５条の許可を受けています。

第9章

還付と還付加算金

ある課税処分取消訴訟事件において、多額の還付金及びこれに伴う多額の還付加算金が支払われることになり、大変世間の注目を浴びたことがありました。

一概に「還付金」といっても、その法的性質の異なる還付金があります。

本章では、還付金及びその還付加算金について取り上げています。

第1節

還付金と還付加算金の意義

通則法では、国税の還付金または過誤納金（以下「還付金等」という）の請求権が生じた場合におけるその還付及び充当ならびに還付金等の請求権に付する一種の還付利子たる還付加算金について規定しています。

ここにいう「還付金等」とは、各税法の規定により納税者に特に付与された公法上の金銭請求権としての「**還付金**」と、目的を欠く国税の納付があったことによる国の不当利得の返還金としての「**過誤納金**」の２つに区分され、さらに「過誤納金」については、その発生原因により、当初適法な納付であったものが、結果的に目的を欠くこととなった場合の不当利得の返還金としての「**過納金**」と、当初から明らかに目的を欠く納付であった場合の不当利得の返還金としての「**誤納金**」に区分されます。このようにそれぞれ法的性質を異にした区分がなされています。

また、この還付金等が生じた場合、納税者は、課税当局に対して、納め過ぎた金額を返してもらうよう請求できるわけですが、この還付金等が返還される場合に、これに加算されるのが「**還付加算金**」です。

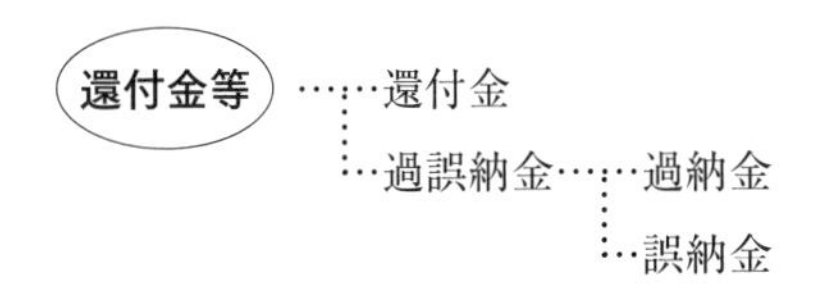

▶国税の納付遅延に対し延滞税が課されることとの権衡等から、原則として、還付金等は一種の利息に当たる金額を加算します。この金額は還付加算金

です（通 58）。

還付加算金 ⇨ 還付金等に付する一種の還付利息

第2節

還付金等及び還付加算金の具体事例等

ここでは、還付金等及び還付加算金について、具体的事例をもって詳解します。

1 還付金

「**還付金**」は、その一般的な性格として、各税法の構成上、国税を還付することが税負担の公平を図る上において適当であると認められるような場合に、各税法の規定により、納税者に特に付与された公法上の金銭請求権ということができます。

例えば、法人税法に基づいて中間申告納税額を計算し、これを納付したところ、その期中において業績の悪化によって通年での申告納税額が小さくなったことから、結果的に、中間申告納税額・納付額が過大になった場合の当該納付し過ぎた金額であって、国から還付を受けられるものをいいます。所得税法が定める予定納税制度に基づく予定納税額（第1期分及び第2期分）の納付額が確定申告の結果納め過ぎになった場合も同様です。

どのような場合に還付金が発生するかについての基本的な考え方は、過去に行った税金の納付が納め過ぎであったとして還付することが、税負担の公平上適当と認められる場合には、当該過大納付分を還付する、というものです。しかしながら、何をもって税負担の公平上適当とするかの判断が個別事案ごとに行われてはかえって不公平が生じかねないため、実際にどのような場合に還付金が生じることになるかは、所得税法や法人税法などの個別の法律において、具体的に定められています。

2　過納金

「**過納金**」は、例えば、課税当局が納税者の当初申告額が過少であるとして更正処分（増額更正処分）により増加させた税額を確定させたが、その後、納税者が当該増加税額を納付した上で税務争訟（不服申立て（再調査の請求及び審査請求）または税務訴訟）で争った結果、課税当局自ら当該増額更正処分の誤りを認めて減額更正処分（納付すべき税額を減少させるため、当初の増額更正処分を減額させる更正処分）を行った場合または裁判所等が納税者の主張を認めて当初の増額更正処分を取り消すことによって納付すべき税額が減少した場合の、その減少分であって、国から還付を受けられるものです。

このように、過納金は、当初確定された税額（例えば、課税当局の行った増額更正処分によって確定された税額）及びその税額相当額の納付が、当初の確定の時点（上記の例でいえば、課税当局の行った増額の更正処分の時点）では所定の法令の手続に則ったものとして適法であったものの、その後の事情の変化（課税当局自ら減額更正処分をしたり、裁判所等が当初の増額更正処分を取り消したりする等の事情の発生）によって、結果的に国が当該納付された金額の全部または一部を保持し続けることができる法律上の原因を失った場合に認められるものです。

3　誤納金

「**誤納金**」は、例えば、納税者が確定申告を行って確定した納税額を超えて、誤って過大な金額を納付した場合の、その超過納付分であって、国から還付を受けられるものです。誤納金は、納税者が確定申告等の手続によって確定した本来納めるべき税額（例えば、50万円）を超える金額

（例：誤って55万円）を納付した以上、その超過納付分（例：5万円）については すでに納付の時点から国がこれを保持し続ける法律上の原因はないので、国がこれを還付するというものです。誤納金は、単なる誤りであることが多く、実際上問題になることは多くありません。

4　還付加算金

「**還付加算金**」は、国税の納付遅延に対し延滞税が課されることとの権衡等から、還付金等に付する一種の還付利息であり、また、法的には、一種の不当利得返還請求権に係る遅延利息であるといわれています。すなわち、還付金等が生じた原因は様々ですが、結果的には、納税者から受領した金銭を国が保持し続けることで、一定期間、納税者がその金銭を自由に利用することを妨げていたことになります。そこで、還付金等の返還にあたっては、その間の利息に相当する分の金銭を加算しなければならないということで、還付加算金が加算されるのです。

（注）　還付加算金は一種の利子であって、損害賠償金としての性格を有するものではないので、所得税法上、同法第9条第1項第21号（注：現行第17号）に規定する非課税所得には当たらず、雑所得として課税されます（最判昭53.7.17訟月24巻11号2401ページ）。

〈参考：「還付金」と「過誤納金」〉

還付金	各税法の構成上、国税を還付することが税負担の公平を図る上において適当であると認められるような場合に、各税法の規定により納税者に特に付与された公法上の金銭請求権 ▶予定（中間）的に納付することが義務づけられている税額が、後日、確定額を超えることとなった場合 ・所得税の予定納税の還付金 ・法人税の中間納付額の還付金

<table>
<tr><td rowspan="2">過誤納金</td><td>過納金</td><td>適法な納付であったものが、結果的に目的を欠くことになった場合の不当利得の返還金
▶納付の時は適法な国税の納付であったが、その後、課税処分の取消しや減額更正等により超過納付となった場合</td></tr>
<tr><td>誤納金</td><td>当初から明らかに目的を欠く納付であった場合の不当利得の返還金
当初から法律上の原因を欠き国に国税の納付を受ける権限がない場合の給付金（大阪地判昭 39.6.26）
▶①納付すべき国税の確定前に納付があった場合
②確定した納付すべき税額を超えて納付があった場合</td></tr>
</table>

第3節

還付加算金の割合と計算等

還付金等には、次に掲げる起算日から還付の支払決定日または充当日（充当日前に充当適状日がある場合は、その充当適状日）までの間、一定の割合（原則、年7.3％）の還付加算金が加算される（通58①）。

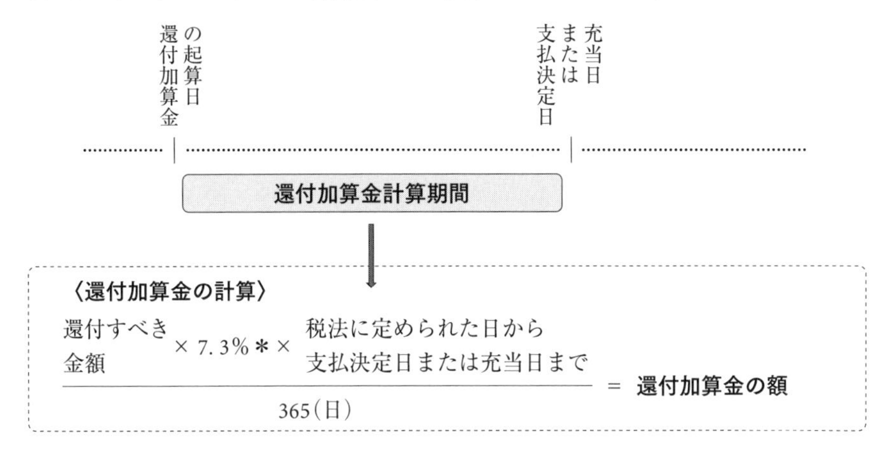

このように還付加算金の計算は、一定の割合に、還付加算金が生じる期間の日数を乗じて算定される。つまり、還付加算金の金額を決定する要素は、①割合と②起算日です。

1 還付加算金の割合

還付加算金の割合については、例えば、平成30年1月1日から12月31日の期間における還付加算金の利率は年1.6％であるが、この利率は毎年変動する可能性があります。

第9章 還付と還付加算金

この割合は、通則法上は年7.3%が原則とされているものの、措置法において下表のような「特例基準割合」によることとされています。この「特例基準割合」は各年の前々年の10月から前年9月までの各月における短期貸付けの平均利益の合計を12で除して得た割合として各年の前年の12月5日までに財務大臣が告示した割合に1%の割合を加算した割合をいいます。なお、令和3年1月1日以後の還付加算金の割合は、還付加算金特例基準割合（平均貸付割合に年0.5%の割合を加算した割合）になります（措93②）。

〈参考：還付加算金の割合〉

期　　間	割　合
平成26年1月1日～平成26年12月31日	1.9%
平成27年1月1日～平成28年12月31日	1.8%
平成29年1月1日～平成29年12月31日	1.7%
平成30年1月1日～令和2年12月31日	1.6%

2　還付加算金の起算日

還付加算金の起算日については、通則法が原則的な規定を定め、所得税法や法人税法といった個別の租税法規がこれに優先する特別規定を定めるという形が採られています。このうち、通則法の規定の概要は、以下のとおりです。

(1)　還付金

還付金（前述の例でいえば、事業年度中に行った中間申告とそれに基づく納付額が、業績の悪化により、結果的に過大であると判明した場合等に還付される金額）については、還付加算金の起算日は、当初の納付日の翌日とされています。ただし、所得税法や法人税法といった各租税法規に特別規定が数多く置かれており、特別規定がある場合にはそちらが優先して適用されます（中間申告・納付についても、後に述べるように法人税法に特別規定が置かれている）。

(2) 過誤納金

過誤納金（前述の例でいえば、課税当局の更正処分に従って納税者が税額を納付したが、後に課税処分が取り消されて、結果的に納め過ぎとなった場合等に還付される金額）については、還付加算金の起算日は、その過誤納金の発生態様ごとに、以下のとおり3種類に分かれています。

1）その過誤納金が発生した原因が、課税当局が行った課税処分にある場合（つまり、課税当局の更正処分等に誤りがあり、裁判所等が取り消した場合等）

還付加算金の起算日は、その税金の納付日の翌日とされています。課税当局が（誤りと判断された）更正処分等を行ったことによって、納税者が本来納める必要のなかった税額を納めざるを得なくなったのだから、還付加算金の起算日もできるだけ早くすることで納税者保護を図る趣旨です。

2）納税者からの更正の請求に基づいて課税当局が減額更正等をすることで生じた過誤納金の場合

還付加算金の起算日は、更正の請求の翌日から起算して3か月を経過する日または減額更正処分の翌日から起算して1か月を経過する日のいずれか早い日の翌日とされています。この類型は、例えば納税者が行った当初の申告に何らかの問題（税額を本来の額より大きく計算してしまうような誤り等）があり、課税当局も当初申告段階ではこれに気づかなかったが、納税者から更正の請求の形で指摘を受け、当初申告に基づく税額を課税当局自ら（減額更正の形で）訂正した、というような類型です。この場合、上記1）の場合と異なり、そもそも課税当局は、過誤納金が生じることを当初から認識していたとは言い難く、納税者が更正の請求を行った日等を基準にして、一定の限度で還付加算金の起算日を早い日に設定したものです。

3）上記1）及び2）以外の場合

還付加算金の起算日は、過誤納金の発生日の翌日とされています。個別事案ごとに具体的判断を行うと起算日の判断が統一されず、租税負担の公平性が害されるおそれもあるので、上記1）または2）のような事情がない場合には、一律に、過誤納金の実際の発生日が起算日の基準とされているのです。

◆平成23年の法人税法等の改正

更正に基づく法人税の中間納付額等の還付金に係る還付加算金の計算期間について、「確定申告書の提出期限の翌日」から「その更正の日の翌日以後1月を経過する日」までの日数は、還付加算金を付す期間に算入しないこととされた。この場合、当該更正が更正の請求に基づくものである場合には、「その更正の請求の日の翌日以後3月を経過する日」と「その更正の日の翌日以後1月を経過する日」とのいずれか早い日となる。

〈参考：還付加算金の起算日の一覧表〉

還付金等の区分	還付加算金の起算日
1　還付金 2　次に掲げる過納金 (1)　更正・決定または賦課決定により確定した税額が減額されたことにより生じた過納金（3の過納金を除く）（通58①一イ） (2)　納税の告知がされた確定手続を要しない国税が減額されたことにより生じた過納金（通58①一ロ） (3)　所得税の予定納税額が減額されたことにより生じた過納金（通令24①一）	納付の日（この日が法定納期限前である場合は法定納期限）の翌日（通58①一）
3　更正の請求に基づく更正により税額が減額されたことにより生じた過納金（通58①二）	更正の請求があった日の翌日から起算して3か月を経過する日とその更正があった日の翌日から起算して1か月を経過する日とのいずれか早い日の翌日（通58①二）

4　上記2から3以外の次に掲げる過誤納金	
⑴　申告により確定した税額が更正の請求によることなく更正により減額されたことにより生じた過誤納金（通令24②一）	更正の通知を発した日の翌日から起算して1か月を経過する日の翌日（通58①三、通令24②一）
⑵　源泉徴収等による国税で納税の告知がされていないものの過誤納金	過誤納の事実を確認した日の翌日から起算して1か月を経過する日の翌日（通58①三、通令24②二）
⑶　その他の過誤納金	納付した日（その日が法定納期限前であるときは法定納期限）の翌日から起算して1か月を経過する日の翌日（通58①三、通令24②五）

第10章

その他通則法関連

これまで各章で取り上げた項目に加え、行政手続法により処分の理由附記、罰則規定など、実務家の皆さんには、まだまだ紹介したい項目はあります。

本章では、その中で行政手続法による処分の理由附記を中心に取り上げています。

第1節

行政手続法の適用

行政手続法は、行政運営における公正の確保と透明性の向上を図ることを目的とする法律です。そのため、多岐にわたる行政手続の全般に適用されますが、税に関する手続は他の行政手続とは異なる独自の手続体系となっていること、同法の制定目的であった行政指導や許認可行政が少ないことから、大幅な適用除外がされていますが、不利益処分に係る理由附記（手続法8、14）及び行政指導（手続法32）に関する規定は適用されます。

行政手続法で適用除外とされているもの

・国税犯則事件の調査及び処分に基づいて行われる処分及び行政指導（手続法3①六）

・質問検査権の行使等情報の収集を直接の目的としてされる処分及び行政指導（手続法3①十四）

・審査請求、再調査の請求その他の不服申立てに対する決定及び裁決（手続法3①十五）

・不服申立ての審査手続において法令に基づいてされる処分及び行政指導（手続法3①十六）

・官公庁に対する協力要請等国の機関、地方公共団体等に対する行政指導（手続法4①）

通則法で適用除外とされているもの

・国税に関する処分（酒税免許を除く）は、「理由の提示」を除いて、適用されません（通74の14①）。

・国税に関する行政指導（酒税免許を除く）は、行政指導に係る書面の交付（手続法35③）及び複数の者を対象とする行政指導（手続法36）の規定は適用されません（通74の14②）。
・国税に関する届出には行政手続法第37条の適用がされますが、国の機関以外の者を提出先とする場合には同条の適用はありません（通74の14③）。

POINT **国税に関する不利益処分の通知書には、処分の根拠となる理由が記載されます。**

1 理由附記

理由附記は、税務署長の判断の慎重・合理性を担保してその恣意を抑止する（処分適正化）とともに、処分の理由を相手方に知らせて不服申立てに便宜を与える（争点明確化）ことにあります（大阪高判平25.1.18）。そのため、記載すべき内容は、例文的・抽象的なものでは足りず、処分の具体的根拠を明らかにするものでなくてはいけません。もし仮に、その程度を満たさなければ、課税要件等の判断を経ることなく、その処分は不適法として取り消されます。

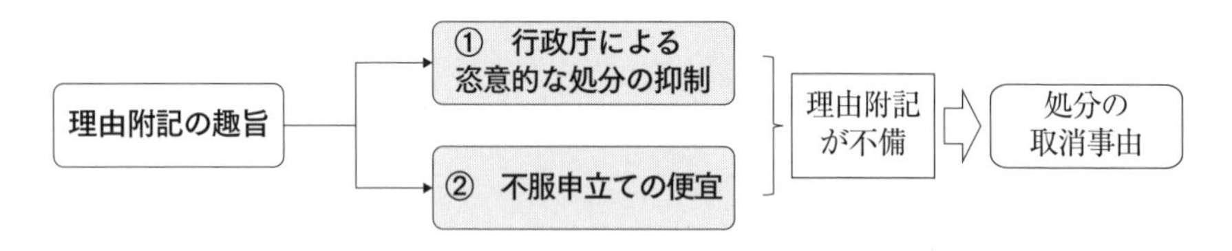

POINT **処分に理由が附記されているかチェック！**

理由附記	申請に対する拒否処分 （手続法 8）	更正の請求に対して更正をすべき理由がない旨の通知、青色申告承認申請の却下などの処分が該当します。
	不利益処分 （手続法 14）	更正、決定、青色申告の承認取消しなどの処分が該当します。

2　行政指導

税務署長等が行う行為について、それが行政指導に該当する場合には、その趣旨・内容及び責任者を明確に示すとともに（手続法 35 ①）、指導の内容が法令の要件に適合しないと思料する場合には、納税者は行政指導の中止を求めることができます（手続法 36 の 2 ①）。

(1)　調査と行政指導の区別

調査とは、特定の納税者について課税内容を把握する目的で行う、質問検査権に基づく行為です。その調査の結果に基づき、納税者は非違を自認して修正申告書を提出するか、あるいは更正または決定などの課税処分を受ける判断をすることになります。

それに対して、提出された申告書に計算誤りや記載漏れなどがあった場合には、修正申告書の提出を求める行政指導を行うことがあります。

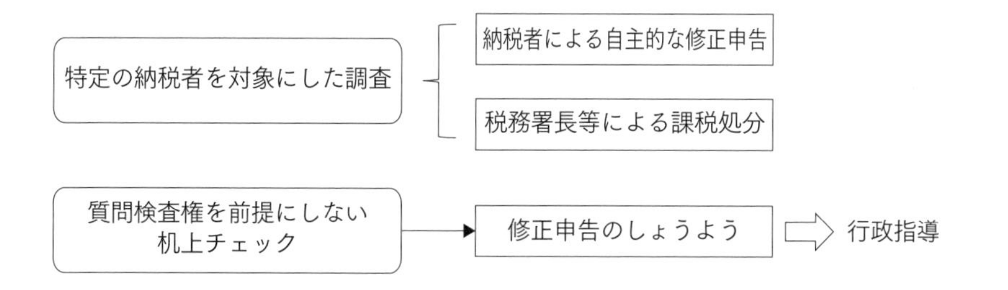

(2)　行政指導の中止

法律の要件に適合しない行政指導を受けたと納税者が思料するときは、その行政指導をした税務署長等に、書面によりその旨を申し出て、行政指導の中止その他必要な措置をとることを求めることができます（手続法 36

の2①)。また、書面による申出があったときは、税務署長等は必要な調査を行い、法令等に適合しなければその行政指導を中止しなければなりません（手続法36の2③)。

現行の取扱いにおいて行政指導に当たるケースでは、納税者が修正申告書の提出に応じなければ、さらに行政指導をすることなく更正等の処分がされます。行政指導に従わなかったことを理由にした「不利益な取扱い」は禁止されていますが（手続法32②)、これは意図的に差別的取扱いを禁じたものであり、課税要件に基づく更正処分等を制限するものではありません。

第2節

通則法上の罰則

◆**平成29年度税制改正における罰則規定**（申告義務違反及び脱税煽動等の罪）

平成29年度税制改正における国税犯則調査手続に関する規定に併せて、脱税煽動等の罪に係る規定（旧国犯法22）についても、現代語化した上で、通則法に編入されています（通126）。

その主な内容は、以下のとおりです。

なお、この改正は、平成30年4月1日から施行されています。

1　申告をしないこと等の煽動、申告をさせないため等の暴行または脅迫

納税者がすべき国税の課税標準の申告（その修正申告を含む。以下「申告」という）をしないこと、虚偽の申告をすることまたは国税の徴収もしくは納付をしないことを煽動した者は、3年以下の懲役または20万円以下の罰金に処されます（通126①）。

また、納税者がすべき申告をさせないため、虚偽の申告をさせるため、または国税の徴収もしくは納付をさせないために、暴行または脅迫を加えた者も、3年以下の懲役または20万円以下の罰金に処されます（通126②）。

事務内容	者	行為	罰則内容
① 申告をしないこと、虚偽の申告をすることまたは国税の徴収もしくは納付	煽動した者	煽動	3年以下の懲役または20万円以下の罰金
② 申告をさせない、虚偽の申告をさせるまたは国税の徴収もしくは納付させない	暴行または脅迫を加えた者	暴行または脅迫	

2 施行後の規定

通則法第126条　申告義務違反・脱税煽動等
127条　国税の調査・徴収事務従事者の守秘義務違反
128条　更正請求書の虚偽記載等
129条　不答弁・虚偽答弁等
130条　業務主の処罰等

第11章

国税徴収のための滞納処分

国税は、定められた納期限までに全額を納付しなければなりません。しかし、その納付がされなかったときには、国税の債権者である国は自らの権限でもって、国税を滞納している納税者（以下、「滞納者」という）の意思に関わりなく、強制的に徴収を行います。この強制的に行う手続を総称して、「滞納処分」といいます。

滞納処分に関する法律の規定は、通則法第 40 条を受けて、具体的な手続は徴収法第 47 条以下に規定されていますが、それ以外にも通則法や破産法などの他の法規を総合して行われます。

第1節

滞納処分の一連の手続

滞納税金について納税の誠意がないと認められた場合には、取引先等への財産調査が始まり、続いて、財産差押え、差押財産の換価（公売）といった、一連の「強制的に徴収」する手続が開始されます。

財産調査
・質問・検査
・捜索
→ 財産差押え → 換価（公売） → 換価代金を滞納税金に充当

※差押財産が債権の場合には、公売ではなく「取立て」により換価されます（徴67①、89①）。

☞「滞納整理手続の一連の流れ」324ページ参照。

POINT 手続の展開に注意！

滞納者が一連の手続の中でどこにいるか、注意してください。猶予などの分納を約束していても、履行を怠っているなどして納税の誠意がないと認められれば、猶予が取り消されて滞納処分に移行します。

法律では、督促から10日を経過すれば差押えが可能になります。だからといって、そうした状態になった滞納者をすべて差し押さえているわけではありません。一時的な資金不足から滞納となった者や、きちんとした資金計画を立てて納付している「納税誠意のある者」には、「猶予」や「納付誓約」などによる分割納付の措置で税金が徴収され、差押えという強制的な手段まで至ることは多くはありません。

ところが、「納税できない」あるいは「納税したくない」という意思を示して、納税を拒否している滞納者がいます。また、言葉では納税するといっておきながら、何回も分割納付の約束をして、なおかつ、何度も不履行を繰り返すような滞納者もいます。そのような「納税の誠意がない」と税務署が判断した場合には、差押えに至るケースが多いようです。

第2節

滞納処分における「調査」

滞納処分における調査には、相手方の承諾を得て行う任意調査である「質問・検査」と、承諾の有無にかかわらず行う強制調査＝「捜索」があります。

1 滞納処分における任意調査と強制調査

徴収職員は、滞納処分をする財産を発見するために、次の調査をすることができます。

(1) 任意調査

滞納処分における「任意調査」には、口頭または書面で行う「**質問**」と、調査の相手方から帳簿書類等の呈示を受けて内容を確認する「**検査**」があります（徴141）。

任意調査では、「滞納処分のための調査」であることを明示した上で、預金や売掛金などの債権については、その内容（債権の種類、金額、履行期限）や債権の帰属を調べます。

(2) 強制調査

滞納処分のため必要と認められる場合には、徴収事務を行う職員（**徴収職員**）は、相手方の承諾なしに調査する「**捜索**」を行うことができます（徴142①）。この捜索は、滞納者の財産を差し押さえるために行うものなので憲法第35条の適用はなく、徴収職員証票の呈示だけで行われ、裁判所の令状は必要ありません。

なお、捜索をするに際しては、滞納者などの捜索を受ける相手方や雇用人、地方公共団体の職員や警察官の立会いが必要です（徴144）。

⑶ 出入禁止等

徴収職員は、捜索などの際に支障があると認めるときは、対象の場所にロープを張るなどして、滞納者や同居の親族及び代理権限を有する税理士等を除き、第三者が立ち入ることを制限できます（徴145）。

2 課税調査との違い

課税調査の手続については、平成23年度の税制改正で見直しがされましたが（通則法第7章の二「国税の調査」）、滞納処分のための調査は対象になっていません。したがって、調査に先立っての事前通知や調査終了の際の結果通知などの手続は行われません。

なお、税理士法が定める業務において特段に除外規定はないので（税理士法2）、滞納処分に関して税理士が立ち会う場合には、代理権限を明確にしておく必要があります。

第3節

差押えとその効力

差押えは、徴収職員が滞納者の特定の財産について、法律上または事実上の処分を禁止して、これを換価（公売）できる状態におく処分です。差押えは、滞納税金について督促がされ、それから10日を経ても完納がされない場合に行われます（徴47①以下）。

POINT **どの財産を差し押さえるかは、徴収職員の裁量です。**
財産の差押えは、換価が容易なものから、滞納税金を徴収する範囲で行われます。

1　差押財産の選択

差押財産の選択の一般基準……
① 第三者の権利尊重
② 滞納者の生活維持等
③ 行政の効率性

(1) 徴収職員の裁量

調査により把握した滞納者の財産のうち、どれから差し押さえるかは、選択の一般基準を考慮した上で、徴収職員の合理的な判断（裁量）を経て行われます（徴基通47-17）。

第三者の権利尊重	第三者の権利を害することが少ない財産であること
滞納者の生活維持等	滞納者の生活の維持または事業の継続に与える支障が少ない財産であること
行政の効率性	・換価に容易な財産であること ・保管または引揚げに便利な財産であること

⑵　無益な差押えと超過差押え

差押えは滞納者の財産に重大な影響を及ぼすことからは、処分にあたり規範となる事項が設けられています。

①　無益な差押え

差し押さえた財産を換価しても、その財産から滞納税金への徴収ができないことが明らかな場合には、そのような無益な差押えはすることができません（徴48②）。差し押さえられている財産が該当する場合には、その差押えは解除しなければなりません（徴79①二）。

②　超過差押え

滞納税金を十分に徴収可能な財産を差し押さえているにもかかわらず、さらに他の財産を差し押さえることは禁止されます（徴48①）。該当する場合には、その差押えは解除することができます（徴79②一）。

なお、差押財産の価額が滞納税金に比して過大であっても、債権は全額差押えが原則であり（徴63）、一筆の不動産のように分割できない財産であれば超過差押えにならないと解されています（徴基通48-3）。

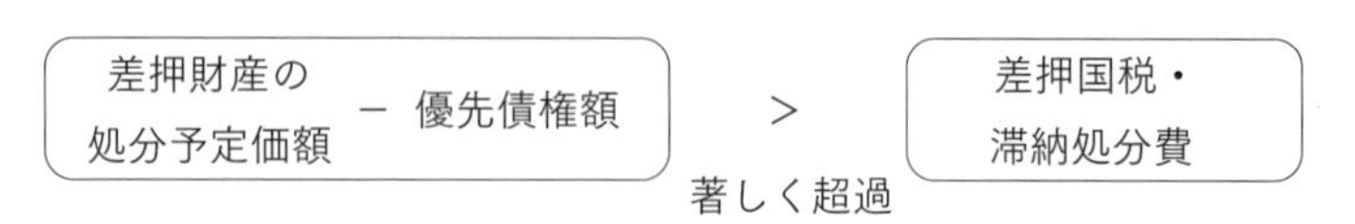

(3) 第三者の権利の目的となっている財産

差押財産の選択にあたっては、滞納処分の執行に支障がない限り、抵当権や賃借権などの権利を害さないように努めなければなりません（徴49）。それら権利の付いた財産が差し押さえられたときは、権利者は滞納者に次のような財産があれば、差押財産の公売公告の日までに差押換えを求めることができます（徴50①）。

滞納者の財産	
	① 換価が容易な財産
	② 滞納となった税金を徴収可能
	③ 他の権利の目的になっていない

2 主な差押えの手続

差押えの手続は、財産の種別により異なります。手続を間違った差押えは、違法なものとして取消しの対象になる場合があります。

POINT 手続として、差押えがされたことは、売掛金であれば第三債務者である取引先に、不動産であれば抵当権を設定している金融機関に通知されます。

(1) 動産等

滞納者の居宅内にあるブランド品や宝飾品あるいは高級時計、店舗内や倉庫にある在庫商品などの「動産」、あるいは取引先から代金の支払いとして受けた小切手といった「有価証券」に対する差押えの手続は、次により行います。

① 徴収職員の占有

動産等の差押えは、滞納者の居宅などにおいて、徴収職員が権限の行使として捜索（徴142①）などを行い、その財産が滞納者に帰属していることを把握した上で、占有して行います（徴56①）。

▶第三者に帰属する財産を差し押さえられたとして、滞納者がその旨を主張して不服申立てをしても、自己の利益に関係のない主張として棄却されます（平18.10.16裁決）。所有権があることを証拠とともに、当該第三者が税務署長を相手に不服申立てをします（通75⑤）。

② 差押財産の保管等

差し押さえた動産は、徴収職員が占有した上で搬出することになりますが、運搬が困難だったり亡失や棄損のおそれがなければ、差し押さえられた者の同意を得た上で、その場に保管させることができます（徴60①）。保管させた場合には、封印、公示書その他差押えを明白にする方法による表示をします（徴60②）。

▶差押えを表示する封印等が剥がれても差押えの効力は存続しますが、その封印等を故意に損壊した者は、封印等破棄罪（刑法96）を問われる場合があります。

▶保管中の動産を故意に亡失、棄損した者は、滞納処分に係る執行免脱罪（徴187①）を問われる場合があります。

③ 金銭の差押え

（外国通貨を除く）金銭が差し押さえられた場合には、その金額の限度において、滞納者から差押えに係る国税を徴収したものとみなされます（徴56③）。

④ 有価証券の取立て

小切手などの有価証券は、その支払いの期日において徴収職員が取立てを行い（徴57①）、取り立てた金銭は差押えに係る国税に充てられます。

⑵ 不動産等

不動産や自動車（登録される建設機械、小型船舶を含む）など、権利の移転に登記や登録を対抗要件とする財産（不動産等）の差押えは、差押書の滞納者への送達により行います（徴68①、徴70①、徴71①）。

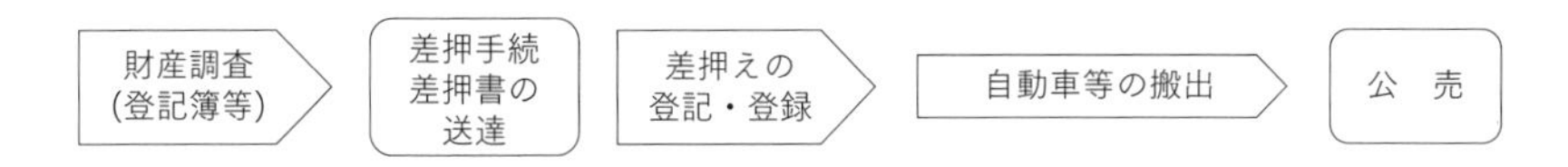

▶差押書の送達が滞納者にされていない事実が明らかになった場合には、差押えの登記・登録がされていてもその差押えは無効になります（徴基通68-38）。

①　差押えの登記・登録

不動産等を差し押さえたときは、税務署長は差押えの登記・登録を関係機関（法務局、陸運事務所）に嘱託します（徴68③、徴70①、徴71①）。

▶滞納者への差押書の送達の前に登記等がされた場合には、その登記等がされた時に差押えの効力が生じます（徴68④）。

▶滞納処分は、滞納者の財産に行われる処分です（徴47①）。しかし、不動産等が譲渡されて第三者の所有になっていたとしても、その権利に係る登記を経る前に差押えの登記がされた場合には、その第三者は自己の権利を差押債権者に主張できません（民177）。当該第三者は、差押えに対して不服申立てしても、差押えの登記抹消を提訴しても、その主張は認められません（最判昭31.4.24）。

②　権利者への通知

差し押さえた財産に、金融機関などが抵当権といった権利を設定している場合には、それらの者に対して差し押さえた旨及びその他必要な事項の通知がされます（徴55）。

③　差押財産の使用収益

不動産を差し押さえた場合であっても、滞納者は通常の用法に従い、使用または収益することができます（徴69①）。

自動車は、徴収職員が占有せず、滞納者または占有する第三者が保管しているときでも、使用による価値の減損があるため、原則として運行は認められません（徴71③⑤）。ただし、営業上の必要その他相当の理由があるときは、滞納者及び当該自動車に係る権利者の申立てにより、許可される場合があります（徴71⑥）。

▶差し押さえた不動産が賃貸物件であっても、差押えにより使用収益は制限されないので、第三者（賃借人）の権利を侵害したとする不服申立ての主張は認められません。

▶自動車は登録により差押えの効力が生じますが、現物を確保しなければ意味がありません。そのため、滞納者に保管させ、運行をさせない場合には、タイヤロックなどの措置を講じています（徴71⑤）。

⑶ 債 権

滞納者の有する預金や売掛金、不動産の賃貸借に伴い差し入れた敷金、生命保険の解約返戻金などの債権の差押えは、その債権に係る債務者（第三債務者）に対して「差押通知書」を送達して行います（徴62①）。

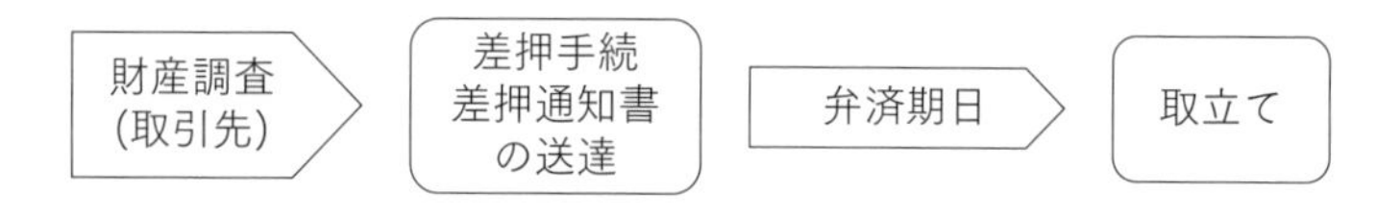

① 取立て・弁済の禁止

債権が差し押さえられたときは、その履行が禁止されます（徴62②）。その後は、滞納者（債権者）に弁済しても債権の消滅を差し押さえした者に主張できませんから（民481①）、二重に弁済が求められます。

▶債権は、原則として全額差押えです（徴63）。そのため、被差押債権の額が差押通知書に記載された滞納額を超えていた場合に、その差額を滞納者（債権者）に弁済すると、その額につき二重弁済を求められます。

▶差押えを受けた第三債務者は、その後に取得した債権による相殺をもって、差押債権者に対抗することはできません（民511）。ただし、差押えがされた時点で第三債務者が滞納者に債権を有していた場合には、その弁済期の先後に関係なく相殺ができます（最判昭45. 6. 24）。

② 債権の取立て

債権を差し押さえた場合、徴収職員は、その差し押さえた債権を取り立てることができます（徴67①）。

▶滞納者を契約者とする生命保険契約において、資金運用の積み立てとしての解約返戻金がある場合には、それを差し押さえた徴収職員は、滞納者が有する契約解除権を代位行使して（通42）、その解約返戻金を取り立てることができます（最判平11. 9. 9）。

▶債権の取立ては、差し押さえた債権の履行を求める行為なので、差押えに係る国税の額に関係なく、全額の取立てが原則です（徴基通67-2）。取り立てた金銭は、滞納国税や権利のある他の債権者に配当し、残金は滞納者に交付されます（徴129③）。

⑷ 差押えの解除

徴収職員は、次表の①に掲げる場合には差押えを解除しなければなりません。また、次の②に掲げる場合には、差押えを解除することができます。

① 解除しなければならない場合	② 解除できる場合
・差押えに係る国税の全額（延滞税を含む）が、納付や充当などにより無くなったとき（徴79①一） ・無益な差押えの場合（徴79①二）	・超過差押えの場合（徴79②一） ・滞納者が他に適当な差押可能財産を提供し、それを差し押さえたとき（徴79②二） ・差押財産を３回公売しても入札等がなく、その財産の状況から、さらに公売等に付しても売却見込みがないとき（徴79②三）

▶滞納者が差押えされた不動産を売却しようとする場合において、当該不動産を公売に付しても売れる見込みがない、差押えを解除しなければ事業継続等が困難などの事情があり、かつ、時価相当の売却予定価額のうち、公売したときの配当見込額以上の額を納付するときは、差押えが解除される場合があります（徴基通79-9）。

このほか、次に掲げる場合にも、差押えの解除がされます。

解除しなければならない場合	解除できる場合
・差押換えの請求（徴50②④） ・相続人からの差押換えの請求（徴51③） ・滞納処分の停止（徴153③） ・保全差押えの解除（徴159⑤） ・審査請求に係る解除（通105⑥）	・換価の猶予（徴152②） ・保全差押えの解除（徴159⑥） ・納税の猶予（通48②） ・再調査請求に係る解除（通105③）

(5) 差押禁止財産

法律において差押えそのものが違法になる財産には、①絶対的差押禁止財産、②給与等の一定の範囲で差押えが可能な財産、③他に換価が容易な財産の提供がなければ差押えが可能な条件付財産があります。

絶対的差押禁止財産

・滞納者が生活していく上で必要な衣服や寝具、3か月間の食料や、祭祀に係る仏像や位牌などは対象財産を列挙して、差押えが禁止されています（徴75①）。

・公的な保護を目的に支給される児童手当や母子保健に係る養育医療費などは、各法律で差押えが禁止されています。

・職務上の災害補償のために支給される労災補償金などは、差押えが禁止されています（労働基準法83②）。

・特定の災害補償のために支給される犯罪被害者等給付金なども、差押えが禁止されています。

給与等の差押禁止財産

給与及び社会保険制度に基づく年金は、支払額のうち生活に必要と認められる法律に定める一定額を控除した残額について、差押えをすることができます（徴76①、77①）。

給与等支給額	−	源泉所得税・特別徴収 地方税・社会保険料	−	・最低生活維持費 ・体面維持費	=	差押可能額

▶預金債権そのものは差押禁止財産に該当しませんが、差押えの禁止されてい

る児童手当や一定額の差押禁止がされた給与などが預金口座に振り込まれ、それを狙い撃ちするような差押えがされた場合には、禁止額の範囲でその差押えによる取立ては不当利得になる可能性があります（平 25. 11. 27 広島高裁松江支部、令元 9. 26 大阪高裁）。

条件付差押禁止財産

他に換価が容易で、滞納税金の全額を徴収できる財産の提供がされたときは、農業や漁業などの事業の維持に必要な器具は、滞納者の選択により差押えをしないことにしています（徴 78）。

第4節

滞納国税の納付相談

納税義務の確定した税金は、その納期限までに全額を納付しなければなりません（通35）。しかしながら、督促（通37）がされて滞納となった国税について、納税者の事情により直ちに全額を納付することができない場合には、税務署で納付の方法を相談することになります。

▶納付相談について税理士が関与する場合も、税理士法が定める業務（同法2）に該当するので、代理権限を明確にしておく必要があります。

1　比較的短期間に納付が見込まれる場合

納付の相談の際に概ね3か月以内に納付すべき国税の全額（延滞税などの附帯税を含む）を納付することが見込まれ、その履行が確実と税務署長が認める場合には、納付誓約などの簡易な方法により、分割納付が認められる場合があります。

▶このような納付誓約は法律に基づくものではありませんから、分納期間中に完納したとしても、延滞税は免除されません。

▶分納期間中であっても、納税者に繰上請求に該当するような事実（通38①各号）が生じた場合には、直ちに滞納処分が行われる場合があります。

2　比較的長期間での納付が見込まれる場合

法律において認められた猶予は、1年以内の期間を限り（やむを得ない理由があるときは、延長して2年以内）することができます（納税の猶予…通46②③、職権による換価の猶予…徴151①、申請による換価の猶予…徴151の2①）。これらの猶予は、それぞれが独立した制度ですから、条件が合えば組み合わせることができます。

（申請に基づく換価の猶予）

POINT　「申請に基づく換価の猶予」制度の活用を！

☞「納税緩和制度」第7章参照。

3　納付が見込まれない場合

滞納となった国税について、納付が見込まれない場合には、次のような措置が考えられます。

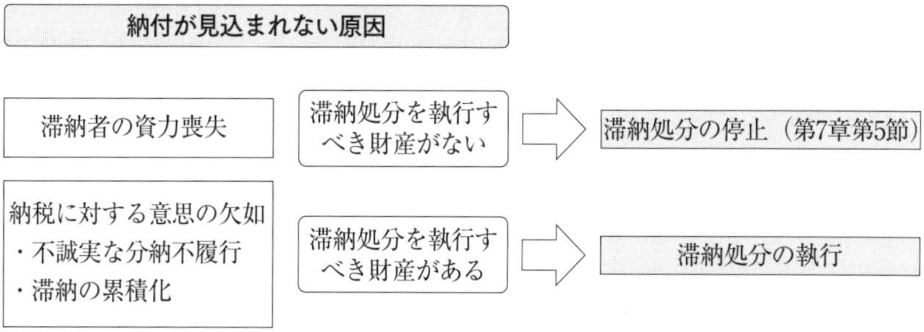

納付が見込まれない原因			
滞納者の資力喪失	滞納処分を執行すべき財産がない	⇒	滞納処分の停止（第7章第5節）
納税に対する意思の欠如 ・不誠実な分納不履行 ・滞納の累積化	滞納処分を執行すべき財産がある	⇒	滞納処分の執行

第 5 節

滞納処分と延滞税免除

延滞税は、租税債権が履行遅滞することに課されます。しかし、その納付遅滞が納税者につきやむを得ない理由によるものであるときは、延滞税を免除することができます（通 63）。

▶延滞税も租税債権の一部ですから、法律の要件に合致しない限り免除されることはありません（合法性の原則）。

POINT 猶予制度に伴う免除
差押え等に伴う「充足免除」の活用

1 猶予制度に伴う免除

延滞税は、定められた期限までに納付がされない履行遅延に対するペナルティですから、納税の猶予や換価の猶予によって、その納付を伸ばすことを国が認めた場合には、その率を軽減する措置が取られます。

☞第 4 章第 2 節「4　延滞税の免除」142 ページ参照。

2 充足差押え等に伴う免除

滞納となった国税の全額を徴収できる十分な財産を差押え（担保として徴していた場合を含む）している場合には（**充足差押え**）、その国税に生じた延滞税のうち、充足差押期間の 2 分の 1 の額について免除することができます（通 63 ⑤）。

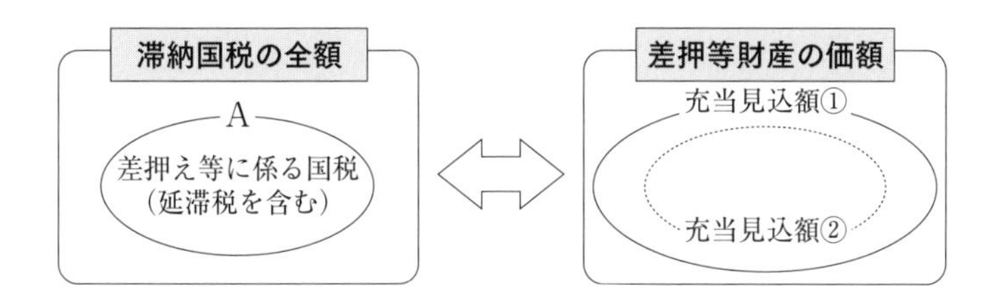

① 差押等財産からの国税への充当見込額が差押え等に係る国税よりも大きい場合（A <①）…延滞税の免除可

② 差押等財産の価額は差押え等に係る国税より大きいが、国税への充当見込額は満たしていない場合（A >②）…延滞税の免除は不可（充当見込額分の免除もされません）

▶延滞税には履行遅延に対する間接的な強制という意味合いがありますが、直接的な強制である差押えと重畳的になると考えられることから、その期間に係る延滞税の2分の1を免除することとしたものです。参加差押えも、自らの執行はしませんが同じ効果があると考えて、差押えに含める取扱いがされています。

▶延滞税の免除ができるのは、差押等財産の価額のうち国税への充当見込額が、その差押え等に係る国税額を超えている期間（充足期間）に限られます。

☞具体的な計算は第4章第2節「4　延滞税の免除」142ページ参照。

第6節

換価・公売

滞納処分により財産が差し押さえられた場合に、滞納となった国税の納付がされなければ、その国税を徴収するために差押財産を強制的に金銭に換える「**換価**」処分が行われます。

納期限の経過　滞納　督促 → 差押え → 換価（公売） → 配当・充当

1　換価の方法

差押財産を換価するときは、原則として、**公売**（入札またはせり売り）により行います（徴94①②）。

ただし、上場された株式など、その日の相場により価額が定まる財産など一定の場合には、公売に代えて、**随意契約**により売却することもあります（徴109①）。

▶差押財産が債権の場合には、弁済期が未定など特殊な場合を除いて、第三債務者から金銭の交付を受ける「**取立て**」が行われます（徴67①）。差押財産を金銭にする方法は、この取立てと公売の2つがあります。

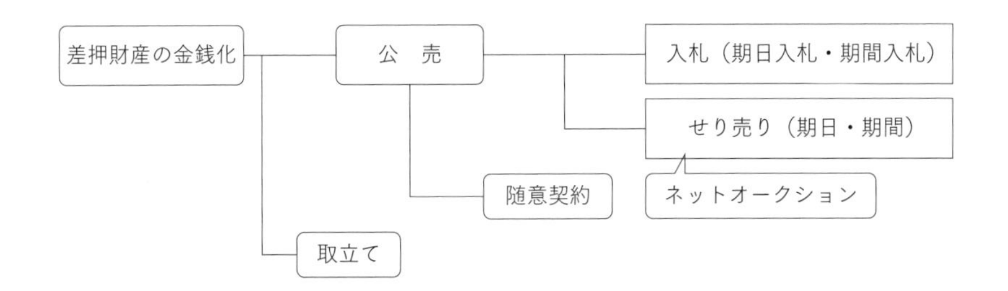

2　公売の手続

公売公告 〉 公売期日 〉 最高価申込者の決定 〉 売却決定 〉 代金納付

見積価額の公告

▶実務的には公売公告に合わせて見積価額の公告がされますが、両者は別個の処分です。見積価額は最低売却金額を示すに過ぎないので、公売公告の取消しを求める不服申立てにおいて、見積価額の低廉性は違法理由にならないと解されています（東京高判平28. 1. 14）。

(1)　公売公告

差押財産を公売に付するときは、原則として、公売の日（公売期日）の少なくとも10日前までに、公売財産の名称や数量、公売の方法、公売の日時など定められた事項を公告します（徴95①）。

▶公売公告に対する不服申立ては、買受代金の納付期限までしかできません（徴171①三）。

▶公売公告に合わせて、滞納者及び公売財産に係る権利者等に公売通知がされますが（徴96①）、この通知の取消しを求めて不服申立てや取消訴訟を起こすことはできません（最判昭50. 6. 27）。

(2)　公売期日

公売期日において入札（徴101①）またはせり売り（徴103①）の方法により、公売財産を換価します。

▶公売の方法は、指定した当日中に直ちに最高価申込者の決定までの手続を行う場合（期日入札、期日せり売り）と、期間を定めてその最終日に最高価申込者の決定を行う場合（期間入札、期間せり売り）があります。ネットオークションは、システムを利用した期間せり売りの一つです。

▶公売に参加するため、見積価額の1割程度の公売保証金の提供が求められる場合があります（徴100①）。

▶滞納者は、公売財産の買受人になることはできません（徴92）。

⑶　最高価申込者の決定

公売期日において、見積価額以上で最も高い額の入札者等を最高価申込者に決定します（徴104①）。

▶最高価申込者の決定に対しては、その入札額が著しく低廉であることを理由に取消しを求めることはできると考えられますが、不服申立ては買受代金等の納付期限までしかできません（徴171①三）。

⑷　売却決定

動産や有価証券を公売した場合には、公売したその当日に、最高価申込者を買受人として、売却決定がされます（徴111）。不動産等については、公売期日から起算して7日を経過した日に、最高価申込者に対して売却決定がされます（徴113①）。

▶売却決定に対する不服申立ては、原則としてその当日の、買受代金等の納付期日までしかできません（徴171①三）。

▶動産等については、買受代金の納付後には、売却決定を取り消すことはできません（徴112①）。不動産等については、手続の瑕疵が軽微な場合を除いて、代金納付後であっても売却決定が取り消される可能性があります（徴173①一、東京高判平28. 1. 14）。

⑸　買受代金の納付

換価財産の買受代金の納付の期限は、原則として、売却決定の日になります（徴115①）。買受人は代金を納付することにより、その財産を滞納者から取得します（徴116①）。

▶法律の規定により売却決定ができなくなった場合を除き、最高価申込者に決定された者は入札を取り消すことはできません（徴114）。個別の事情で買受けを辞退したいときは、買受代金を納付しないで売却決定が取り消されることになりますが（徴115④）、その場合には公売保証金は返還されず（徴100③）、今後2年間は公売に参加することができません（徴108①四）。

▶買受人代金の納付前に完納の事実を証明したときでなければ、売却決定は取り消されません（徴117）。

3　換価代金の処理

公売による買受代金及び債権を取り立てたときの金銭は、公売に係る国税やその他の債権に配当がされます（徴128①）。どのように配当されるかは、買受代金の納付の日から3日以内に発送される配当計算書の謄本により確認することができます（徴131）。

▶配当を受けられる者は国税、地方税などの公租公課と、公売財産上に担保権を有することが証明された者です。それ以外の債権者は配当を受けることはできません（徴129③）。

▶交付を受けた配当計算書に異議がある場合には、換価代金の交付期日前に異議の申し出をするか（徴133②）、配当処分に対する不服申立てをすることになります（徴171①四）。

参考　「参加差押えをした税務署長による換価執行制度」の創設

参加差押えをした税務署長（参加差押機関）は、参加差押えに係る不動産（参加差押不動産）について、差押えをした行政機関等に換価の催告（徴87③）をしてもなお換価が行われない場合には、差押えをした行政機関等の同意を得た上で、配当順位を変更することなく、換価を行うこと（**換価執行決定**）ができるようになりました（徴89の2①）。

この改正は、平成31年1月1日以後に、換価執行決定を行う換価について適用されます。

POINT **これまでは、他の行政機関等（市役所等）が不動産を差し押さえている場合には、その不動産が換価されるまで、参加差押えをした税務署長（国）は配当を受けられないとされていました。**

今般の改正により、先行する差押えが何らかの事情で止まっている場合には、参加差押えをしている税務署長は、一定の要件の下で、換価権を得て公売することができるようになりました。

換価執行決定の要件等

参加差押機関による換価執行決定は、差押財産が不動産の場合にのみ行えます。また、第二、第三順位の参加差押機関であっても換価執行決定をすることができます。

なお、参加差押不動産につき強制執行もしくは担保権の実行としての競売が開始されているとき、または参加差押機関が換価の猶予をしているなど法律の規定で換価をすることができない場合には、換価執行決定をすることはできません（徴89の2①但書）。

換価執行決定の要件	
①	参加差押不動産について、換価の催告をしてもなお換価に付されないこと
②	換価執行について、差押えをしている行政機関等の同意があること
③	参加差押不動産について、強制執行または担保権の実行がされていないこと
④	参加差押不動産について、法律による換価の制限がないこと

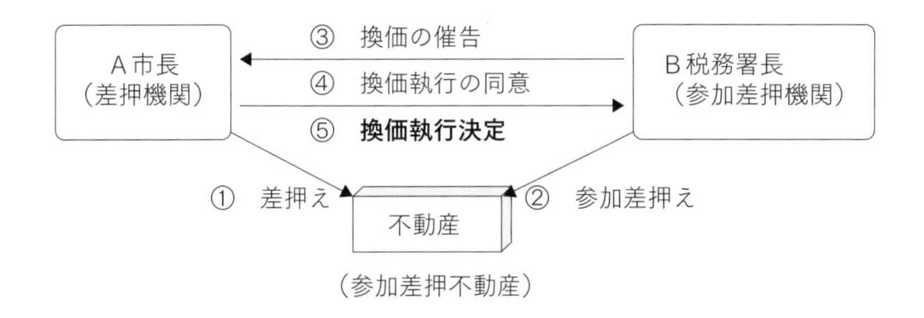

参考 「徴収共助条約」の発効

徴収法の施行は日本国内にしか及ばないので、滞納者が国外に財産を有していたとしても、その財産に対して直接に滞納処分を行うことはできませんでした。しかし、平成25年10月に、国税については「**税務行政執行共助条約**」が発効し、それに伴う実施特例法が制定されたことから、条約が発効している外国（イギリス、フランス、韓国など）に対しては、それらの国に所在する滞納者の財産について、徴収に関する共助を求めることができるようになりました。

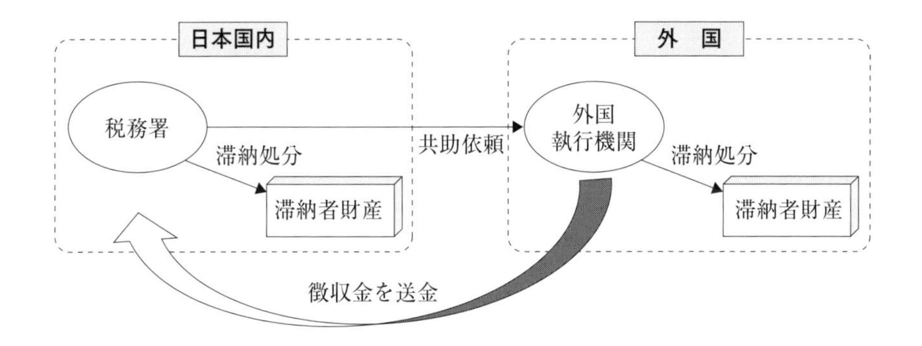

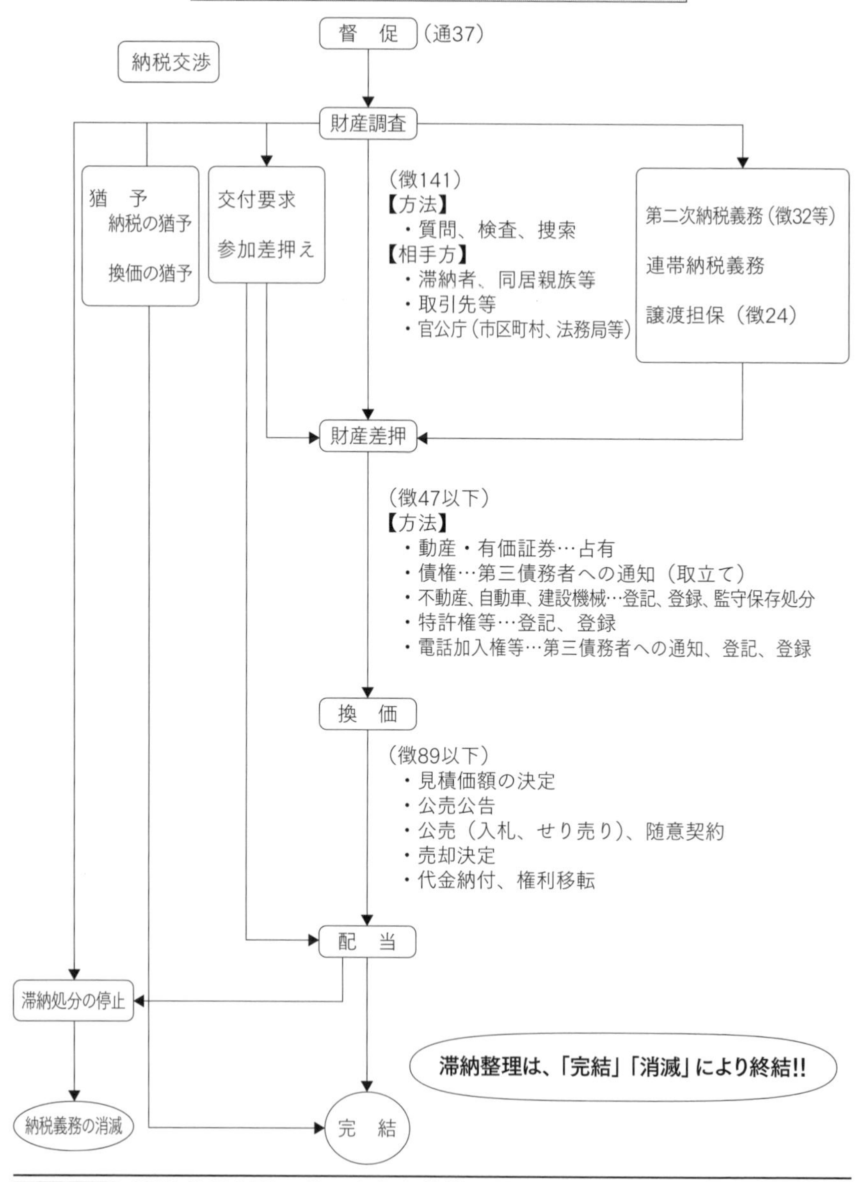

POINT 納税者が上記のどのような状態に置かれているのか、状況に応じた対策を講ずる必要があります。

補　遺

新型コロナウイルス感染症の拡大に伴う納税の猶予の特例

令和2年4月30日に「新型コロナウイルス感染症等の影響に対応するための国税関係法律の臨時特例に関する法律」（以下「新型コロナ税特法」という）が施行されました。

これは、新型コロナウイルス感染症等の影響への対策として、税制面における措置が講じられたものであり、その中には、感染拡大防止のために、イベント自粛要請や外国人観光客等を含む入国制限措置、あるいは不要・不急の外出自粛要請などの感染症のまん延防止のための措置等に起因して、多くの事業者の収入が急減している状況があり、そうした事業者が納税資金に苦慮していることを踏まえた「納税の猶予」の特例措置（以下「**特例猶予**」という）があります。

1　特例猶予の概要

特例猶予は、新型コロナウイルス感染症等の影響により収入の相当な減少があったこと等の場合に、通則法第46条第1項の「納税の猶予」を適用する法律です。

特例猶予は、事業等を営む法人または個人を対象に、新型コロナウイルス感染症等の影響により、令和2年2月1日以後に「事業につき相当な収入の減少があったことその他これに類する事実」がある場合に、通則法第46条第1項の「災害等に基づく納税の猶予」を適用するものです。特例猶予は、納税者からの申請により、原則として国税の納付を1年間まで猶予します。また、猶予期間中は延滞税がかからないこと（通63①）、担保の提供を要しないこと（通46⑤）になっています。

☞第7章第2節「納税の猶予」198ページ参照。

2　特例猶予の対象

特例猶予は、令和２年２月１日から令和３年２月１日までに納期限が到来する国税につき、適用されます。

特例猶予は、新型コロナウイルス感染症等の影響により収入減となった納税者への特例ですから、令和２年２月１日から政令で定める特定日（令和３年２月１日）までに納期限が到来する国税が対象です。

また、令和２年２月１日から特例猶予が施行された令和２年４月30日までに納期限が到来している国税は、遡って適用を受けることができます（新型コロナ税特法附則２）。

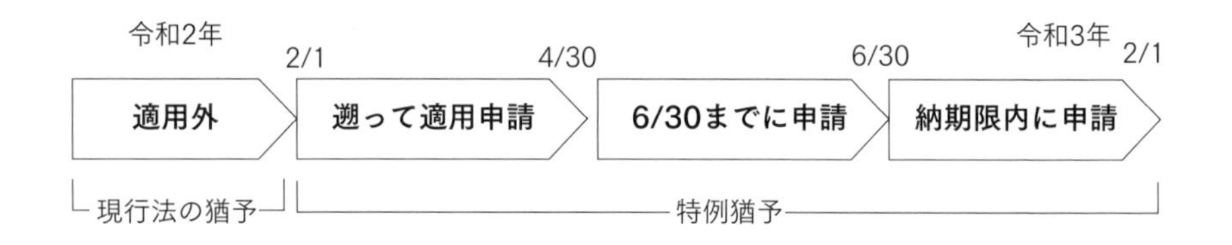

⑴　特例猶予は、印紙により納税をするもの（印紙税、自動車重量税、登録免許税）、外国貨物を保税地域から引き取る際の消費税及び出国の際に納付する国際観光旅客税を除いた、その他すべての国税が対象です。また、納税額についての上限も設けていません。

⑵　確定申告分のほか、修正申告によるもの、更正等の処分により税額が確定したものも含まれます。また、法人税や消費税の連結を含む中間申告分、個人所得税の予定納税、源泉所得税の毎月納付分も対象になります。

⑶　特例猶予の対象となる国税が、すでに通則法第46条第２項の納税の猶予または徴収法第151条及び第151条の２の換価の猶予を受けている場合でも、特例猶予の要件に該当すれば、改めて申請を行うことにより適用を受けられます。

（注）　特例猶予の適用を受けた場合には、他の猶予措置から生じた延滞税の納付は不要になり、すでに納付していた延滞税は還付されます。

3　特例猶予の効果

特例猶予は、納付すべき国税の一部または全部につき、原則として納税を1年間猶予するものです。猶予期間中は、利息等に相当する延滞税はかかりません。

特例猶予の適用を受けた国税の納付は、その納期限から最大で1年後の日まで猶予することができます。令和2年5月31日に納期限が到来する3月決算法人の法人税及び消費税は、令和3年5月31日まで、令和3年2月1日に納期限が到来する国税は令和4年2月1日まで、納付が猶予されます。

（注）　予定納税に係る所得税ならびに中間申告、連結中間申告等に係る法人税、中間申告に係る消費税は、それぞれの確定申告に係る納期限までが猶予の期間になります（通令13②）。

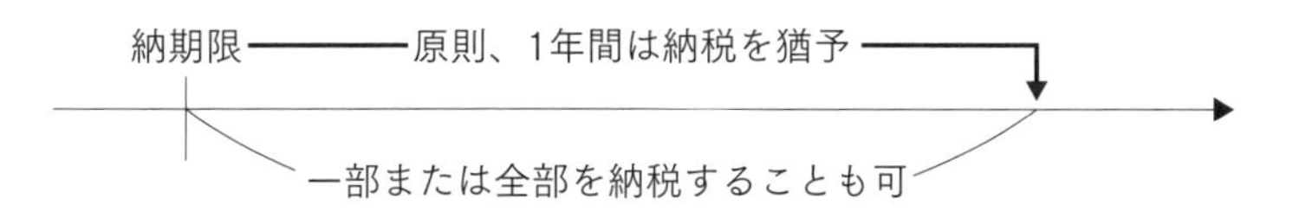

4　特例猶予を受ける手続

特例猶予は、適用を受けようとする納税者が納期限までに書面により申請を行い、それに対して納税者を管轄する税務署長の許可がされることで適用されます。

申請書の提出は、令和2年7月1日以後に納期限が到来するものは、それぞれの納期限までに納税者を管轄する税務署長に「郵送」により行います。期限を徒過した場合には、税務署長が認めるやむを得ない理由がない限り、特例猶予の適用は困難になります（新型コロナ税特法3）。

（注）　消費税や法人税の中間申告分は納期限のつど、源泉所得税は法定納期限のつどの申請が必要です。

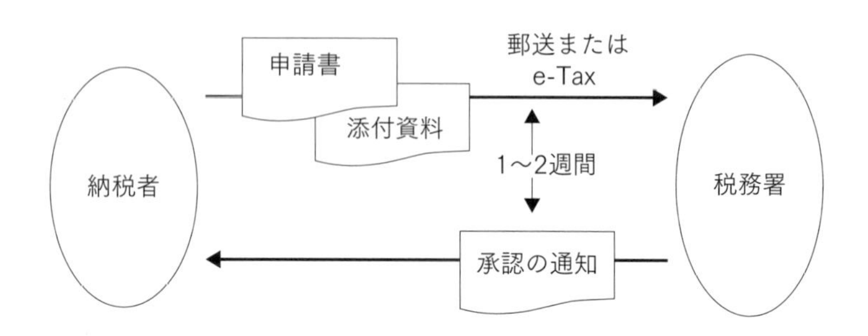

⑴　申請の手続は、e-Taxでも行うことができます。

⑵　申請は、税理士が代理して行うことは可能ですが、税理士法第2条の業務に該当するため、資格のない者が代理人になって申請を行うことは禁止されています（税理士法52）。

　なお、令和2年4月21日から、手続の概要や申請書の記載方法を説明する「国税局猶予相談センター」が開設されています。

⑶　申請が期限に間に合わなかったことの原因が新型コロナウイルス感染症等の影響によるものであるときは、「やむを得ない理由」に該当すると考えられます。

⑷　申請するにあたっては、特例猶予の適用を受けるための要件（5⑴、⑵参照）を満たすことを証する資料（収支状況などを確認するための売上帳や現金出納帳、預金通帳など）を用意し、その写しを申請書に添付して送付します。

⑸　申請書が提出されると、税務署長は審査した上で承認の通知を文書で行います。

⑹　新型コロナウイルス感染症等の影響で通常の業務体制を維持できな

い等の理由があり、申告期限までに申告書の提出ができない場合には、延長後に提出する申告書にその旨を記載することで、申告及び納付の期限を延長することができます（通 11、通令 3 ③）。申告及び納付を延長している期間については、延滞税の納付は必要ありません（通 63 ②）。

なお、特例猶予の申請ができる期間の納期限は、通則法第 11 条の適用を受けて延長された納期限を含みます。

5　特例猶予を受ける要件

特例猶予は、新型コロナウイルス感染症等の影響により、前年同期に比べて収入が概ね 20%以上減少していること、かつ、国税を一時に納付することが困難な場合に適用されます。

特例猶予は、令和 2 年 2 月以降の任意の期間（1 か月以上）において、新型コロナウイルス感染症等により生じた様々な影響により、事業等に係る「収入」が前年同期に比べて概ね 20%以上減少していること、かつ、一時に納税を行うことが困難な場合に適用されます。

(1)　収入が概ね 20%以上減少していること

令和 2 年 2 月から特例猶予を申請するまでの期間のうち、1 か月以上の任意の期間（以下、「調査期間」という）の収入額が、前年の同じ時期の期間（以下、「基準期間」という）に比して概ね 20%以上の減少があれば適用されます。

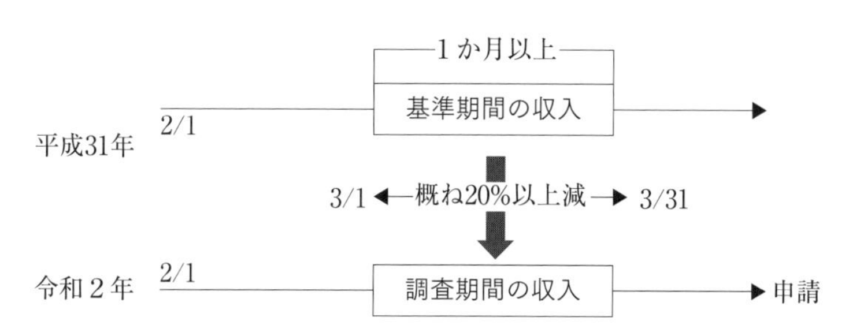

補遺

▶令和２年２月から特例猶予を申請するまでの期間において、トータルすると20％以上の収入の減少がない場合、あるいは調査期間の損益が黒字になっている場合でも、調査期間の減少率が概ね20％を超えていれば、特例猶予は適用されます。

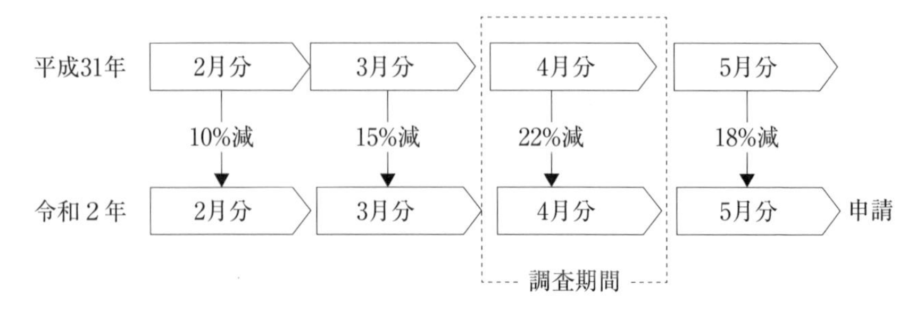

⑵　一時に納付が困難なこと

特例猶予は、新型コロナウイルス感染症等の影響により事業収入の減少等があり、一時に納税することが困難な納税者への措置です。したがって、納期限までに納税が困難な額の範囲において、納税が困難でなくなる期間までが猶予されることになります。

（注）　収入は20％以上の減少をしていても、納税者が留保してある資金（手元資金）が相当あって「一時に納税が困難」ではないと認められる納税額については、特例猶予の適用はありません。

▶申請に際しては、現在の手元資金から今後６か月の事業等の継続に必要な支出を差し引きし、それにより納税が猶予される額及び猶予期間が決定されます（通令13①）。

（注）　事業等の継続のために必要な支出には、家賃や給与などの経常的な支出のほかに、臨時的な支出を加算できます。

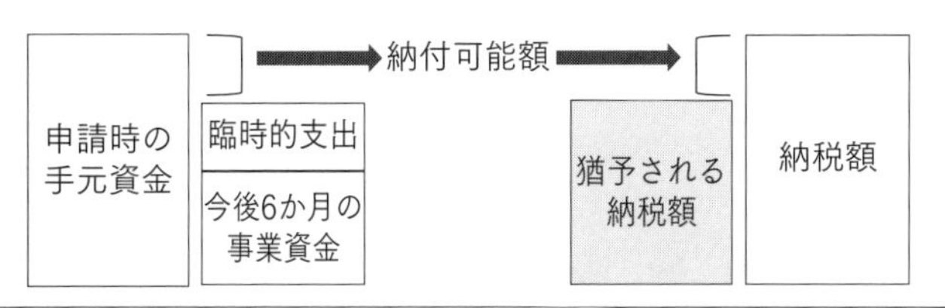

もちろん、手元資金で今後の事業資金を賄えない場合は、全額が納税を猶予されます。

▶納税者が個人の場合には、事業等の継続に必要な支出のほかに、納税者及び生計を一にする配偶者その他の親族の今後6か月の生活に必要な支出を含めます。

6 その他の留意事項

(1) 特例猶予による猶予期間が経過した後において、継続して納税が困難等の事情があると税務署長等が判断した場合には、改めて徴収法第151条の換価の猶予により、最大で2年間の猶予を受けることができます。この猶予がされた期間は、年率1.6%（令和2年度）の延滞税の納付が必要です。

(2) 特例猶予を適用できない国税については、納期限から6か月以内の申請により、現行法による猶予措置があります（徴151の2）。この猶予がされた期間は、年率1.6%（令和2年度）の延滞税の納付が必要です。

（猶予申請書）

整理番号								

納税の猶予申請書

税務署長殿

□ 国税局猶予相談センターに相談済みの場合はチェックしてください。

新型コロナウイルス感染症等の影響に対応するための国税関係法律の臨時特例に関する法律第3条により読み替えて適用する国税通則法第46条第1項の規定により、以下のとおり納税の猶予を申請します。

1 申請者名等（以下の項目について、ご記入をお願いします。）

申請者			
住所 所在地	電話番号　　携帯電話	申請年月日	令和　年　月　日
氏名 名称	印	※税務署整理欄 通信日付印	
		申請書番号	
法人番号		処理年月日	

納付すべき国税						新型コロナウイルス感染症等の影響
年度	税目	納期限	本税	附帯税	備考	□ イベント等の自粛で収入が減少
		・・	円	円		□ 外出自粛要請で収入が減少
		・・				□ 入国制限で収入が減少
		・・				□ その他の理由で収入が減少
合計			①	②		

猶予期間	納付すべき国税の納期限の翌日 から 令和　年　月　日 まで　月間

2 猶予額の計算（書き方が分からない場合は、職員が聞き取りをしながら記載します。）

（注）会計ソフト等で作成した試算表などで代用いただいても構いません。

(1) 収入及び支出の状況等

令和２年２月以降、前年同月と比べて収入の減少率が大きい月の収支状況を記載してください。

	項目	令和　年(当年) 月	月	月	前年同月 月	月	月
収入	売上	円	円	円	円	円	円
	小計	③	④	⑤	⑥	⑦	⑧
支出	仕入						
	販売費/一般管理費						
	借入金返済						
	生活費（※）						
	小計	⑨	⑩	⑪			

収入減少率
1－(③÷⑥) 1－(④÷⑦) 1－(⑤÷⑧) のうち最大のものを記載
%

支出平均額
(⑨＋⑩＋⑪) ÷記入月数
⑫　円

※　減価償却費など、実際に支払を伴わない費用などは「支出」に該当しません。

※　申請者が法人の場合は、生活費は「支出」に該当しません。

税理士署名押印	印	電話番号	
		□	税理士法第30条の書面提出有

⑵ 当面の運転資金等の状況等

当面の運転資金等（⑫×6（6か月分））	円	＋	今後6か月間に予定されている臨時支出等の額	円
		＝	当面の支出見込額（⑬）	円

⑶ 現金・預貯金残高

	金額		金額	現金・預貯金の合計（⑭）	
現金	円	預貯金	円		円

⑷ 納付可能金額

⑭（現金・預貯金残高）－⑬（当面の支出見込額）＝

納付可能金額（⑮）	円（マイナスの場合は0）

⑸ 猶予を受けようとする金額

（①＋②）納付すべき国税	－	（⑮）納付可能金額	＝	猶予額
円		円		円

3 その他の猶予申請（他の猶予の申請を併せてする場合は、チェックしてください。）

□ この申請が許可されなかった場合は、換価の猶予（国税徴収法第151条の2第1項）を申請します（※）。

※ 例えば、収入の減少率が低いときは、この申請は許可されませんが、他の制度（換価の猶予）により猶予が受けられる場合があります。併せて申請しておくことにより、申請の日から延滞税が軽減されます。

（審査に当たり、後日、職員が状況などを確認させていただくことがあるため、ご協力をお願いします。）

《「収入の減少」とは…》

令和２年２月以降の任意の期間（１か月以上）において、事業をされている方の収入が前年同期間に比べて概ね20%以上減少した場合、「収入の減少」があるものとして猶予の対象となります。

フリーランスの方などの報酬、派遣労働者の方などの給与（確定申告を行う必要があるもの）についても、同じように減少していれば、「収入の減少」があるものとして猶予の対象となります。

なお、新型コロナウイルスの発生とは関係なく減少した収入（臨時収入の減少など）については、この「収入の減少」の計算には含まれません。

《「納付可能金額」とは…》

当面（向こう６か月分）の事業資金・生活費等を超える現金・預貯金をお持ちの場合、その超えた金額については、「納付可能金額」として納期限までに納付していただく必要があります。

- 申請していただいた内容は税務署で審査します。
  猶予を許可する場合には、通知書でお知らせします。
- 審査に当たり、職員が電話等で内容確認を行うことがあるため、ご協力をお願いします。
- 今後（２か月程度）に、地方税や社会保険料などの納税の猶予申請をされる場合には、この申請書の写しを利用できますので、写しを手元に保管しておくことをおすすめします。

ご不明な点がございましたら、申請先の税務署（徴収担当）にお気軽にお問い合わせください。

索　引

【し】

【せ】

【そ】

【た】

【ち】

索引

［編著者・著者紹介］

黒坂 昭一（くろさか しょういち）
国税庁徴収部管理課課長補佐、東京国税不服審判所副審判官、杉並税務署副署長、税務大学校研究部教授、東京国税局徴収部特別整理部門統括国税徴収官、同徴収部納税管理官、同徴収部国税訟務官室主任国税訟務官等を経て、平成 26 年 7 月東村山税務署長を最後に退官。同年 8 月税理士登録。千葉商科大学大学院客員教授。

佐藤 謙一（さとう けんいち）
東京国税局課税第一部審理課課長補佐、税務大学校研究部教授、東京国税局課税第一部国税訟務官室主任国税訟務官等を経て、平成 27 年 7 月鎌倉税務署長を最後に退官。同年 9 月税理士登録。同 28 年 4 月から國學院大学特任教授、聖学院大学大学院講師。

三木 信博（みき のぶひろ）
国税庁徴収課、東京国税局徴収課課長補佐、税務大学校専門教育部教授、国税不服審判所審判官、東京国税局特別整理総括第二課長、大和税務署長、東京国税局徴収課長、東京国税局徴収部次長、渋谷税務署長等を経て、令和元年 7 月退官。同年 8 月税理士登録。

実務家が知っておくべき　国税通則法の要諦
～納税者の権利救済・納税環境整備に関する詳細解説～

2020年9月4日　発行

編著者　黒坂　昭一 ©

著　者　佐藤　謙一／三木　信博 ©

発行者　小泉　定裕

発行所　株式会社　清文社
東京都千代田区内神田1－6－6（MIFビル）
〒101-0047　電話03(6273)7946　FAX03(3518)0299
大阪市北区天神橋2丁目北2－6（大和南森町ビル）
〒530-0041　電話06(6135)4050　FAX06(6135)4059
URL http://www.skattsei.co.jp/

印刷：亜細亜印刷㈱

■著作権法により無断複写複製は禁止されています。落丁本・乱丁本はお取り替えします。
■本書の内容に関するお問い合わせは編集部までFAX（03-3518-8864）でお願いします。
■本書の追録情報等は、当社ホームページ（http://www.skattsei.co.jp/）をご覧ください。

ISBN978-4-433-73210-3

「顧客目線」「嗅覚」がカギ！

選ばれる税理士の〝回答力〟

飯田真弓／Credo税理士法人 著

税理士が業務を行うにあたって身につけておくべきコミュニケーション力について、ストーリー仕立てでやさしく解説。

■四六判 272頁/定価：本体 2,200円+税

令和２年４月改訂・これだけはおさえておきたい

相続税の実務Q&A

税理士 笹岡宏保 著

「民法相続」「相続税申告」「相続税対策（事前・事後対策）」の３部構成により、相続税実務において必要な事項をQ&Aで詳解。
民法（相続編）の改正事項、それに伴い新設された配偶者居住権・特別寄与料に対する課税関係、土砂災害特別警戒区域内にある宅地の評価の新設など、実務上重要な改正を収録。

■B5判 1,132頁/定価：本体 6,400円+税

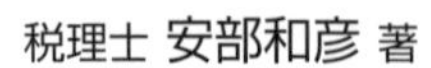

消費税の判定誤りと実務対応

税理士 安部和彦 著

納税義務・課税区分・課税仕入れの用途区分等について、判定のシーン・タイミングごとに事例を整理・分析。その誤りを示しながら、税額に及ぼす影響や対応策を解説。

■A5判 236頁/定価：本体 2,200円+税